O LEGADO DOS CONGRESSOS BRASILEIROS

DE ARQUIVOLOGIA (1972-2000)

Mariza Bottino

O LEGADO DOS CONGRESSOS BRASILEIROS DE ARQUIVOLOGIA (1972-2000)

Uma contribuição para o estudo do cenário arquivístico nacional

Copyright © 2013 Mariza Bottino

Direitos desta edição reservados à Editora FGV

EDITORA FGV
Rua Jornalista Orlando Dantas, 37
22231-010 — Rio de Janeiro, RJ — Brasil
Tels.: 0800-021-7777 — (21) 3799-4427
Fax: (21) 3799-4430
editora@fgv.br pedidoseditora@fgv.br
www.fgv.br/editora

Impresso no Brasil | *Printed in Brazil*

Todos os direitos reservados. A reprodução não autorizada desta publicação, no todo ou em parte, constitui violação do copyright (Lei nº 9.610/98).

Os conceitos emitidos neste livro são de inteira responsabilidade da autora.

1ª edição – 2014

Preparação de originais: Fernanda Villa Nova de Mello
Revisão: Fatima Caroni e Cecília Moreira
Capa, projeto gráfico e diagramação: Letra e Imagem

FICHA CATALOGRÁFICA ELABORADA PELA BIBLIOTECA MARIO HENRIQUE SIMONSEN/FGV

Bottino, Mariza
O legado dos congressos brasileiros de arquivologia (1972-2000) / Mariza Bottino. – Rio de Janeiro : Editora FGV, 2014.
302 p.

Inclui bibliografia.
ISBN: 978-85-225-1311-6

1. Arquivologia. 2. Arquivologia – Congressos. I. Fundação Getulio Vargas. II. Título.

CDD – 025.171

Quando as dificuldades são terríveis, os desafios são apaixonantes.

Dom Hélder Câmara

Aos meus pais, Paolo e Lida, in memoriam, *pelo muito que contribuíram para minha formação intelectual, moral e espiritual.*

À arquivista Maria Hilda Pinto de Araújo, nossa querida Mara, in memoriam, *por toda a disponibilidade em colaborar com os colegas da área e em especial pelo apoio dado à Associação dos Arquivistas Brasileiros (AAB), como membro do Conselho Deliberativo durante a gestão 1997-2001, e, sobretudo, pela grande ajuda na organização do acervo da AAB, o que possibilitou iniciar o levantamento das fontes de pesquisa do projeto e a troca de informações a respeito do tema.*

SUMÁRIO

Nota prévia	9
Prefácio	11
Agradecimentos	15
Introdução	17

O saber e o fazer: primórdios do ensino e da profissionalização da arquivologia no Brasil	21
I Congresso Brasileiro de Arquivologia – 1972	29
II Congresso Brasileiro de Arquivologia – 1974	49
III Congresso Brasileiro de Arquivologia – 1976	57
IV Congresso Brasileiro de Arquivologia – 1979	75
V Congresso Brasileiro de Arquivologia – 1982	87
VI Congresso Brasileiro de Arquivologia – 1986	99
VII Congresso Brasileiro de Arquivologia – 1988	111
VIII Congresso Brasileiro de Arquivologia – 1990	119
IX Congresso Brasileiro de Arquivologia – 1992	129
X Congresso Brasileiro de Arquivologia – 1994	141
XI Congresso Brasileiro de Arquivologia – 1996	153
XII Congresso Brasileiro de Arquivologia – 1998	163
XIII Congresso Brasileiro de Arquivologia – 2000	173
Considerações finais	183

Referências	241
Anexos	261
Apêndices	271

NOTA PRÉVIA

Reza a lenda que, para se realizar, o sujeito deve plantar uma árvore, ter um filho e escrever um livro. A partir da imersão em minha memória, histórias, imagens, recordações, emergem lembranças do tempo em que cursava o ensino fundamental, à época chamado de curso primário, na Escola Municipal Affonso Penna.

Era uma escola respeitada pela qualidade de ensino, pela qualificação dos professores, pela preocupação com o meio ambiente e a preservação da natureza, que não estavam presentes apenas nas comemorações do Dia da Árvore, em 21 de setembro, mas também em outras ocasiões, quando muitas árvores eram plantadas pelos alunos como parte da formação curricular e cidadã.

Essa escola ensinava aos alunos o respeito aos símbolos nacionais, cultivando e preservando o civismo, formando o homem civilizado, comunitário, o verdadeiro cidadão. Ali, nós, estudantes, antes de entrarmos em sala de aula, cantávamos os hinos comemorativos do Brasil e hasteávamos nossa bandeira ao som do Hino Nacional. Boas lembranças!

Quanto ao segundo pilar, ter um filho, posso dizer com segurança que foi minha obra-prima: a minha filha Thais, que representa meu bem maior, meu amor, minha alegria, minha realização, minha descendência e tudo de bom que possa existir.

No que concerne a esses três supostos pilares da realização humana, posso afirmar que, até o momento, cumpri a primeira e a segunda tarefas, ou seja, plantei árvores e tive uma filha.

Agora, passados alguns anos, acabo de unir esses pilares escrevendo este livro, fruto de anos de experiência na área arquivística, na qual sempre acreditei e à qual me dediquei. Este trabalho foi concebido com muito empenho e dedicação, embora esteja longe de ser perfeito, pois nós, seres humanos, ainda estamos muito aquém da perfeição. Espero que sua leitura possa trazer informações que contribuam para o engrandecimento da arquivologia e que abram caminhos a serem trilhados pelos arquivistas e estudiosos da área.

Como os leitores poderão observar, a obra apresenta características distintas que antecedem cada capítulo do livro, como frases e pensamentos de vários autores, bem como relatos pessoais inseridos ao longo do período dos 13 congressos brasileiros de arquivologia.

(Mas o que esperar de uma autêntica aquariana que não seja a escolha de caminhos diferenciados, deixando à margem o rigor de padrões preconcebidos e usando de sua liberdade para expandir ideias?)

Espero que frutifique.

PREFÁCIO

Heloísa Liberalli Bellotto
Universidade de São Paulo

Uma das mais frequentes queixas dos arquivistas brasileiros, não só dos profissionais graduados, mas também dos aspirantes, é a falta de bibliografia pertinente à área, sobretudo de obras em língua portuguesa originadas em nosso país. Também nesse sentido, esta obra de Mariza Bottino preenche de maneira enriquecedora um espaço dessa imensa lacuna. Este espaço se refere à contribuição técnica e científica gerada por conferências, comunicações livres, mesas-redondas e debates apresentados nos congressos brasileiros de arquivologia, promovidos pela AAB entre os anos de 1972 e 2000 e realizados em diferentes estados.

Esclareça-se que este trabalho não se propõe incluir os resultados dos congressos posteriores ao ano de 2000 nem os daqueles chamados congressos nacionais de arquivologia, iniciados em 2004, realizados também em vários estados e patrocinados pelas diversas associações regionais de arquivistas, e não pela AAB.

A AAB, como agremiação profissional pioneira no Brasil, foi fundada em 1971 pelo grupo empreendedor de arquivistas liderados por José Pedro Pinto Esposel. Desde o início, o movimento associativo teve a organização e a promoção de congressos como duas de suas mais importantes metas, pois reconhece nelas uma inigualável oportunidade para troca de experiências profissionais e para a aquisição e a atualização, tão neces-

12   *O legado dos congressos brasileiros de arquivologia (1972-2000)*

sárias, de conhecimentos teóricos, metodológicos e práticos inerentes à área e debatidos por especialistas nacionais e estrangeiros.

Mariza Bottino é uma profissional atuante e interessada há longa data. Nos anos 1970, começou sua formação acadêmica como bacharel em História pela UFF e depois se graduou em arquivologia na Unirio, tendo cursado um ano de estudos arquivísticos na École Nationale des Chartes, em Paris, concentrando-se nos estudos de paleografia. Foi aluna do primeiro Curso de Especialização em Arquivística no Brasil, na UFF, no início dos anos 1980. Começando sua atuação profissional, tornou-se professora de arquivologia da UFF, onde atuou também como coordenadora do curso, e professora da Unirio, onde também dirigiu a Escola de Arquivologia. Em meados dos anos 1990 tornou-se mestre pela UFRJ com a dissertação sobre os arquivos universitários, sua grande especialidade, já que trabalhou por muito tempo como diretora do Arquivo Central da Unirio – atuação que a levou a representar a América Latina na Seção de Arquivos Universitários do Conselho Internacional de Arquivos. Foi diretora da AAB por duas ocasiões, tendo retomado a edição da revista *Arquivo & Administração,* apoiado a divulgação do seu *Boletim* e da página da AAB na internet. Com toda essa ampla experiência profissional e como participante ativa em muitos dos congressos que agora descreve, em boa hora Mariza Bottino dispôs-se à tarefa de rastrear, historiar e analisar o conteúdo dos congressos da AAB.

Ela apresenta um retrato fiel do programa de cada congresso realizado no período escolhido, com temas, conferências inaugurais, sessões plenárias, sessões de comunicações livres, painéis, mesas-redondas, seminários, reuniões paralelas relativas a algumas especialidades, minicursos, além das respectivas recomendações e conclusões.

Na introdução, informa-nos como se desenvolveu a pesquisa, baseada notadamente nos anais dos congressos, na revista da AAB, *Arquivo &*

Administração, assim como em seu *Boletim,* nos próprios programas dos congressos, nos respectivos cadernos de resumos, e em pesquisas em seu arquivo pessoal e no da AAB. E, para melhor situar a origem dessas reuniões de profissionais, dentro de seu tempo, também esclarece no primeiro capítulo como os dados obtidos foram montados para compor o quadro geral de cada congresso. A autora preocupou-se em apresentar um histórico do que ela denominou a fase da "formação da comunidade científica nacional de arquivologia". Reporta-se à data inicial de 1911, quando da criação do primeiro curso para formação de arquivistas no Brasil, dentro do Arquivo Nacional do Rio de Janeiro, passando a historiar o subsequente desenvolvimento do ensino. Chega a 1977, à ocasião em que dispositivos legais autorizam a instituição de cursos de graduação em arquivologia no país. Da mesma forma, historia a fundação da AAB em 1971. Ambos, a associação de classe e os cursos superiores de arquivologia que surgiam pouco a pouco, foram responsáveis pelo salto de qualidade que a profissão acabou por realizar nas décadas finais do século XX.

A partir dessa premissa introdutória, a leitura do conteúdo dos trabalhos apresentados e das atividades desenvolvidas nos congressos torna-se mais cristalina, deixando entrever os evidentes progressos teóricos e metodológicos, que tiveram como consequência natural o melhoramento da práxis – que os arquivos brasileiros demonstram a cada biênio em que, por meio desses conclaves, os profissionais tomam conhecimento deles.

A escolha das frases (pensamentos que são da autoria de vários filósofos, poetas ou escritores) que abrem os diferentes capítulos referentes a cada um dos congressos é pertinente aos distintos conteúdos de cada congresso, demonstrando a sensibilidade da autora em relação aos meandros de sua profissão tanto quanto à percepção dos rumos dos estudos arquivísticos nos diferentes anos em que foram divulgados nos vários congressos. Essas frases merecem que o leitor atento nelas procure a ligação com o momento e os rumos científicos e profissionais que cada congresso, em seu tempo, deixa transparecer. É um exercício interessante, intrigante e revelador, para o qual os leitores estão convidados.

De outro lado, as notas que abrem os capítulos, obedecendo ao segmento cronológico correspondente a eles, são apresentadas pela autora como uma curiosa mistura de dados importantes para a evolução da arquivologia entre nós com dados referentes ao seu próprio *curriculum vitae*. O resultado parece seguir numa mesma direção, como se realmente se acompanhassem mutuamente e evoluíssem à procura do próprio desenvolvimento, amadurecimento e consolidação da área e da pessoa.

Todas as informações decorrentes dos congressos da AAB que podem dar origem a novas pesquisas, debates, revisões e tomada/retomada de rumos poderiam ter permanecido desconhecidas por se acharem em anais já esgotados, em revistas de difícil acesso ou em textos dispersos, publicados em edições de pequena tiragem. De outro modo, poderiam achar-se em suportes eletrônicos sujeitos à obsolescência dos equipamentos que permitem a sua correta leitura. Assim, a presente obra, trazendo à luz todo esse precioso material devidamente reunido e sistematizado, presta um incalculável serviço aos estudos arquivísticos no Brasil.

AGRADECIMENTOS

Agradeço por todas as dificuldades que enfrentei; não fosse por elas, eu não teria saído do lugar. As facilidades nos impedem de caminhar. Mesmo as críticas nos auxiliam muito.
Chico Xavier

Àqueles que contribuíram para o desenvolvimento deste trabalho com informações importantes que me incentivaram a concluir o projeto e a todos que ficaram na torcida amiga emanando a mais sincera energia: muito obrigada.

INTRODUÇÃO

Agora, livro meu, vai, vai para onde o acaso te leve.

Paul Verlaine

Diante do alvorecer do século XXI, julgamos pertinente e oportuno reunir e disseminar junto à comunidade arquivística nacional o legado dos 13 congressos realizados no século XX, promovidos pela AAB, com suas recomendações e a temática apresentada. Este trabalho é um dos frutos do projeto de pesquisa intitulado "A arquivística brasileira, os quadros profissionais e a sociedade", atividade também desenvolvida como professora universitária.

O trabalho, além de reunir em um só documento a temática dos congressos e os títulos de suas conferências e de relembrar as recomendações então formuladas, o que pode resultar em matéria-prima para o desenvolvimento de outras pesquisas e discussões, se propõe apresentar como estavam estruturados os congressos, levantar algumas questões sobre temas escolhidos e, a partir das recomendações aprovadas pela plenária desses congressos, procurar estudar, ainda que sem esgotar o assunto, as ações empreendidas e executadas na área, a fim de verificar o grau de influência e poder exercido pela comunidade científica e profissional da arquivologia. A partir daí será possível identificar quais recomendações foram transformadas em ações concretas, beneficiando assim o saber e o fazer arquivístico nacional.

Para alcançar esse objetivo, partimos para a coleta de dados utilizando como principais fontes de consulta a revista *Arquivo & Administração*, o *Boletim* da AAB, os anais e programas dos congressos, os cadernos de resumo de trabalhos publicados, além de pesquisas efetuadas junto ao acervo arquivístico tanto pessoal quanto da AAB. É preciso ressaltar que, dos 13 congressos aqui analisados, apenas o I (1972), o III (1976), o IV (1979) e o X (1994) publicaram seus *Anais*.

Neste trabalho, optou-se por apresentar separadamente cada congresso, na ordem cronológica de sua realização, e padronizar a sequência numérica dos congressos, seminários, encontros etc. com algarismos romanos, para facilitar o entendimento, pois, na sua origem, os eventos careceram de padronização em sua continuidade, como pôde ser observado na documentação pesquisada. No início de cada capítulo são fornecidas informações gerais dos congressos, como local e data, além da estrutura do evento. Procuramos transcrever os títulos das conferências proferidas nas sessões plenárias, sua temática central, quando assim estruturadas pela comissão organizadora do evento, e também os títulos das palestras da Sessão de Comunicações Livres. Cabe assinalar que somente a partir do III Congresso Brasileiro de Arquivologia (CBA) começamos a observar que a organização dos eventos buscava uma padronização com a manutenção de certos aspectos estruturais

Cada capítulo do congresso será precedido de um breve relato, no qual assinalamos algumas ações desenvolvidas e vivenciadas pela autora no período relativo aos 13 congressos e relacionadas à arquivologia.

Os eventos e atividades paralelos inseridos nos congressos serão citados, contudo, não elencaremos as palestras proferidas. À medida que se fizer necessário, serão inseridos entre colchetes o número sequencial correspondente à atividade ou evento. Quanto às recomendações, serão transcritas, com a identificação das fontes pesquisadas, e, na medida do possível, as ações propostas que se concretizaram serão identificadas. Com o intuito de padronizar a apresentação das mesmas, e visando facilitar a consulta, atribuímos numeração sequencial às recomendações aprovadas em cada congresso.

Em seguida, apresentamos vários apêndices para complementar, sintetizar e divulgar informações que julgamos pertinentes. Eles estão reunidos em três grupos. O primeiro engloba informações sobre a AAB, que assume um lugar de relevo nesta pesquisa por ser a mentora dos congressos analisados; o segundo grupo traz informações concernentes aos congressos; o terceiro, artigos, comunicações e relatórios que elaboramos e julgamos úteis por trazer informações ligadas a eventos que se realizaram nos congressos e abordar questões pertinentes a disciplinas que compõem o currículo do Curso de Arquivologia, como também registros relativos ao seu início, à época em funcionamento no Arquivo Nacional, que acreditamos ser válido preservar e disseminar.

Incluímos também anexos com as recomendações dos congressos subsequentes, ou seja, XIV (2006), XV (2008), XVI (2010) e XVII (2012), por julgarmos importante reunir e preservar esse material, mesmo que não se constitua em nosso objeto de estudo.

A arquivologia, do ponto de vista do conhecimento formal, é uma área que ainda podemos considerar nova, pois começou a revelar seu desenvolvimento há cerca de quarenta anos e vem passando por profundas transformações. Identificar a atuação da comunidade científica e do profissional arquivista abre a possibilidade de autorreconhecimento da profissão e de seus profissionais, como também permite estabelecer o grau de reconhecimento da profissão por parte da sociedade leiga civil, o que poderá servir de base para ações futuras mais concretas. É exatamente nesse sentido que este trabalho pretende contribuir.

Cabe, portanto, antes de abordarmos os temas, conferências e recomendações, contextualizar brevemente o processo de desenvolvimento da arquivologia no Brasil no que diz respeito ao ensino, ou seja, "o saber", bem como "o fazer", pela atuação dos profissionais da área, refletido através do associativismo representado pela AAB, promotora dos congressos.

O SABER E O FAZER
Primórdios do ensino e da profissionalização
da arquivologia no Brasil

Quem começou, tem metade da obra executada.

Horácio

Para delinear esse quadro, vamos nos reportar ao Brasil Império, quando pela primeira vez transparece a importância da instituição arquivística para depósito e custódia da primeira Lei Maior do país, assim explicitada no art. 70:

> Assignada a Lei pelo Imperador, referendada pelo Secretario de Estado competente, e sellada com o Sello do Imperio, se guardará o original no Archivo Publico, e se remetterão os Exemplares della impressos a todas as Camaras do Imperio, Tribunaes, e mais Logares, aonde convenha fazer-se publica [Brasil, 2012].

Entretanto, somente catorze anos após a promulgação da Constituição que mencionava o *Archivo Publico* é que foi criado o Arquivo Público do Império, em 2 de janeiro de 1838. A Constituição de 1824 e o Arquivo Público do Império são dois símbolos emblemáticos que se constituem na gênese desse "saber" em que práticas arquivísticas já se desenvolviam.

A formação da comunidade científica nacional de arquivologia começa a se delinear a partir do ensino de graduação, oriundo da academia, porém, suas raízes históricas originam-se no Arquivo Nacional, nos idos de 1911, onde se encontram referências aos primeiros cursos especializados lá organizados. Na criação do Curso de Diplomática, entre outras disciplinas a serem ministradas, constava "regras de classificação" (Ferreira, 1973:12). O interesse pelo ensino formal voltado especificamente para a área remonta à década de 1920 e, mais precisamente, vincula-se a Alcides Bezerra, diretor do Arquivo Nacional (de 1922 a 1938), que propõe a criação de um curso técnico para a habilitação dos funcionários da instituição com base no Decreto nº 15.596, de 2 de agosto de 1922. Esse texto legal criou o Museu Histórico Nacional e aprovou seu regulamento, dispondo nos arts. 55 e 56 sobre a criação de curso técnico visando habilitar, entre outros, os candidatos ao cargo de amanuense do Arquivo Nacional, estabelecendo duração e disciplinas que integrariam o curso, e delegando as respectivas responsabilidades e competências ao órgão para ministrá-la, isto é, Museu Histórico Nacional, Biblioteca Nacional e Arquivo Nacional.

Alcides Bezerra, grande defensor e incentivador do curso de formação em arquivo, demonstrando sensibilidade para a temática, além de ampla visão como educador, propôs, em 1930, nos dizeres do conselheiro Vicente Sobriño Porto, relator do parecer que fixa o currículo mínimo do curso de arquivo,

> que o curso deveria ser incorporado à Universidade do Rio de Janeiro, então em projeto, e em 1932 defendia a criação autônoma do curso técnico, visto que a Biblioteca Nacional e o Museu Histórico haviam criado cursos próprios e independentes. Ele alimentava "a esperança que, em futuro não muito remoto, contará o Arquivo Nacional com um

corpo de competentes arquivistas" e expunha em quase todos os seus relatórios, a necessidade da melhor formação de arquivistas. Entendia, acertadamente, que não se devia perder de vista "o caráter superior do curso técnico, que pressupõe nos candidatos conhecimentos de várias matérias do curso de humanidades". Sua Exposição de Motivos, apresentada ao ministro Antunes Maciel, em 22 de março de 1932, é uma peça válida até hoje, pela atualidade das ideias e pelo espírito crítico [Sobriño Porto, 1974:13].

Sem periodicidade regular, os cursos se realizam de acordo com as possibilidades do Arquivo Nacional, a instituição mantenedora. Após a gestão do grande mecenas dos cursos de formação em arquivo, se assim podemos chamá-lo, nos anos que se seguiram a iniciativa de realização de cursos com o objetivo de melhorar a formação do funcionário passa por um período de estagnação.

Diante dos fatos relatados, consideramos o período das décadas de 1920 e 1930 *o primeiro marco da história da formação arquivística no Brasil*.

Passadas algumas décadas, novos cursos são criados. No final dos anos 1950, na administração do então diretor do Arquivo Nacional, José Honório Rodrigues, é aprovado o novo Regimento do Arquivo Nacional, através do Decreto nº 44.862, de 21 de novembro de 1958, que estabelece no art. 31: "À Seção de Cursos do Arquivo Nacional cumpre organizar e manter os cursos de formação do pessoal especializado em arquivos e pesquisadores de história",[1] passando a se realizarem com maior regularidade a partir de 1960.

A convite do então diretor do Arquivo Nacional, que demonstrou preocupação com a situação dos documentos custodiados pela instituição, vem

---

[1] Ferreira (1973:13).

ao Brasil o arquivista francês Henri Bouiller de Branche, com a missão de estabelecer um diagnóstico da real situação e das condições em que se encontrava o acervo do Arquivo Nacional. A reorganização do acervo dentro dos princípios arquivísticos que norteavam a área implicava mão de obra qualificada. Assim, visando dotar os servidores da instituição de condições para efetuar o trabalho de reorganização do acervo, é retomado o projeto de criação de cursos de formação em arquivo[2] no Arquivo Nacional, ministrados por Henri Bouiller de Branche. Entendemos que esse novo período de cursos, iniciado por José Honório Rodrigues, constitui *o segundo marco da história da formação arquivística no Brasil*.

A partir desse momento, tem início, mesmo que vagarosamente, um processo de consolidação de um novo saber na arquivologia brasileira, ainda que com uma proposta técnica fundamentada nas teorias da época, transmitidas nos cursos e na literatura pertinente, propiciando a expansão do conhecimento na área. A vinda de especialistas do Arquivo Nacional da França é fundamental para a formação de arquivistas brasileiros, e a meta é alcançada, entre outras atividades então desenvolvidas, com o estabelecimento de programas de capacitação e disseminação de literatura especializada nessa área do conhecimento e também com a tradução de literatura estrangeira, por iniciativa do próprio Arquivo Nacional. Todo esse movimento de base vai culminar na década de 1970 com o que poderíamos considerar o *boom* da arquivologia no Brasil, quando o ensino com uma característica técnica começa a esboçar, mesmo de forma embrionária, um caráter científico. A responsabilidade pela formação dos recursos humanos na área passa para a academia, e assim temos o ensino da graduação em arquivologia no âmbito universitário.

---

[2] Base para a criação do Curso Permanente de Arquivo, ministrado no Arquivo Nacional – atualmente Curso de Arquivologia da Unirio.

No ano de 1972, através do Parecer nº 212/72, o Conselho Federal de Educação, órgão vinculado ao Ministério de Educação, autoriza a criação do Curso de Arquivo, em nível superior, dando início ao processo de desenvolvimento do Curso de Graduação em Arquivologia.

Em cumprimento à recomendação do I CBA, realizado na cidade do Rio de Janeiro no mês de outubro de 1972, que estabelece "que seja fixado o currículo mínimo do Curso Superior de Arquivo" (*Anais...*, 1979:561), a AAB encaminha, por meio de seu presidente, ao Conselho Federal de Educação – Câmara de Ensino Superior, o Projeto de Currículo Mínimo para o Curso Superior de Arquivo, constituindo-se no Processo nº 1845/72 daquele órgão (Bottino, 1994:14). Reunidos em 7 de março de 1974,

> exatamente dois anos após ter sido aprovada a criação de curso superior de Arquivo no país [...], o Conselho Federal de Educação do Ministério da Educação e Cultura complementou sua atuação em benefício de toda a classe dos arquivistas, oferecendo o currículo mínimo, que irá orientar e disciplinar a formação dos futuros profissionais brasileiros [*Arquivo & Administração*, abr. 1974:11].

E, finalmente, através da Resolução nº 28, de 13 de maio de 1974, é fixado o currículo mínimo e a duração do Curso de Graduação em Arquivologia, fato que impulsionou o florescimento dos cursos de graduação. Em 1977, a Federação das Escolas Federais Isoladas do Estado do Rio de Janeiro (Fefierj), atual Unirio, através do Decreto nº 79.329, de 2 de março do corrente ano, absorve o Curso Permanente de Arquivo, oriundo e ministrado no Arquivo Nacional, que passa a designar-se Curso de Arquivologia. No mesmo ano é criado o curso na Universidade Federal de Santa Maria (UFSM), e no ano seguinte na Universidade Federal Fluminense (UFF).

Na década de 1980 surgiram, nas universidades, os cursos de pós-graduação *lato sensu*, em nível de especialização de arquivologia, na Unirio, na UFF, na Universidade de São Paulo (USP), na Universidade Federal de Santa Catarina (UFSC), na Universidade Federal da Bahia (UFBA), na Universidade Federal de Juiz de Fora (UFJF) e no Arquivo Nacional. A partir de 1990 emerge, novamente, a questão da graduação em arquivologia com a implantação do curso na Universidade de Brasília (UnB).

Tendo delineado de modo resumido o cenário do ensino da arquivologia, isto é, seu saber, veremos a seguir o surgimento do movimento associativo, com a criação da associação de classe, congregando os profissionais para esse fazer arquivístico.

Ducharme assinala que a afirmação social de uma profissão pressupõe vários aspectos, quais sejam: a aprovação e o reconhecimento da profissão por parte da sociedade por desempenhar tarefas socialmente importantes; a apresentação de um conjunto de conhecimentos científicos; a existência de um programa de formação específica; a reunião do grupo em torno de associação profissional com vistas à promoção de metas comuns e ao fortalecimento de sua identidade profissional, e ao estabelecimento de normas e valores, ou seja, um código de ética (Couture, Ducharme e Rousseau, 1988)

As associações profissionais são um fator relevante para o fortalecimento profissional e têm uma atuação indispensável no desenvolvimento de ações na área em arquivos públicos e privados, universidades e centros de formação.

Nesse contexto surge a AAB, fundada em 20 de outubro de 1971, que desempenha um papel de fundamental importância no processo de desenvolvimento da arquivologia no Brasil. A AAB é uma sociedade civil de direito privado, sem fins lucrativos, apolítica e cultural, criada com a finalidade de dignificar socialmente a profissão e elevar o nível de conhecimento dos arquivistas brasileiros. As conquistas em beneficio da área ocorrem em diversas ações da AAB, seja cooperando com o governo e os organismos nacionais e internacionais, públicos e privados, seja atuando no poder público, formando e acompanhando políticas públicas na área da informação ou promovendo a difusão do conhecimento arquivístico através de periódicos especializados e eventos na área.

Relembrando os aspectos mencionados por Ducharme, não podemos deixar de destacar outro fato que também contribuiu para sedimentar os rumos da profissão e definir sua comunidade, qual seja, a regulamentação profissional que ocorre no ano de 1978.

A década de 1970 passa a ser um marco no desenvolvimento profissional arquivístico brasileiro, bem como na fixação das bases para o estabelecimento de sua comunidade científica. Fatos relevantes impulsionaram essa nova realidade, entre os quais destacamos:

- o florescimento dos cursos de graduação em arquivologia;
- a fixação do currículo mínimo dos cursos;
- a criação da AAB (apêndice A);[3]
- o lançamento do primeiro periódico especializado na área, a revista *Arquivo & Administração*;
- a regulamentação da profissão de arquivista.

Temos, portanto, o *terceiro marco da história da formação arquivística no Brasil* com a criação de cursos universitários, a regulamentação da profissão e a criação da associação profissional.

Com o cenário da formação arquivística no Brasil brevemente contextualizado, passaremos ao objeto específico de nosso trabalho, o CBA. Nas seções que se seguem reunimos os 13 congressos realizados no pe-

---

[3] Contém a relação de presidentes da AAB no período compreendido na pesquisa.

ríodo de 1972 a 2000. Do material pesquisado, procuramos apresentar, de cada congresso, o tema do evento, o local, a data de realização e a forma como foi estruturado, identificando as atividades realizadas (sessões plenárias, comunicações livres, seminários, encontros, painéis, mesas-redondas etc.), embora nem todas tenham tido continuidade nos eventos posteriores.

Com o propósito de oferecer ao leitor um maior número de informações relativas aos assuntos abordados nas plenárias, levantamos algumas observações e, para o alcance do objetivo proposto, listamos as conferências apresentadas. Além destas, relacionamos também as comunicações livres apresentadas. As sessões plenárias e de temas livres estiveram presentes em todos os congressos, mesmo com denominação diferente ("sessão de comunicações") nos casos do VIII, do X e do XIII CBA. A exceção foi o I CBA, em que a estrutura do evento apresentou "temas gerais" e "temas especiais", razão pela qual todas as conferências foram identificadas.

Posteriormente, reunimos o conjunto de recomendações aprovadas em cada evento, identificando aquelas que se concretizaram a partir de ações capitaneadas pela AAB, pelos profissionais da área, pelos arquivos públicos, pelas universidades, enfim, pela comunidade arquivística existente, identificando sua visibilidade e capacidade de mobilização para o alcance dos objetivos.

I CONGRESSO BRASILEIRO DE ARQUIVOLOGIA – **1972**[*]

> *Nada há como começar para ver como é árduo concluir.*
>
> Victor Hugo

Rio de Janeiro, antiga sede da capital federal, local de importantes momentos de nossa história, sede do Arquivo Nacional, palco do despertar da arquivologia no Brasil.

Arquivistas que somos, sabemos da importância da preservação de informações, dos registros de fatos e ações que nos permitem reconstituir cenários, avaliá-los, disseminar informações valiosas e em sua grande maioria únicas. Partindo dessa premissa, procuramos caminhar em busca desse resgate possibilitado por uma regressão da memória de onde emergiram lembranças de uma época distante, que remontam ao nosso despertar para a arquivologia.

Ano de 1971, a AAB é criada, 1972 I CBA, à época concluía o curso clássico, posteriormente denominado 2º grau, no Colégio Santa Úrsula e, seguindo minha opção de estudo, no ano de 1973 ingressei no Curso de História da Universidade Federal Fluminense.

E a história continua ...

---

[*] Esse congresso teve seus *Anais* publicados em 1979.

No período de 15 a 20 de outubro de 1972, a AAB promoveu e realizou, no antigo estado da Guanabara, o I CBA. Na ocasião (1971-1973), o presidente da AAB era José Pedro Esposel.

Esse primeiro congresso foi organizado com temas gerais e temas especiais, como descrito abaixo.

Temas gerais (33 conferências apresentadas no Palácio Tiradentes):
- Sistema Nacional de Arquivos;
- A formação e a profissão do arquivista no Brasil;
- A formação do técnico;
- O arquivista;
- Estudo da arquivística na biblioteconomia gaúcha;
- Currículo de arquivística;
- Organização do arquivo fiscal;
- A importância social dos arquivos;
- Esboço de um método para a classificação de atos oficiais;
- Nota do Departamento Geral de Documentação da Secretaria e Administração do governo do Estado da Guanabara sobre o sistema de documentação e os arquivos;
- Estudo da história contemporânea;
- Os arquivos na recriação da história;
- Os arquivos e a história municipal;
- Comunicações sobre artes visuais, literatura e história;
- A experiência paranaense no levantamento de arquivos;
- O Arquivo Histórico do Museu Imperial a serviço da pesquisa no campo da história;
- A importância do arquivo e levantamento de documentos históricos no estado da Guanabara;
- Arquivos municipais do estado do Rio de Janeiro;

I CONGRESSO BRASILEIRO DE ARQUIVOLOGIA - 1972

- A microfilmagem a serviço da administração fiscal;
- O arquivo e o computador;
- Pastas especiais para arquivamento de listagens de computadores eletrônicos;
- Microfilmagem de documentos;
- Microfilmagem: avaliação, seleção e preparo da documentação;
- O microfilme no arquivo;
- Microfilmagem: planejamento e implantação de sistemas;
- O arquivo como elemento de comunicação;
- Terminologia arquivística;
- Projeto Pandora;
- Projeto Musa;
- Participação dos arquivos na ação cultural;
- Programas de "Slides" do sistema de arquivo e microfilmagem de Furnas Elétricas S.A.;
- Administração e controle da produção documental em função da pesquisa;
- Operação Arquivos I: Projeto Rondon (Costa e Souza; Paes, 1973:25-26).

Temas especiais ("Arquivos Médicos",[4] 28 conferências apresentadas no Hotel Serrador):

- Arquivo médico;[5]
- Recursos humanos: treinamento de pessoal no arquivo médico;

---

[4] O congresso foi marcado pela ênfase dada à temática referente aos arquivos médicos e suas diferentes abordagens. Os trabalhos com essa temática foram publicados nos *Anais das Atividades da Associação Brasileira de Arquivo Médico e Estatística 1972/1974*, Rio de Janeiro, Abame, 1974, de acordo com informação obtida através dos *Anais* do I Congresso Brasileiro de Arquivologia (1979).

[5] Duas conferências tiveram o mesmo título de "Arquivo médico"; porém, seus autores eram diferentes.

- Arquivo médico;
- Matrícula de pacientes;
- Classificação de doenças em psiquiatria;
- Planejamento do arquivo médico;
- Padronização do Same;
- Padronização do prontuário médico;
- A microfilmagem aplicada ao arquivo médico;
- O prontuário médico e as novas dinâmicas do cuidado do paciente;
- Contribuição e demonstração prática do uso de computadores;
- Funcionalidade e dinâmica do arquivo médico na integração paciente – médico – doença;
- Pastas especiais para arquivamento de listagens de computadores eletrônicos;
- Serviço de Arquivo Médico e Estatística: seu entrosamento no hospital;
- Serviço de Arquivo Médico e Estatística do Hospital Santa Maria da Real e Benemérita Sociedade Portuguesa de Beneficência do Rio de Janeiro;
- Serviço de Arquivo Médico: sua importância;
- Importância do prontuário médico;
- Codificações de doenças e operações;
- Arquivamento do prontuário médico pelo sistema alfanumérico;
- Internação de doentes no Hospital Geral;
- Tipos de fichários e arquivos de um hospital;
- Aplicação de computadores em hospital: resumo de uma experiência;
- Avaliação do profissional e do hospital;
- Registro e elaboração de dados estatísticos;
- Prontuários médicos: componentes;
- Levantamento das necessidades nacionais;
- Aspectos legais do prontuário;
- Prontuários médicos e INPS;

- Regimento Interno do Serviço de Documentação Médica do Hospital Estadual Souza Aguiar (Costa e Souza; Paes, 1973:26-27).

Atividades especiais (realizadas no auditório do jornal *O Globo*):
- Painel sobre "Conservação e restauração de documentos";
- Mesa-redonda sobre "Coleções e arquivos particulares";
- [primeiro] Encontro com os diretores dos Arquivos Públicos Estaduais, promovido pelo diretor do Arquivo Nacional, dr. Raul do Rego Lima.

O congresso teve como objetivos discutir os problemas relativos aos arquivos, divulgar informações técnicas da área, estudar e tornar conhecida a situação dos arquivos médicos no Brasil, além de promover o congraçamento entre os interessados na matéria arquivística. A temática foi centrada, sobretudo, nos aspectos histórico e cultural dos arquivos, temas amplamente enfatizados à época, além de sua função social.

Emergia, então, a discussão a respeito da arquivologia sob o ponto de vista acadêmico, com a apresentação de uma proposta curricular para a criação de um curso de graduação em arquivologia e com o debate sobre a formação do arquivista e do técnico em arquivo. As novas tecnologias também estiveram presentes nas discussões, porém, somente a questão da microfilmagem foi amplamente abordada, devido à existência de legislação pertinente, a Lei nº 5.433, de 8 de maio de 1968, que regula a microfilmagem de documentos.

A relação dos arquivos com a informática, cuja terminologia utilizada à época era *computadores eletrônicos*, é abordada timidamente em duas conferências, sendo que uma delas aborda a relação arquivo/computador e a outra, material de consumo, ou seja, pastas especiais utilizadas para o arquivamento de listagens de computador. É importante também ressaltar a apresentação de trabalho, ainda que embrionário, sobre terminologia arquivística, demonstrando a preocupação da classe em discutir e estabelecer terminologia específica para a área. Sendo a questão terminológica importante para seu desenvolvimento, eram necessários estudos para sua definição e utilização,[6] o que esboçava certo anseio por uma arquivologia científica, fortalecido também pela discussão relativa à formação acadêmica.

A discussão é retomada no que concerne ao Sistema Nacional de Arquivo, assunto também abordado em sessão do I CBA, considerando que o tema já havia sido objeto de deliberação quando, em 7 de novembro de 1961, através da Portaria nº 316-B, do Ministério da Justiça e Negócios Interiores, é criada uma comissão presidida pelo então diretor do Arquivo Nacional, José Honório Rodrigues, que elabora um anteprojeto de lei instituindo o Sistema Nacional de Arquivos (Esposel, 1977:15). A AAB, representando o segmento da comunidade arquivística brasileira, não mediu esforços ao longo dos anos que se seguem ao I CBA, pleiteando a criação do Sistema Nacional de Arquivo.

Além da sessão "Temas gerais", um enfoque especial foi dado ao arquivo médico, com a apresentação de várias conferências abordando sua organização e classificação, a aplicação de tecnologia, o treinamento de recursos humanos, os recursos materiais, além de relatos de experiências.

Cabe assinalar um fato de grande relevância para os profissionais de arquivos ocorrido nesse congresso: o lançamento, com distribuição aos presentes, do número zero da revista *Arquivo & Administração*, publicação oficial da AAB e o primeiro periódico brasileiro dedicado exclusivamen-

---

[6] Durante muito tempo, a arquivologia no Brasil recebeu forte influência europeia, daí a adoção e a presença do galicismo na terminologia utilizada.

te à arquivística. A revista passou a ser um veículo para a disseminação de artigos, relato de experiências e reflexões acerca da área.[7] Outro fato muito significativo foi a presença de um grande número de participantes, cerca de 1.300, o que deixa evidente a demanda por informações e o interesse dos profissionais da área, que necessitavam de um fórum de discussão para intercambiar conhecimentos, expor e buscar soluções para sua atuação profissional. A reunião da comunidade profissional, a discussão sobre a formação acadêmica, a proposta de uma terminologia para a área e o lançamento de seu primeiro periódico fizeram com que este I CBA começasse a desenhar um novo modelo para a arquivologia, conferindo-lhe um aspecto mais formal e científico, mesmo que ainda incipiente, e essas circunstâncias, em nosso entendimento, o tornaram um marco na trajetória da arquivologia brasileira.

As 20 recomendações aprovadas (as plenárias dos congressos aprovavam recomendações que deveriam ser encaminhadas pela AAB a autoridades e órgãos competentes):

1. Que seja retomado o estudo, para transformar em lei, o anteprojeto de criação do Sistema Nacional de Arquivos;
2. Que seja fixado o currículo mínimo do Curso Superior de Arquivo;
3. Que as autoridades e os administradores em geral sejam alertados e esclarecidos sobre a natureza, o valor e a importância dos arquivos como fonte primária de informação no processo do desenvolvimento nacional;

---

[7] Não poderíamos deixar de assinalar a existência de outro periódico que, mesmo não sendo totalmente dedicado à área, foi muito importante na divulgação de temas relativos à arquivologia. Trata-se do *Mensário do Arquivo Nacional - MAN*, surgido em 1970 e elaborado pela Seção de Divulgação da instituição. A publicação contribuiu para a difusão das técnicas e dos conhecimentos arquivísticos, também noticiando o que estava acontecendo de relevante para o seu desenvolvimento.

4. Que os critérios de avaliação dos documentos oficiais, com vistas à eliminação ou preservação, sejam sistematizados e devidamente divulgados;

5. Que das comissões de eliminação de documentos participem, obrigatoriamente, especialistas em arquivo que terão como consultores historiadores e cientistas sociais devidamente qualificados;

6. Que se reconheça a necessidade da preservação e conservação dos documentos em poder das autoridades administrativas e entidades privadas e que eles, ao se tornarem dispensáveis às suas atividades, sejam recolhidos aos arquivos públicos ou instituições interessadas na pesquisa histórico-social (universidades, institutos históricos e congêneres);

7. Que seja modificado o atual projeto de Código de Processo Civil a fim de impedir a destruição de processos judiciais passados em julgado, observando-se apenas o preceito legal do seu recolhimento aos arquivos públicos federais e estaduais competentes;

8. Que sejam microfilmados os documentos de interesse histórico-social, conservando-se em locais separados os originais em microfilmes, para maior garantia da sua conservação;

9. Que nas leis orçamentárias dos governos federal, estaduais e municipais sejam incluídos maiores recursos destinados aos arquivos públicos;

10. Que ao Arquivo Nacional se assegurem, efetivamente, o controle e a assistência técnica à documentação arquivada nos diversos órgãos da administração federal direta e indireta;

11. Que seja estudada a criação de um sistema nacional de informação de toda a documentação histórica do Brasil, com base na efetivação do Catálogo Coletivo de Arquivos Brasileiros, atribuição do Arquivo Nacional;

12. Que os dispositivos preconizados pela medicina preventiva e higiene do trabalho sejam rigorosamente observados nos arquivos;

13. Que o governo do Distrito Federal promova a instalação do Arquivo Público de Brasília;

14. Que o Poder Executivo da União estabeleça a custódia centralizada dos arquivos em desuso em vários órgãos da administração federal sediada em Brasília, para isso erigindo ali nova sede do Arquivo Nacional, a fim de abrigar o conjunto dos arquivos dos Três Poderes, patrimônio cultural e histórico do país, sem prejuízo da permanência do atual no Rio de Janeiro;

15. Que sejam revistos os níveis de remuneração dos cargos atinentes aos trabalhos de arquivo, tornando-se compatíveis com a importância das tarefas que lhes são atribuídas;

16. Que se estabeleçam normas que regulamentem a instalação e o funcionamento de Serviços de Arquivo Médico e Estatística, nos hospitais brasileiros;

17. Que se uniformizem a coleta e apuração de dados de estatística médica e administrativa dos Serviços de Arquivo Médico e Estatística dos hospitais brasileiros, com o objetivo de proporcionar dados informativos que possibilitem as melhorias da assistência médica no país;

18. Que se adotem medidas que visem aperfeiçoar os recursos humanos necessários ao funcionamento dos serviços de arquivo médico do país;

19. Que se crie, no Serviço Público e Privado, a carreira de Técnico de Arquivo Médico e Estatística;

20. Que a Associação dos Arquivistas Brasileiros, em colaboração com a Associação Brasileira de Normas Técnicas, elabore projeto de norma fixando a terminologia arquivística [Costa e Souza; Paes, 1973:28-29].

Dessas recomendações, vale destacar os temas propostos:

- criação do Sistema Nacional de Arquivos (Sinar), tendo o Arquivo Nacional como órgão central do sistema;
- fixação do currículo mínimo pelo Ministério de Educação para formação de nível superior;
- importância dos arquivos;
- questões relativas à avaliação de documentos com a definição de critérios, bem como o perfil dos integrantes das comissões de avaliação;
- alerta às autoridades, tanto públicas quanto privadas, sobre a necessidade de preservação de acervo arquivístico;
- alteração do projeto do Código de Processo Civil, visando à preservação de processos judiciais;
- microfilmagem de acervos;
- instalações adequadas dos arquivos;
- elaboração do Catálogo Coletivo de Arquivos Brasileiros;
- aplicação suficiente de recursos financeiros e humanos nos arquivos;
- criação do arquivo público de Brasília;
- instalação, em Brasília, do arquivo intermediário, com a finalidade de armazenar o acervo arquivístico proveniente dos poderes Executivo, Legislativo e Judiciário;
- melhoria salarial para os profissionais;
- normalização da terminologia arquivística brasileira;
- pleito relativo ao Serviço de Arquivo Médico e Estatístico (Same), bem como sua regulamentação, a normalização da coleta e da análise dos dados, a capacitação do pessoal que atua no setor, além da criação do cargo de técnico de arquivo médico.

Desse universo de recomendações, algumas se concretizaram, como veremos a seguir.

I CONGRESSO BRASILEIRO DE ARQUIVOLOGIA - 1972

A preocupação da comunidade arquivística com a criação do Sistema Nacional de Arquivos (Sinar) foi objeto da primeira recomendação e reiterada nos dois eventos seguintes, o II (1974) e III (1976) CBA. Em 1973, atendendo à recomendação postulada pelos congressistas no I CBA, a AAB pleiteia junto ao Ministério da Justiça a criação do Sinar.[8] Representando uma vitória da categoria, sua criação ocorrerá efetivamente através do Decreto nº 82.308, de 25 de setembro de 1978, ou seja, seis anos após seu pleito no I CBA.

Posteriormente, esse decreto foi revisado e alguns anos mais tarde revogado pelo Decreto nº 1.173, de 29 de junho de 1994. Passados oito anos é assinado o Decreto nº 4.073, de 3 de janeiro de 2002, em substituição ao anterior, cujo texto dispõe "sobre a competência, organização e funcionamento do Conselho Nacional de Arquivos (Conarq) e do Sistema Nacional de Arquivos (Sinar) e dá outras providências". A segunda recomendação pede a fixação do currículo mínimo do curso de graduação em arquivologia junto ao MEC para que se pudesse investir na criação de cursos de formação nas universidades, uma vez que o curso ministrado pelo Arquivo Nacional já tinha mandato universitário obtido no ano de 1972, conforme visto anteriormente. Passados dois anos, em 13 de maio de 1974, o Conselho Federal de Educação, por meio da Resolução nº 28, fixa o currículo mínimo do curso de graduação.[9]

A terceira recomendação espera que as autoridades sejam alertadas sobre a importância dos arquivos como instrumento para o desenvolvi-

---

[8] *Arquivo & Administração*, set. 1973:28.

[9] Matérias do currículo mínimo: Introdução ao estudo do direito; Introdução ao estudo da história; Noções de contabilidade; Noções de estatística; Arquivo I-IV; Documentação; Introdução à administração; História administrativa, econômica e social do Brasil; Paleografia e diplomática; Introdução à comunicação; Notariado; uma língua estrangeira moderna; Estudo de problemas brasileiros; Educação física; e Estágio supervisionado (Conselho Federal de Educação, 1979a).

mento nacional. Na ocasião em que pela primeira vez a comunidade de profissionais de arquivo se reunia para propor e reivindicar meios para o desenvolvimento da área, a conscientização da importância dos mesmos por parte de administradores e autoridades em geral era condição *sine qua non* para seu progresso. A quarta recomendação diz respeito à sistematização dos critérios de avaliação de documentos oficiais. A trajetória para se alcançar esse objetivo teve início com a criação, em 1995, da Câmara Técnica de Avaliação de Documentos, integrante do Conselho Nacional de Arquivos (Conarq), cuja finalidade, entre outras, é a de propor critérios de avaliação de documentos. Essa reivindicação, objeto do I (1972) CBA e endossada pelos participantes dos II (1974) e do III (1976) CBA, começa a vigorar a partir da aprovação da Resolução nº 4, de 28 de março de 1996, do Conselho Nacional de Arquivos, quando já havia passado um longo período desde a aprovação da recomendação no I CBA, ou seja, 24 anos. Posteriormente, foi revogada pela Resolução nº 14, de 24 de outubro de 2001, que

> dispõe sobre o Código de Classificação de Documentos de Arquivo para a Administração Pública: Atividades-Meio, a ser adotado como um modelo para os arquivos correntes dos órgãos e entidades integrantes do Sistema Nacional de Arquivos (Sinar), e aprova os prazos de guarda e a destinação de documentos estabelecidos na Tabela Básica de Temporalidade e Destinação de Documentos de Arquivo Relativos às Atividades-Meio da Administração Pública [Conselho Nacional de Arquivos, 2001].

A homologação de recomendações voltadas para a definição de critérios de avaliação, bem como de comissão mista de avaliação composta por especialistas de várias áreas de conhecimento, tornava evidente a preocupação existente entre os profissionais dos arquivos quanto à eliminação aleatória de acervos arquivísticos. A demanda pela criação da comissão de avaliação, matéria da quinta recomendação, será formalizada com a aprovação do instrumento de classificação, temporalidade e destinação dos documentos, em 1996.[10] Entre as orientações estabelecidas no referido instrumento, uma estabelece, como competência dos órgãos públicos, a criação da Comissão Permanente de Avaliação, composta por arquivista, historiador, profissionais da área jurídica, servidor da unidade à qual se refere o acervo e outros profissionais que possam contribuir com a comissão.[11] O assunto "Comissão de Avaliação" volta à pauta e ainda será objeto de recomendações no V (1982) e no VI (1986) CBA.

Preocupados em conter a eliminação de documentos arquivísticos, sem critérios de avaliação preestabelecidos,[12] mesmo aqueles de natureza privada e considerados de interesse público, social e cultural, a comunidade arquivística presente no I CBA aprova a sexta recomendação. O primeiro instrumento legal que tratou da questão foi a Lei nº 8.159, de 8 de janeiro de 1991, que dispõe sobre a política nacional de arquivos públicos e privados, e estabelece no art. 12:

> Art. 12 – Os arquivos privados podem ser identificados pelo Poder público como de interesse público e social, desde que sejam considerados como conjuntos de fontes relevantes para a história e desenvolvimento científico nacional [Brasil, 1991].

[10] Ver Conarq (1996 e 2001).

[11] Para maiores esclarecimentos consultar publicação do Arquivo Nacional disponível em: <http://www.conarq.arquivonacional.gov.br/Media/publicacoes/cdigo_de_classificacao.pdf>.

[12] Os critérios de avaliação e a temporalidade dos documentos, após estudo e análise, devem ser reunidos na tabela de temporalidade, que é o instrumento de gestão que dá o suporte para a avaliação.

Seguindo a cronologia das ações relevantes sobre o tema, cabe citar o Decreto nº 2.173, de 29 de junho de 1994, que dispõe sobre a competência e o funcionamento do Conarq e do Sinar, posteriormente revogado pelo Decreto nº 4.073, de 3 de janeiro de 2002, e cujo capítulo V trata especificamente da declaração de interesse público e social de arquivos privados.

O Conarq, através da Resolução nº 12, de 7 de dezembro de 1999, mais tarde revogada pela Resolução nº 17, de 25 de julho de 2003, "dispõe sobre os procedimentos relativos à declaração de interesse público e social de arquivos privados de pessoas físicas ou jurídicas que contenham documentos relevantes para a história, a cultura e o desenvolvimento nacional" (Conselho Nacional de Arquivos, 2003).

A preocupação com a preservação dos acervos estará presente também no III (1976) CBA. Fazia parte do universo de anseios da comunidade, ainda que de forma isolada, a procura por mecanismos científicos e políticos para atender a esse fim, ou seja, a preservação dos acervos arquivísticos, como veremos ainda no XII CBA, em 1998.

Na tentativa de evitar a eliminação indiscriminada dos processos judiciais, desprovida de critérios de avaliação, os congressistas aprovaram a recomendação nº 7, que propunha a alteração do projeto do Código de Processo Civil a fim de impedir a destruição de processos judiciais passados em julgado. No entanto, apesar do pleito de 1972, em 11 de janeiro de 1973, a Lei nº 5.869 institui o Código de Processo Civil com o seguinte artigo:

> Art. 1.215. Os autos poderão ser eliminados por incineração, destruição mecânica ou por outro meio adequado, findo o prazo de 5 (cinco) anos, contado da data do arquivamento, publicando-se previamente no órgão oficial e em jornal local, onde houver, aviso aos interessados, com o prazo de 30 (trinta) dias [Brasil, 1973].

Nos anos que se sucederam, a AAB e profissionais, preocupados com as consequências desse ato, que poderia resultar na destruição de preciosas fontes de informação para pesquisa, não mediram esforços em sua mobilização no sentido de reverter essa situação. Finalmente, em 7 de outubro de 1975, a Lei nº 6.246 suspende a vigência do art. 1.215 do Código de Processo Civil, resguardando assim os processos da destruição total.

Ao longo do trabalho não tomamos conhecimento de nenhuma iniciativa significativa relativa à microfilmagem de documentos históricos visando à sua preservação, conforme preconiza a recomendação nº 8.

A nona recomendação diz respeito aos recursos destinados aos arquivos públicos. É interessante observar que a reivindicação por maiores recursos para os arquivos foi aprovada no I (1972), no V (1982) e também no XIII CBA, não integrando o rol de reivindicações dos outros CBA. Nesse sentido, vale perguntar: estariam os arquivos sendo muito privilegiados no que diz respeito a recursos recebidos nesse período de 28 anos de realização dos CBA? Por que essa demanda não esteve presente na maioria dos outros congressos? Estaria a comunidade de profissionais satisfeita? Vale a reflexão.

A partir da criação do Sinar, em 1978, o Arquivo Nacional passa a ser o órgão central do sistema, sendo portanto responsável pelo estabelecimento de uma política de arquivo voltada para os acervos arquivísticos da administração federal direta e indireta, conforme preconiza a décima recomendação.

Os congressistas, interessados na criação de um sistema nacional de informação da documentação histórica brasileira, aprovam a recomendação nº 11. A reunião dessas informações dar-se-ia através da elaboração de um catálogo coletivo dos arquivos brasileiros. Decorridos quase trinta anos, a concretização do catálogo reunindo informações sobre os arquivos brasileiros ocorreu no ano de 2001, com a elaboração do Censo de Arquivos Brasileiros: públicos e privados,[13] cuja finalidade foi a de reunir informações, tanto qualitativas quanto quantitativas, sobre os arquivos brasileiros e seus acervos.

No que concerne ao interesse pela reunião de dados relativos às instituições arquivísticas no Brasil, pleito da recomendação nº 11, vale fazer um corte em nossa apresentação sobre o I (1972) CBA e, numa rápida retrospectiva histórica, lembrar outras iniciativas a respeito. Nas décadas de 1980 e 1990 foram efetuados cadastros de instituições e acervos de âmbito local e regional, de determinada esfera governamental ou sobre tema específico, como, por exemplo, o Cadastro Nacional de Arquivos Federais, v. 1, relativo ao Rio de Janeiro e Brasília, elaborado pelo Arquivo Nacional.

É importante assinalar que, ao final da Mesa-redonda Nacional de Arquivos, entre as recomendações aprovadas estavam as de "implementar um censo de arquivos brasileiros, envolvendo o conjunto de arquivos públicos e privados, prevendo sua aplicação nas capitais e sua interiorização" e "estabelecer e consolidar uma Rede Nacional de Informações Arquivísticas" (1999:12). Entretanto, cabe lembrar que, em 1972, como vimos, já se pleiteava essa ação.

O conteúdo da 12ª recomendação reflete a preocupação dos congressistas em relação a saúde, ao bem-estar e às condições de higiene no ambiente de trabalho nos arquivos, solicitando a adoção de medidas que visem à melhoria das condições de trabalho. Infelizmente, nossa vivência na área mostrou que medidas apregoadas pela medicina preventiva e higiene do trabalho não foram adotadas nos arquivos.

---

[13] Maiores informações ver <www.arquivonacional.gov.br>.

Outro pleito dos congressistas, sintetizado na recomendação nº 13, foi a criação do Arquivo Público do Distrito Federal, o que, efetivamente, ocorre em 14 de março de 1985, através do Decreto nº 8.530.[14]

Preocupados com a dispersão e consequente perda da documentação da administração pública federal, a comunidade arquivística reivindica a "custódia centralizada dos arquivos em desuso em vários órgãos da administração federal sediada em Brasília", de acordo com a recomendação nº 14. E, finalmente, em 15 de outubro de 1975, através da Portaria nº 600 B-MJ, é incluído no Regimento do Arquivo Nacional a Divisão de Pré-Arquivo, cujo objetivo é armazenar a documentação dos órgãos do serviço público federal sediados em Brasília.[15] Nesse ano é criada a Coordenação Regional do Arquivo Nacional no Distrito Federal (Coreg),

> concebida originalmente com o objetivo de ser um depósito intermediário dos órgãos do Poder Executivo, isto é, um espaço para a guarda dos documentos administrativos de caráter provisório os quais, após avaliação, passam para a guarda permanente da Coordenação.[16]

A décima quinta recomendação reivindica a melhoria dos níveis de remuneração dos profissionais que atuam nos arquivos para que sejam compatíveis com o grau de importância das atividades exercidas. Apesar do interesse manifestado no evento em torno da discussão sobre arquivos médicos, foram aprovadas apenas quatro recomendações dedicadas à questão (recomendações nº 16, 17, 18 e 19). Entre elas, destacamos a de número 16, que propõe a normalização de procedimentos dos Serviços de Arquivo Médico e Estatística (Same). A deliberação sobre a matéria ocorreu quase duas

---

[14] Arquivo Público do Distrito Federal. Disponível em: <www.arpdf.df.gov.br>.
[15] *Arquivo & Administração*, dez. 1978.
[16] Arquivo Nacional (mar. 2007).

décadas após o congresso, em 1989, ocasião em que o Conselho Federal de Medicina aprova a Resolução CFM nº 1.331, posteriormente revogada pela Resolução CFM nº 1.639/2002, que aprova as "normas técnicas para uso de sistema informatizado para a guarda e manuseio do prontuário médico". No entanto, a primeira iniciativa voltada para os arquivos médicos proveniente efetivamente de entidade arquivística ocorreu no Conarq com a criação da Câmara Setorial sobre Arquivos Médicos, em 16 de dezembro de 2002, com o objetivo de estudar e propor medidas adequadas ao setor. Finalmente, o Conselho Nacional de Arquivos aprova a Resolução nº 22, de 30 de junho de 2005, que "dispõe sobre as diretrizes para a avaliação de documentos em instituições de saúde".

A normalização da terminologia arquivística, outro tema debatido no evento, foi objeto da vigésima recomendação. Passados três anos, em maio de 1975, a AAB cria o Comitê de Terminologia Arquivística, visando dar continuidade e contribuir para a sistematização do trabalho iniciado por um grupo de profissionais designado pela AAB, e cujo resultado foi apresentado no I (1972) CBA. Entre outros profissionais, o comitê contou com a participação de Marilena Leite Paes, também designada como representante brasileira para integrar o Comitê de Terminologia da Associação Latino-Americana de Arquivos (ALA), que tinha por finalidade elaborar um vocabulário uniforme a ser encaminhado ao Conselho Internacional de Arquivos (CIA), a fim de integrar um glossário multilíngue.[17]

Buscando a interação entre a Associação Brasileira de Normas Técnicas (ABNT) e a AAB com o intuito de normalizar a terminologia arquivística, um dos elementos fundamentais para a atribuição de caráter

---

[17] Informações adicionais sobre a criação do comitê e termos conceituados podem ser obtidos em: *Arquivo & Administração*, ago. 1997; ago. 1978; abr. 1979; dez. 1979. O material é uma importante fonte de informação para o estudo da evolução da terminologia arquivística no Brasil.

científico à área que começava a se estabelecer no âmbito acadêmico, foi instalada em março de 1980 a comissão CE-14:04.01 – Comissão de Estudo de Terminologia Arquivística. Esse trabalho é fruto da integração da ABNT ao Projeto de Normatização e estabelecimento de diretrizes básicas na área de arquivos, desenvolvido pela Unesco através do Programa Geral de Informação. Foram constituídos três grupos de trabalho (GT), cada qual estudando um tema específico no âmbito da arquivística visando à padronização de critérios, ou seja, GT para Terminologia em Língua Portuguesa; GT sobre Controle e Arranjo de Documentos; e GT para Elaboração de Critérios de Avaliação de Documentos.[18] Em agosto de 1982 é divulgado o 1º Projeto de Norma e, finalmente, em 1986, é aprovada a NBR nº 9.578, sobre Terminologia Arquivística.

No próximo capítulo, abordaremos o II CBA.

---

[18] *Arquivo & Administração*, ago. 1980.

II CONGRESSO BRASILEIRO DE ARQUIVOLOGIA - **1974**[*]

*Procuro semear otimismo e plantar sementes de paz e
justiça. Digo o que penso, com esperança. Penso no que
faço, com fé. Faço o que devo fazer, com amor. Eu me
esforço para ser cada dia melhor, pois bondade também
se aprende. Mesmo quando tudo parece desabar, cabe a
mim decidir entre rir ou chorar, ir ou ficar, desistir ou
lutar; porque descobri, no caminho incerto da vida, que
o mais importante é o decidir.*

Cora Coralina

*Em 1974, ano da realização do II CBA, como aluna da graduação em História na
Universidade Federal Fluminense, cursava a disciplina eletiva Arquivologia II, mi-
nistrada pelo querido mestre da arquivologia, professor doutor José Pedro Esposel,
idealista e batalhador para o engrandecimento da área. Incentivado por ele, um
grupo de alunos da disciplina, do qual eu participava, pesquisou, elaborou e apresentou uma comunicação intitulada "Subsídios para uma futura história da administração do Arquivo Nacional" sob a direção de Joaquim Pires Machado Portella, no*

---

[*] Conseguimos recuperar apenas os temas das sessões plenárias e livres e as recomendações aprovadas. Por essa razão, não transcrevemos os títulos das conferências nem dos
temas livres.

evento realizado na cidade de São Paulo. Essa disciplina foi nosso primeiro contato com os arquivos e a arquivologia, e o gosto, o interesse em conhecer mais sobre o assunto e, sobretudo, poder conjugá-lo com os conhecimentos de história nos levou até o Arquivo Nacional, no antigo prédio na praça da República.

Ao chegarmos lá, soubemos da existência do Curso Permanente de Arquivo, ministrado no Arquivo Nacional, que, com uma turma já em andamento, estava com as inscrições abertas para o novo processo seletivo. O início do curso estava previsto para o 2º semestre do ano de 1975, e resolvi abraçar a ideia. Participei do vestibular e fui classificada entre os seis primeiros em um total de 50 alunos, o que considero um grande feito para alguém que três anos antes havia deixado o banco escolar do curso Clássico, onde não se estudavam as disciplinas de Matemática, Física, Química e Biologia, matérias desse vestibular, além de Comunicação e Expressão e Estudos Sociais. Devido a obras nas instalações do Arquivo Nacional durante o 2º semestre de 1975, o curso começou a funcionar com sua segunda turma no 1º semestre de 1976.

Já envolvida com o contexto da arquivologia, em 1975 me associei como estudante à AAB, participando de eventos e atividades empreendidas pelo grupo de arquivistas/idealistas que integravam a AAB na luta em prol da importância da arquivologia.

Por acreditar na força do movimento associativo, pude vivenciar toda a energia vital dispensada à causa arquivística pelo grupo de arquivistas/idealistas, que se dispunham voluntariamente a colaborar com a associação, buscando engrandecer a profissão.

De 24 a 29 de novembro de 1974, na Pontifícia Universidade Católica de São Paulo, ocorreu o II CBA, que se propunha examinar e definir as condições dos arquivos de imprensa, discutir a problemática dos arquivos empresariais, estudar a situação dos Serviços de Arquivo Médico e Estatístico no Brasil, além de divulgar informações técnicas relativas aos

II CONGRESSO BRASILEIRO DE ARQUIVOLOGIA - 1974

arquivos. Na presidência da AAB, promotora do evento, estava José Pedro Esposel, em sua segunda gestão, no biênio 1973-1975.

Estrutura do evento

Sessões plenárias (versando sobre arquivos empresariais, de imprensa e médicos, além de apresentar a discussão sobre a conservação, restauração e eliminação de documentos):
* Conservação e restauração de documentos;
* Arquivos de Imprensa;
* Arquivos hospitalares;
* A importância dos arquivos na empresa;
* Critérios para eliminação de documentos.

Temas livres e **mesas-redondas** sobre:
* Organização de arquivos de imprensa;
* Sistemas nacionais de informação;
* Arquivos de prefeituras: sua técnica e dinamização.

Outros dois eventos paralelos se seguiram:
O [segundo] Encontro com os diretores dos arquivos públicos estaduais e o Curso de Organização e Administração de Arquivos.

Os arquivos especializados[19] são novamente temas de interesse, ocorrendo a retomada da discussão sobre arquivos médicos – denomi-

---

[19] Arquivo cujo acervo tem uma ou mais características comuns, como natureza, função ou atividade da entidade produtora, tipo, conteúdo, suporte ou data dos documentos, entre outras (Arquivo Nacional. *Dicionário brasileiro de terminologia arquivística*. Rio de Janeiro: Arquivo Nacional, 2005. Disponível em <www.arquivonacional.gov.br/Media/Dicion%20Term%20Arquiv.pdf>. Acesso em: 25 abr. 2011).

nados, desta vez, arquivos hospitalares –, bem como dos arquivos de imprensa.

As 11 recomendações aprovadas:

1. Insistir na campanha para criação do Sistema Nacional de Arquivos, visando torná-lo um subsistema do Sistema Nacional de Informações, recomendado pela Unesco como fator preponderante do desenvolvimento socioeconômico dos países-membros dessa organização.

2. Instar junto às autoridades competentes para que a implantação dos Cursos de Arquivo, já devidamente estruturados, não seja alcançada pela recente recomendação do MEC ao CFE, proibindo a instalação de todo e qualquer curso até que se proceda ao levantamento das necessidades dos distritos geoeducacionais. Tal medida, se de aplicação indiscriminada, impediria a imediata formação de profissionais no campo da arquivologia, profundamente carente de recursos humanos necessários ao seu pleno desenvolvimento.

3. Que sejam envidados esforços para a regulamentação da profissão do técnico de arquivo, em nível médio, assim como do profissional de arquivo, em nível universitário.

4. Que se deflagre uma campanha a fim de que as entidades, públicas ou privadas, conscientizem-se da necessidade da adoção de critérios adequados de avaliação de documentos, evitando-se assim as eliminações indesejáveis, bem como da adoção de técnicas modernas de restauração de documentos de valor técnico, científico e cultural.

5. Que se elabore documento dirigido ao Instituto Brasileiro de Administração Municipal (Ibam), com sede no Rio de Janeiro, no qual sejam destacados os benefícios que advirão para as administrações locais, se no trabalho de prestar assistência técnica às prefeituras se incluir, também, a da área de *Arquivo* como base documental para as

opções fundamentadas no presente, preservando, ao mesmo tempo, as fontes históricas do Município brasileiro

6. Que os órgãos de imprensa criem condições para instalação de Centros de Documentação e/ou racionalização dos arquivos já existentes, de forma a atender, com rapidez e eficiência, às exigências características de suas atividades.

7. Que a classe empresarial seja sensibilizada para a importância dos arquivos como fator de desenvolvimento técnico-científico.

8. Que sejam intensificados os estudos e pesquisas sobre a aplicação, adequada e criteriosa, das técnicas modernas, tais como microfilmagem e computador, aos arquivos.

9. Que a Associação dos Arquivistas Brasileiros expresse ao Conselho Internacional dos Arquivos congratulações e votos de êxito à iniciativa de criação do Fundo Internacional de Desenvolvimento dos Arquivos a ser lançado na Conferência Internacional para planificação dos arquivos dos países do Terceiro Mundo, que se realizará em Dacar de 25 a 28 de janeiro de 1975, sob os auspícios do presidente Leopold Sanghor, do Senegal.

10. Concitar a Organização das Nações Unidas para a Educação, Ciência e Cultura (Unesco) no sentido de promover, tão logo lhe seja possível, o Ano Internacional dos Arquivos.

11. Que a Associação dos Arquivistas Brasileiros dê também conhecimento da Resolução anterior ao Instituto Brasileiro de Educação, Ciência e Cultura e ao Conselho Internacional de Arquivos, pedindo-lhes o apoio à iniciativa (*Arquivo & Administração*, abr. 1975:17).

As recomendações trataram dos seguintes assuntos:

- criação do Sinar;
- implantação de cursos superiores de arquivologia;
- regulamentação da profissão;
- estabelecimento de critérios de avaliação de documentos;

- incentivo à prestação de assistência técnica aos arquivos das prefeituras dos municípios brasileiros;
- criação de arquivos especializados junto aos órgãos de imprensa;
- sensibilização sobre a importância dos arquivos;
- aplicação criteriosa da tecnologia nos arquivos;
- moção de apoio ao CIA;
- promoção do ano internacional dos arquivos.

A campanha para a criação do Sinar é retomada, e, como já assinalado anteriormente, sua criação se dará quatro anos mais tarde, em 1978, objeto da primeira recomendação deste CBA. A segunda recomendação reforça a campanha de implantação de cursos de graduação, já detentores de legislação regulamentadora desde a assinatura, em 13 de maio de 1974, da Resolução nº 28, que delibera sobre o currículo mínimo e duração do curso superior de arquivo.

Outra questão importante levantada pela plenária, relativa ao profissional de arquivo, reivindica a regulamentação das profissões de arquivista e técnico de arquivo, objeto da terceira recomendação e que será retomada no III CBA, em 1976. Sobre essa questão é pertinente assinalar que a campanha para a regulamentação profissional foi iniciada pela AAB em 4 de setembro de 1975, através do Processo nº 320.186/75, cuja aprovação se dará através da Lei nº 6.546, em 4 de julho de 1978, regulamentada pelo Decreto nº 82.590, de 6 de novembro de 1978.

A necessidade da adoção de critérios de avaliação dos documentos públicos, de acordo com a quarta recomendação, vai se concretizar com a aprovação da tabela de temporalidade, pela Resolução nº 4 do Conarq, no ano de 1996, decorridos, portanto, vinte e dois anos. Tem início neste CBA a discussão acerca dos arquivos municipais, ou seja, dos benefícios advindos de sua implantação, conforme a quinta recomendação. Entretanto, as diretrizes de uma política municipal de arquivo será aprovada e divulgada por meio da Resolução nº 13, de 9 de fevereiro de 2001.

A demanda pela instalação adequada de arquivos nos órgãos de imprensa foi objeto da sexta recomendação, enquanto a sétima pleiteava uma sensibilização por parte da classe empresarial para a importância dos arquivos. A oitava recomendação incentivava a intensificação dos estudos sobre a adoção nos arquivos das modernas técnicas de computador e microfilmagem. A nona tratava de uma moção de apoio ao Conselho Internacional de Arquivos pela criação do Fundo Internacional de Desenvolvimento dos Arquivos.

Por fim, a AAB encaminha a posição da comunidade arquivística, objeto das recomendações nº 10 e nº 11, solicitando que a Unesco institua o Ano Internacional dos Arquivos. É oportuno lembrar que no ano de 1979 o Conselho Internacional de Arquivo (CIA) promove, no período de 1º de outubro a 15 de dezembro, as *Semanas Internacionais de Arquivos*, quando são registradas comemorações alusivas ao evento nos países filiados ao CIA. O Brasil marcou presença realizando várias atividades, como congresso, exposições, seminários, conferências, eventos organizados pela AAB e respectivos núcleos regionais, em parceria com o Arquivo Nacional, arquivos estaduais e municipais, entre outras instituições, nas cidades de Brasília, Rio de Janeiro, São Paulo, Natal e Santa Maria (*Arquivo & Administração*, abr. 1980:19).

Dando prosseguimento ao nosso estudo, passaremos para o III CBA.

III CONGRESSO BRASILEIRO DE ARQUIVOLOGIA - **1976**[*]

O coração tem razões que a própria razão desconhece.

Blaise Pascal

No ano de 1976, as aulas do Curso Permanente de Arquivo iniciaram e eu estava lá, presente, integrando a turma de futuros arquivistas; alguns também eram estudantes de outros cursos, como eu, que seguia com a formação em História, outros, trabalhadores, que, após o dia de labuta, seguiam à noite às instalações do Arquivo Nacional para assistir às aulas. Nessa época o curso já integrava a Fefierj, que absorveu o curso do Arquivo Nacional.

Professores queridos, dos quais tenho boas lembranças... em especial do professor Deoclecio Leite de Macedo, um dos mais competentes paleógrafos/diplomatistas, da professora Regina Alves Vieira, que, com carinho pelos alunos, ministrava as disciplinas de arquivo, da professora Wilma Shaffer Correa, com os ensinamentos sobre o Pré-Arquivo, sem esquecer do dr. Raul do Rego Lima, à época diretor do Arquivo Nacional e grande incentivador do curso, que era uma pessoa do mais alto nível e sempre se colocava à disposição para receber os alunos e ajudá-los quando necessário. Não poderia deixar de mencionar as boas

---

[*] Em 1976, o congresso publicou e distribuiu o *Programa Oficial* contendo o resumo dos trabalhos, no entanto, os *Anais* foram editados somente em 1979.

recordações que tenho ao ser recebida pelo diretor em seu gabinete para conversamos sobre assuntos da área, que ele sempre fazia questão de compartilhar.

Tudo era muito novo e também muito cativante, um novo horizonte que se revelava à minha frente. Vivenciei esse momento que considero mágico, pois foi o início de muitas ações que mais tarde se consolidaram. Carrego lembranças muitas vezes não registradas, mas que não foram perdidas, sobre o movimento em prol do primeiro grêmio estudantil do curso, que culminou com a criação do Grêmio Acadêmico Alcides Bezerra (Gaab); o lançamento do informativo Correio do Arquivologista; a discussão para a escolha do anel de formatura; e a participação no intenso debate sobre a regulamentação da profissão, principalmente na questão que tratava da denominação do profissional graduado: arquivista ou arquivologista? A opção pela terminologia mais adequada para designar o profissional de arquivo gerou grande debate. Um grupo pretendia a mudança da denominação do profissional, pois acreditava que arquivista estava desgastado, impregnado de estereótipos e que não valorizaria o novo profissional graduado. Minha posição sempre foi contrária à mudança de nomenclatura por várias razões, mas, principalmente, por "arquivista" ser o nome já consagrado do profissional que atuava nos arquivos. Além disso, quem define o grau de importância e respeito pelo profissional é ele mesmo, através de sua competência, qualificação e capacidade de mostrar sua função na sociedade. Mesmo após a regulamentação da profissão, que consagrou como arquivista o profissional graduado, muitos entre aqueles que não concordaram com a denominação do profissional ainda utilizavam o termo arquivologista para designar e diferenciar o profissional de nível superior, o que pode ser constatado em literatura da época, palestras proferidas etc.

Embora tenha concluído o curso de História, em 1976, optei e direcionei minha carreira para a arquivologia, fosse na execução de trabalhos de organização de arquivos em empresas, em cursos de treinamento ou no ensino universitário. No ano de 1977, fui convidada a ministrar a disciplina Arquivologia para os cursos de Biblioteconomia e de História na Universidade Santa Úrsula, sendo que neste

III CONGRESSO BRASILEIRO DE ARQUIVOLOGIA - 1976

último a ênfase era dada à pesquisa nos arquivos, ao conhecimento e à utilização dos instrumentos de pesquisa. Nesse mesmo ano foi instalado o curso de graduação em arquivologia na Universidade Federal de Santa Maria (UFSM). Integrando um grupo de trabalho que fazia parte do Projeto Rondon, ministrei aulas de arquivo para a primeira turma da UFSM, o que se constituiu em um grande aprendizado para a minha formação.

O Curso Permanente de Arquivo era composto de seis períodos com duração de três anos.[20] No segundo semestre de 1978, quando iniciaria o 6º e último período, tranquei a matrícula para estudar na École Nationale des Chartes, em Paris, e esse foi um período rico em aquisição de conhecimentos arquivísticos e contatos profissionais, tendo sido orientada pelo professor Bruno Delmas, de quem guardo uma carinhosa lembrança.

Sob a presidência de Helena Corrêa Machado, no período de 1975-1977, a AAB realizou de 17 a 22 de outubro de 1976, no Centro de Tecnologia da UFRJ, na ilha do Fundão, na cidade do Rio de Janeiro, o III CBA, cujo tema foi "O arquivo como fator de desenvolvimento cultural", um elemento inovador na estrutura do congresso, já que os dois primeiros não apresentavam um tema central, como vimos anteriormente.

---

[20] As disciplinas cursadas foram: Arquivo I, Estudo dos Problemas Brasileiros I, Inglês I, Introdução ao Estudo do Direito, Introdução ao Estudo da História I, Introdução à Metodologia Científica I, no 1º período; Arquivo II, Estudo dos Problemas Brasileiros II, Inglês II, Introdução à Administração, Introdução ao Estudo da História II, Introdução à Metodologia Científica II, no 2º período; Arquivo III, Administração, História do Brasil I, Noções de Contabilidade, Notariado I, Paleografia e Diplomática I, no 3º período; Arquivo IV, Documentação, Noções de Estatística, História do Brasil II, Notariado II, Paleografia e Diplomática II, no 4º período; Arquivo V, Estágio Supervisionado I, História da Historiografia Brasileira I, Introdução à Comunicação, Paleografia e Diplomática III, no 5º período; Arquivo VI, Estágio Supervisionado II, História da Historiografia Brasileira II, Heráldica e Genealogia, no 6º período; Reprografia I, no 7º período, e, Reprografia II, no 8º período, além de Educação Física.

A escolha do tema, de acordo com o Relatório do III CBA, ocorreu pela razão a seguir transcrita:

> Em virtude do grande interesse despertado pelo *Plano Nacional de Cultura,* elaborado pelo MEC e divulgado no início do ano, e tendo em vista suas inúmeras implicações com o campo da documentação em geral, a Comissão Organizadora do Congresso elegeu como tema central do evento O ARQUIVO COMO FATOR DE DESENVOLVIMENTO CULTURAL, com o objetivo de conhecer e estudar a situação atual dos arquivos brasileiros, debater e sugerir medidas adequadas e realistas à aplicação do referido plano [*Arquivo & Administração,* dez. 1976:34].

Estrutura do evento

Sessões plenárias (26 conferências versando sobre políticas nacionais, sistemas arquivísticos, formação e atuação dos recursos humanos sob o ponto de vista ético e organizacional, as três fases dos arquivos, a questão da conservação e restauro de documentos, passando por construção, instalação e ambientação dos arquivos, além da retomada das novas tecnologias com ênfase na microfilmagem):

1. Política Brasileira de Arquivo. Plano Nacional de Cultura. O Natis;
- Arquivos e centros de pesquisa nas universidades;
- Sistemas Nacionais de Informação (Natis);
- Política brasileira de arquivos;
- Sistema Estadual de Arquivos: plano diretor para uma política de organização e reorganização dos arquivos públicos brasileiros.

2. Recursos Humanos na Área de Arquivo
- Código de ética dos profissionais de arquivologia;
- Recursos humanos: fator decisivo ao desenvolvimento da arquivologia;
- A integração do ensino da arquivologia na área da documentação;
- Arquivo e cultura.

3. Teoria das Três Idades do Arquivo
- Centralização, descentralização, coordenação;
- Arquivos intermediários;
- Arquivos históricos;
- Arquivo de custódia;
- Tabela de temporalidade dos documentos administrativos;
- Arquivos em formação: sua importância na solução do problema dos arquivos brasileiros.

4. Conservação e Restauração de Documentos
- Princípios e problemas de planejamento de edifícios de arquivos e bibliotecas;
- Os mais recentes progressos obtidos nos Estados Unidos na prevenção de danos em documentos;
- Projetos de preservação e restauração de documentos da Biblioteca Nacional;
- Criterios de conservación de los bienes culturales;
- Instalações ambientais para arquivos;
- Construção e instalação de arquivos de empresa.

5. Automação e Microfilmagem nos Arquivos
- Arquivos e automação (a automação precisa dos homens);
- Avaliação, análise e preparo da documentação para microfilmar;

- Procedimentos e padrões de qualidade para microfilmar;
- Implantação da microfilmagem na empresa: uma abordagem sistê-mica;
- Arquivos superdimensionados: solução com microfilme;
- O documento a caminho da microfilmagem. [*Anais...*, 1979]

Temas livres (com a apresentação das seguintes palestras):
- Projeto para um sistema de protocolo e arquivo para a Universidade Federal do Pará;
- Arquivos de imprensa: uma experiência em televisão;
- Arquivo comercial: departamento de vendas externas. [*Anais...*, 1979:345-359].

Temas especializados[21] e **palestras de atualização** (26 palestras):
1. Arquivos Médicos
- O Same na economia do hospital;
- O relatório de enfermagem na documentação médica: o paciente e a enfermagem;
- Aspectos éticos das informações sobre pacientes;
- Formação do profissional de arquivos médicos: relato de uma pes-quisa;
- Classificação de cargos no arquivo médico;
- Registros médicos;
- Sistema manual de processamento de dados para a recuperação de informações constantes dos prontuários médicos. [*Anais...*, 1979:79-138]

---

[21] Novamente podemos observar certa inconsistência no formato do congresso, o que anteriormente era chamado de *temas gerais* aqui passa a ser denominado *temas especia-lizados*.

2. Arquivos de Plantas, Mapas, Desenhos e Fotografias
- Arquivos especializados de cartografia;
- Arquivos especializados de engenharia;
- Originais de desenhos técnicos: onde e como arquivá-los;
- Projeto para implantação de um departamento iconográfico;
- A documentação fotográfica: sua importância na evolução de uma cidade – Coleção Guilherme Santos;
- Cenate – Centro Nacional de Teses: um arquivo dinâmico a serviço da pesquisa científica [Anais..., 1979:195-252].

3. Arquivos Judiciários
- Arquivos judiciários;
- Comentários sobre a guarda de autos judiciais [Anais..., 1979:363-384].

4. Arquivos Pessoais e Familiais
- Memória da medicina brasileira;
- Arquivos privados na história contemporânea brasileira;
- Arquivo médico e biblioteca num hospital especializado: interação de serviços;
- Projeto para implantação de um centro de história oral [Anais..., 1979:441-499].

5. Arquivos Impressos
- A importância das publicações oficiais nos planos político e axiológico;
- As atividades de documentação e os arquivos dos órgãos públicos;
- Relatório das atividades da comissão de publicações oficiais brasileiras;
- Publicações do Senado Federal;

- Cadastro da administração federal;
- O Ministério do Interior em busca de soluções para suas publicações oficiais;
- Controle das publicações oficiais editadas pelo Ministério da Fazenda [*Anais...*, 1979:589-653].

O I Seminário de Fontes Primárias de História do Brasil,[22] cujo temário, de acordo com a comissão organizadora do evento, versou sobre o significado dos acervos documentais públicos e privados como fontes da história, avaliação do estado atual dos arquivos públicos no que se refere a sua organização, elaboração e difusão dos instrumentos de pesquisa e a participação de docentes e discentes em projetos de levantamento de fontes primárias.

No I Seminário Brasileiro de Preservação e Restauração de Documentos, foram discutidos os fatores de deterioração dos documentos, os processos técnicos de conservação, preservação e restauração, a segurança dos acervos, as instalações físicas, sobretudo nos países tropicais, o ensino do referido assunto nos cursos de arquivologia, biblioteconomia e museologia.

As 20 recomendações aprovadas:

1. Que seja criado o Sistema Nacional de Arquivos e que os arquivos, bibliotecas e centros de documentação assumam cada um seu papel dentro do Sistema Nacional de Informações, recomendado pela Unesco, como fator preponderante do desenvolvimento tecnológico, social, econômico e cultural dos países-membros dessa organização;

2. Que sejam assegurados ao Arquivo Nacional recursos humanos e financeiros a fim de aparelhá-lo a desempenhar as funções que lhe

---

[22] Foram aprovadas moções do I Seminário de Fontes de História do Brasil (*Anais...*, 1979:895-896).

competem, entre as quais as de apoio administrativo e guardião da Memória Nacional, e que lhe caberão como órgão do Sistema Nacional de Arquivos;

3. Que a AAB pleiteie a criação de Arquivos Intermediários Regionais;

4. Que a AAB redobre os seus esforços no sentido de incentivar, junto às autoridades competentes, a criação de cursos de graduação e/ou especialização com vistas à formação do indispensável quadro profissional de arquivistas brasileiros;

5. Que as escolas do 2º grau sejam sensibilizadas no sentido de criar cursos profissionalizantes de Arquivo, já autorizados pelo Conselho Federal de Educação, para a formação de Técnicos de Arquivos;

6. Que o Arquivo Nacional estude a viabilidade de medidas que permitam a reedição de algumas de suas publicações técnicas já esgotadas;

7. Que tanto o Arquivo Nacional como a AAB desenvolvam esforços que permitam a continuidade de um programa de traduções e edição de obras recentes no campo da Arquivística;

8. Que os responsáveis pelos arquivos públicos e privados impeçam a eliminação indiscriminada de documentos que não tenham sofrido avaliação devidamente orientada pelos princípios arquivísticos;

9. Que se procure sensibilizar as instituições governamentais e empresariais para a importância dos arquivos como instrumento de apoio às suas atividades e como instrumento de pesquisa para a história do desenvolvimento social, econômico e cultural;

10. Que a construção de prédios destinados a arquivos seja planejada dentro de padrões técnicos, que atendam a condições de funcionalidade, segurança, em estreita colaboração de arquivistas e arquitetos;

11. Que sejam intensificados os estudos e pesquisas sobre a aplicação, adequada e criteriosa, nos arquivos, das técnicas modernas, tais como microfilmagem e computador;

12. Que no emprego da microfilmagem seja enfatizada a importância do preparo arquivístico prévio da documentação, notadamente a avaliação e a análise;

13. Que a AAB atue junto ao Ministério do Trabalho com finalidade de obter, o mais breve possível, a regulamentação das profissões de arquivista e técnico de arquivo;

14. Que a AAB institua equipe técnica para prosseguir nos estudos sobre a terminologia arquivística no Brasil;

15. Que a AAB estude o anteprojeto do Código de Ética dos profissionais de arquivologia apresentado no Congresso para o encaminhamento oportuno às autoridades competentes;

16. Que as delegações oficiais designadas a participar de Congressos e outros eventos Internacionais de Arquivos sejam constituídas por profissionais de arquivologia;

17. Que os documentos de propriedade particular, de valor para a pesquisa, sejam preservados ou confiados à custódia de instituições dedicadas à guarda de documentos familiais e pessoais e considerados de interesse público;

18. Que caiba à autoridade arquivística decidir quanto à destinação dos autos judiciais e demais documentos do Poder Judiciário, uma vez findo o interesse da própria Justiça;

19. Que se reconheçam como arquivos impressos as publicações oficiais que espelhem as atividades dos respectivos órgãos e entidades;

20. Que os órgãos públicos promovam, a curto prazo, condições de divulgação de todos os atos oficiais, bem como a elaboração da respectiva indexação, visando não só facilitar a recuperação da informação sobre legislação como à futura implementação do Natis [*Anais...*, 1979:891-893].

III CONGRESSO BRASILEIRO DE ARQUIVOLOGIA - 1976

As recomendações do III CBA referiram-se aos seguintes temas:

- criação do Sinar;
- reivindicação de mais recursos, tanto humanos quanto financeiros, para o Arquivo Nacional;
- instalação de arquivos intermediários regionais;
- implantação de cursos superiores de Arquivologia, tema já abordado nos CBA anteriores, porém, pela primeira vez, a criação de cursos de especialização além da graduação é mencionada;
- criação de cursos profissionalizantes;
- produção de literatura arquivística;
- necessidade de avaliação criteriosa de documentos;
- sensibilização sobre a importância dos arquivos, seja na área pública ou na privada;
- definição de critérios para a construção de prédios de arquivos;
- adoção criteriosa da tecnologia nos arquivos;
- preparação adequada dos documentos para a microfilmagem;
- regulamentação das profissões de arquivista e técnico de arquivo;
- normalização da terminologia arquivística;
- elaboração do código de ética;
- participação de profissionais de arquivo em delegações oficiais com representação no exterior;
- preservação dos documentos privados de interesse público;
- destinação dos documentos do Poder Judiciário;
- arquivos impressos;
- indexação e disseminação dos atos oficiais.

É interessante notar que, mesmo tendo um número significativo de trabalhos apresentados na sessão de *Temas especializados* sobre arquivos médicos, nenhuma recomendação a respeito foi aprovada.

Pela terceira vez consecutiva, e dando sequência às discussões anteriores, esse congresso retoma o debate e o interesse pela criação do Sistema Nacional de Arquivos, resultando na recomendação nº 1, mas lembrando que sua criação se dará no ano de 1978. A reboque do pleito da criação do Sinar, trabalhos apresentados na plenária também reivindicavam o Sistema Estadual de Arquivos. Quanto a essa questão cabe lembrar o pioneirismo dos governos dos estados do Rio Grande do Norte e do Pará, que, antes da aprovação do Sinar, instituem seu Sistema Estadual de Arquivo. Através do Decreto nº 7.394, de 18 de maio de 1978, é criado pelo governador do estado do Rio Grande do Norte o Sistema Estadual de Arquivo, enquanto o estado do Pará, por meio do Decreto nº 10.685, de 3 de julho de 1978, institui o Sistema de Informações Administrativas (Sinad).

> Considerando a análise procedida nos Serviços de Protocolo, Comunicações e Arquivo da Administração Estadual, quando se constatou a deficiência dos mesmos e a inexistência de um suporte de informações que dê substância e celeridade ao processo decisório [...]
>
> Decreta:
>
> Art. 1º - Fica criado na Administração Pública do Estado o Sistema de Informações Administrativas, Sinad, que abrangerá os Serviços de Protocolo, Comunicação e Arquivo [*Arquivo & Administração*, abr. 1979:17].

Em 20 de dezembro de 1978, o governo do estado de Sergipe sanciona a Lei nº 2.202, que institui o Siesar/SE – Sistema Estadual de Arquivos –, regulamentado pelo Decreto nº 4.507 de 19 de novembro de 1979. Dois anos mais tarde, o estado do Espírito Santo, através do Decreto nº 2.270, de 24 de novembro de 1981, aprova o Sistema Estadual de Arquivos e Comunicações Administrativas – Espírito Santo (Siac-ES).

III CONGRESSO BRASILEIRO DE ARQUIVOLOGIA - 1976

A demanda por mais recursos financeiros para o Arquivo Nacional, a serem investidos na documentação arquivística, seja no âmbito da administração corrente ou na documentação de caráter permanente, foi objeto da segunda recomendação, mas, infelizmente, como veremos mais adiante nas recomendações dos demais congressos, as incursões financeiras no Arquivo Nacional tiveram um caráter muito tímido, muito aquém das reais necessidades.

A criação de Arquivos Intermediários Regionais, pleito da recomendação nº 3, era considerada pela comunidade arquivística uma necessidade em virtude do gigantismo do Brasil, mas, infelizmente, não foi levada a cabo. A quarta recomendação clama pela criação de novos cursos de graduação em arquivologia, pois até a realização desse CBA só funcionava o Curso Permanente de Arquivo, no Arquivo Nacional. Note-se que nessa época já havia uma mobilização intensa da comunidade no sentido de ampliação do número de cursos de graduação, não só pelas necessidades de maior número de profissionais qualificados, mas também para o fortalecimento do movimento em prol da regulamentação da profissão. Assim, temos dois novos cursos de graduação em arquivologia, agora emersos de instituição universitária de ensino, o da Universidade Federal de Santa Maria, em 1977, e o da Universidade Federal Fluminense, em 1978. Cabe assinalar que essa recomendação será reiterada no IV (1979), no VI (1986) e no VIII (1990) CBA, demonstrando uma preocupação da comunidade profissional com a criação de novos cursos visando à ampliação da formação de arquivistas qualificados para atuar no mercado de trabalho. No ano de 1990 foi criado o curso de Graduação em Arquivologia da Universidade de Brasília, decorridos doze anos da criação do último curso de graduação.

Ao mesmo tempo que se reivindica a formação superior de arquivistas também se pleiteiam cursos de técnico de arquivo em nível de 2º grau, conforme a quinta recomendação. Estes já legalmente autorizados, desde 1972, pelo Conselho Federal de Educação, órgão do Ministério de Educação. Esse conselho superior aprovou, através do Parecer nº 249/72, a criação do curso de técnico de arquivo, com carga horária de 1.100 horas. Desde então, a AAB não poupou esforços e ações na Secretaria de Educação do Estado do Rio de Janeiro, solicitando a inclusão nas escolas públicas da implantação da habilitação de técnico de arquivo em nível de 2º grau. Em 1979, durante o IV CBA, a questão foi retomada principalmente por termos tido aprovada a regulamentação da profissão de arquivista e técnico de arquivo. A luta para a implantação de cursos profissionalizantes continua e, em 1981, a AAB, em resposta ao ofício enviado à Secretaria de Estado de Educação e Cultura, no ano anterior, obtém voto favorável à criação de cursos técnicos de arquivo de 2º grau.[23] Mais uma vez, conforme outras demandas, esta não se efetivou, assim, decorridos dez anos do pleito inicial, durante o VI CBA (1986), a demanda é novamente reiterada, porém sem sucesso.

As recomendações nº 6 e nº 7 versam sobre literatura arquivística, pleiteando tanto a reedição de obras já editadas pelo Arquivo Nacional quanto a tradução e edição de obras mais recentes. Tínhamos curso superior de graduação, porém, enquanto formávamos pessoal, carecíamos de literatura em nosso idioma, daí a necessidade de tradução, além da produção de mais material bibliográfico. Na ausência destes, e visando suprir a lacuna, precisava-se de ações que fomentassem a tradução de obras estrangeiras, e mesmo a reedição de outras anteriormente publicadas. Essa era uma necessidade premente, já que a existência de literatura específica era condição *sine qua non* para a sustentação acadêmica de uma área que buscava se firmar, estando, pois, coerente com a demanda de mais cursos de formação.

---

[23] Sobre o assunto ver *Arquivo & Administração*, abr. 1981.

III CONGRESSO BRASILEIRO DE ARQUIVOLOGIA - 1976

A oitava recomendação reivindica a adoção de critérios de avaliação, evitando assim "a eliminação indiscriminada de documentos". Essa questão já havia sido proposta no I (1972) e no II (1974) CBA, e, como já mencionado, a questão será solucionada, em tese, pelo Conarq, por meio da Resolução nº 4, de 28 de março de 1996, que aprova a tabela de temporalidade das atividades-meio do serviço público federal. A importância dos arquivos é novamente levantada na nona recomendação, com a retomada do interesse na preservação de documentos tanto privados quanto públicos e considerados de valor social, preocupação já manifestada no I CBA, em 1972, emergindo novamente no âmbito do XII (1998) CBA.

A recomendação de nº 10 trata da construção de prédios de arquivos de acordo com padrões técnicos. Sobre o assunto, é interessante registrar que, em outubro de 1978, dois anos após o III CBA, é inaugurado o primeiro edifício construído com a finalidade de abrigar a sede do Arquivo Público do estado do Paraná, cujo projeto arquitetônico buscou se adequar às necessidades específicas para a conservação do acervo documental. O estado do Paraná foi, portanto, o primeiro a construir um espaço próprio para sediar o Arquivo Público, e no estado do Rio de Janeiro são iniciadas as obras de construção do novo prédio do Arquivo Geral da Cidade do Rio de Janeiro, inaugurado em março de 1979.

No que diz respeito a esse assunto, o Conarq, por meio da Portaria nº 7, de 21 de agosto de 1995, institui a Câmara Técnica de Conservação de Documentos, com o objetivo de preparar uma proposta de norma técnica para edificações e instalações de arquivos, aprovando, no ano de 2000, as *Recomendações para a construção de arquivos*.[24] Em 9 de fevereiro de 2001 é aprovada a Resolução nº 13, que dispõe, entre outras coisas, sobre a cons-

---

[24] Conselho Nacional de Arquivos (Conarq). Disponível em: <www.arquivonacional.gov.br>.

trução de arquivos. Na sequência, temos a recomendação nº 12, que enfatiza a necessidade da avaliação e seleção de documentos antes do processo de microfilmagem. Esse assunto volta à pauta de reivindicações nas recomendações aprovadas no IV (1979) e no VI (1986) CBA.

A recomendação nº 13 retoma a discussão sobre a regulamentação da profissão de arquivista e técnico de arquivo, iniciada em 1974 durante o II CBA. No ano de 1975, a AAB encaminha ofício ao Ministério do Trabalho que se constitui no Processo MTB nº 320.186/75, pleiteando a regulamentação da profissão,[25] entretanto, a consolidação da demanda só ocorrerá em 1978, através da Lei nº 6.546, de 4 de julho, regulamentada pelo Decreto nº 82.590 de 6 de novembro de 1978. A recomendação nº 14 diz respeito à continuidade dos estudos sobre normalização da terminologia arquivística. Como vimos anteriormente, a Associação Brasileira de Normas Técnicas, em 1986, aprova a NBR nº 9.578, que trata da terminologia arquivística.

A elaboração de um código de ética, objeto da recomendação nº 15, era um anseio acalentado desde o I (1972) CBA, quando foi apresentada uma primeira proposta de código de ética profissional, cuja ideia será retomada em congressos posteriores. Sobre esse assunto, no ano de 1997, a diretoria da AAB institui um grupo de trabalho para estabelecer princípios éticos de comportamento e exercício profissional. Em 1999, o texto "Princípios éticos do arquivista", produto do grupo de trabalho, é aprovado pela AAB e disseminado junto à comunidade de profissionais de arquivo (*Boletim*, out./dez. 1997).

Na luta para firmar o papel e o posicionamento do arquivista à frente das instituições de arquivo, a plenária aprova a recomendação nº 16, que pede que as "delegações oficiais designadas a participar de congressos e

---

[25] *Arquivo & Administração*, dez. 1975.

III CONGRESSO BRASILEIRO DE ARQUIVOLOGIA - 1976

outros eventos internacionais de arquivos sejam constituídas por profissionais de Arquivologia". A 17ª recomendação trata da preservação de documentos arquivísticos privados de interesse social, a fim de evitar a destruição ou exportação indiscriminada desses documentos, solicitando, assim, que estes sejam confiados à custódia de instituições dedicadas à sua guarda. Decorridos vinte e três anos, o Conarq aprovou a Resolução nº 12, de 7 de dezembro de 1999,[26] que dispõe sobre a declaração de interesse público e social de arquivos privados.

Pela primeira vez emerge, entre os profissionais participantes do evento, o interesse sobre a destinação dos documentos do Poder Judiciário, objeto da 18ª recomendação. Cabe assinalar que o tema "arquivos do Poder Judiciário" só será retomado no XIII CBA, em 2000, com a aprovação de seis recomendações relativas a um conjunto de 11. Decorridos trinta e dois anos, é aprovada pela assembleia do Conarq a Resolução nº 26, de 6 de maio de 2008,[27] que estabelece as diretrizes básicas de gestão de documentos a serem adotados nos arquivos do Poder Judiciário. Através da Resolução CJF nº 23, de 19 de setembro de 2008, o Conselho de Justiça Federal estabelece a consolidação normativa do programa de gestão documental da Justiça Federal de 1º e 2º graus. Note-se que a maturação do processo relativo aos documentos do Judiciário, isto é, a gestão, avaliação e normalização, entre outros aspectos, se deu em um prazo bastante longo.

Já a recomendação nº 19 trata dos arquivos impressos, que foi um dos *Temas Especializados*, com sete conferências. A recomendação chama a atenção para que se considerem arquivos impressos as publicações oficiais que tratem sobre as atividades dos respectivos órgãos. A recomen-

---

[26] Posteriormente essa Resolução sofreu alterações.
[27] Revista e alterada pela Resolução nº 30, de 23 de dezembro de 2009.

dação nº 20 trata da transparência administrativa e do acesso à informação governamental, mais tarde reivindicada também no VI CBA (1986). Sobre o tema, vemos que, no ano de 1988, a Constituição Federal do Brasil estabelece o princípio da publicidade da administração pública em todos os poderes. Posteriormente, a Lei nº 8.159, de 8 de janeiro de 1991, que trata dos arquivos públicos e privados, tratará também do acesso aos documentos. Em 2005 é sancionada a Lei nº 11.111, que regulamenta a parte final do disposto no inciso XXXIII do caput do art. 5º da Constituição Federal.

Passaremos agora à análise do IV CBA.

IV CONGRESSO BRASILEIRO DE ARQUIVOLOGIA – **1979**[*]

> *Dificuldades e obstáculos são fontes valiosas de saúde e*
> *força para qualquer sociedade.*
> Albert Einstein

Retornando ao Brasil, em 1979, pretendia concluir o curso, mas para isso tive que aguardar até o 2º semestre de 1980, quando uma nova turma iniciaria o 6º período. Durante minha ausência, quando seguia os estudos em Paris, ocorreu uma reformulação no curso, salvo melhor juízo, a primeira a ser efetuada, com a inclusão das disciplinas Reprografia I e II. Por conta dessa nova realidade, permaneci mais um ano a fim de concluir o curso, que desde 1980 já funcionava nas instalações da Unirio, na Praia Vermelha.

Mas, em meio às alegrias do novo curso e das novas oportunidades que estavam por vir, também convivia com certa discriminação por parte de alguns grupos sociais. Em várias ocasiões, entre os colegas da graduação de História, fui motivo de risos, pois não conseguiam entender o porquê de minha escolha e dedicação à área. Brincando, respondia: é a profissão do futuro. A vida tem situações interessantes e que nos surpreendem! Quando iniciei a docência no curso de

---

[*] *Programa Oficial* com os resumos dos trabalhos. Em 1982 foram publicados os *Anais* do 4º CBA.

Arquivologia na Universidade Federal Fluminense (1980), me surpreendi ao entrar em sala de aula e encontrar entre o corpo discente colegas da graduação em História, e mais tarde outros colegas do mesmo curso cruzaram meu caminho, e os encontrei atuando nos arquivos. Já como docente nos dois cursos de graduação no Rio de Janeiro (UFF e Unirio), meus alunos relatavam casos em que as pessoas desconheciam e se surpreendiam com a necessidade de curso superior para se tornarem arquivistas, e eu via se repetir a mesma situação.

Nunca esmoreci, sempre acreditei na importância da área para o desenvolvimento dos diversos setores da sociedade e me confrontei com muitos desafios que me impulsionaram a trabalhar ainda mais e confiar em minha escolha.

Integrando a programação das Semanas Internacionais de Arquivos, celebradas de 1º de outubro a 15 de dezembro de 1979, promovidas pelo Conselho Internacional de Arquivos e instituídas a partir de sugestão, fruto de recomendação do II CBA encaminhada pela AAB ao CIA, a AAB, tendo como presidente, no biênio 1979-1981, Regina Alves Vieira, realizou de 14 a 19 de outubro do mesmo ano, no campus da Universidade do Estado do Rio de Janeiro (Uerj), na cidade do Rio de Janeiro, o IV CBA. Com o tema "Os arquivos e sua utilização", além de mostrar a importância dos arquivos para as áreas de administração e história, o congresso buscou, de acordo com os organizadores,

> Destacar sua contribuição para a ciência e a tecnologia, bem como seu significado como registro fiel da vida cotidiana do indivíduo e da população em todos os aspectos: artístico, social, político, religioso, moral, recreativo etc [*Arquivo & Administração*, dez. 1979:27].

Estrutura do evento

Sessões plenárias (apresentaram cinco eixos principais, nos quais se inseriram 24 conferências):

1. A utilização dos arquivos na administração
*   Os arquivos do Ministério da Fazenda;
*   A importância do arquivo para o processo decisório;
*   A utilização dos arquivos na administração;
*   Plano nacional de microfilmagem de periódicos brasileiros;
*   Utilização dos arquivos na administração de empresas.

2. A utilização dos arquivos como fonte primária da história
*   Arquivo Público Mineiro: sua dinâmica atual;
*   Os arquivos como fonte primária da história;
*   Alguns problemas atinentes à pesquisa histórica, notadamente com relação às fontes primárias;
*   Os instrumentos de pesquisa no processo historiográfico;
*   CPDOC – fontes primárias condicionam formato institucional;
*   Pesquisador-Documento: uma relação ainda não assumida.

3. A utilização dos arquivos na ciência e na tecnologia
*   A organização de mapotecas temáticas pela CPRM;
*   Memória central do Projeto RADAMBRASIL;
*   Arquivos de dados correntes: seu uso em atividades científico–tecnológicas;
*   Utilização de computadores na área de arquivos;
*   O Centro de Documentação na Itaipu Binacional.

4. A utilização popular dos arquivos
- O valor das fontes primárias religiosas: processo de *genere, genere et moribus, genere vita moribus, moribus*, patrimônio;
- Arquivos de escolas de samba;
- Projeto memória do Serviço Nacional de Teatro;
- Ex-votos / São Jorge – Pesquisas;
- A utilização popular do arquivo.

5. A integração dos arquivos nos centros de informação
- Em torno da integração Arquivos / Centro de Informações;
- Integração dos arquivos setoriais no sistema de informação empresarial – a experiência da Cemig;
- Arquivo e tecnologia;
- O museu como centro de documentação tridimensional;
- A hora e a vez dos arquivos.

Sessão especial (com duas conferências):
- Memória, informação, arquivo;
- Desperdício da experiência [*Anais...*, 1982].

Sessões de temas livres (com a apresentação de 20 palestras):
- Arquivo do sistema de comunicações administrativas da Uepae de Cascata, da Embrapa;
- A formação profissional do arquivista em nível de pós-graduação e a utilização dos arquivos;
- Arquivo e espaço;
- A desburocratização e o arquivo;
- O Arquivo Geral da Cidade do Rio de Janeiro: retrospectiva, perspectiva e prospectiva;
- O microfilme na universidade;

- A importância da microfilmagem no arquivo de documentos contábeis da Inspetoria Geral de Finanças da Secretaria da Fazenda do Estado da Bahia;
- Processamento de multimeios em centros de pesquisa de artes;
- As vantagens e desvantagens do emprego do microfilme nos arquivos;
- Arquivo Público: memória viva do povo capixaba;
- Implantação do Sistema Estadual de Arquivo – Rio Grande do Norte;
- Criação do Subsistema de Arquivos Estaduais;
- A integração dos arquivos nos centros de informação;
- O arquivista e as atividades correntes de documentação e informação;
- Estrutura e funcionamento da administração pública brasileira: estabelecimento de fundos de arquivo. I – Colônia;
- Cehibra: uma experiência pernambucana;
- Seção Judiciária do Arquivo do Estado da Bahia e o acervo documental do período colonial;
- Normas técnicas para transcrição e edição de documentos manuscritos;
- Condições atuais do Arquivo Histórico da Prefeitura paulistana;
- Algumas fontes para o estudo da História quantitativa no Arquivo do Estado da Bahia [*Programa Oficial*, 1979].

Seminários, reuniões e cursos complementaram o congresso, propiciando a discussão de temas relevantes além da continuidade de atividades iniciadas anteriormente em outros congressos. A seguir os eventos realizados:
- II Seminário de Fontes Primárias de História do Brasil – com conferências abordando questões relativas aos usuários dos arquivos

permanentes, ou seja, a identificação, a ética, a cooperação entre o arquivista e o historiador, a problemática do acesso às fontes primárias, entre outras, com a aprovação de seis moções ao final do evento [*Arquivo & Administração*, dez. 1979:28-29];

- II Seminário Brasileiro de Preservação e Restauração de Documentos – com a apresentação de relatos de experiências, além da discussão sobre a formação e o treinamento dos recursos humanos para atuação na área, aprovando três recomendações [ibid., p. 29];
- [primeiro] Seminário Arquivo Médico no Contexto Hospitalar – com palestras versando sobre a organização do arquivo médico, sua história, o papel do arquivista no setor, a utilização de tecnologias de automação e microfilmagem, a importância do acervo na pesquisa científica etc. O evento aprovou 10 recomendações [ibid., p. 29];
- [terceira] Reunião de Diretores de Arquivos Públicos Estaduais;
- Curso de Microfilmagem de Desenhos Técnicos.

As 19 recomendações aprovadas:

1. Que sejam incluídas nos planos de classificação de cargos dos servidores públicos, das áreas federal, estadual e municipal, as categorias funcionais de arquivista e de técnico de arquivo em níveis compatíveis com os deveres e responsabilidades estabelecidos pela Lei nº 6.546, de 4/7/78, regulamentada pelo Decreto nº 82.590, de 6/11/78.
2. Que o provimento dos cargos de direção e chefia dos arquivos seja privativo dos profissionais de arquivo legalmente habilitados.
3. Que sejam intensificados os contatos com as autoridades governamentais, visando à criação do Conselho Federal de Arquivologia.
4. Que a Associação dos Arquivistas Brasileiros solicite ao Ministério do Trabalho o estabelecimento de normas orientadoras para a concessão do registro de arquivistas e técnicos de arquivo, nos termos da

IV CONGRESSO BRASILEIRO DE ARQUIVOLOGIA - 1979

Lei nº 6.546, de 4/7/78, colocando-se a sua disposição para o assessoramento que se fizer necessário na elaboração dessas normas.

5. Que o governo federal promova a reformulação da legislação referente ao Sistema Nacional de Arquivo (Sinar) e ao Sistema de Serviços Gerais do Dasp (Sisg), a fim de que os arquivos, nas suas três idades, integrem um único sistema.

6. Que seja proposta ao Sinar a normatização de procedimentos técnicos nos arquivos, objetivando a uniformidade indispensável à aplicação da automação, a fim de garantir a integração dos arquivos nas redes nacionais de informação.

7. Que seja pleiteada, junto à Comissão de Informática, da Secretaria Especial de Informática, recentemente criada, a designação de um representante da AAB para integrar a referida comissão, a exemplo do que ocorre em relação ao Sinar, a fim de que se estabeleça o necessário entrosamento entre arquivologia e informática.

8. Que o Conselho Federal de Educação seja alertado para a inconveniência da proliferação indiscriminada de cursos superiores de arquivo em locais sem condições de funcionamento eficiente, bem como para a necessidade de estimular a criação desses cursos onde tais condições se façam presentes.

9. Que seja incentivada nas escolas de 2º grau a criação de cursos profissionalizantes para técnicos de arquivo.

10. Que as instituições credenciadas no Conselho Federal de Mão de Obra sejam sensibilizadas a ministrar cursos de formação de técnicos de arquivo, nos termos do art. 1º, inciso V, da Lei nº 6.546, de 4/7/78.

11. Que sejam apoiadas todas as iniciativas que visem ao aprimoramento dos professores de arquivo, nos níveis superior e profissionalizante de 2º grau.

12. Que as autoridades e legisladores sejam alertados para a necessidade, com relação à microfilmagem, da adoção de medidas mais enérgicas que evitem a destruição de documentos sem que tenham sido submetidos à avaliação e seleção preconizada pela arquivística.

13. Que a AAB constitua um grupo de trabalho para estudar o anteprojeto da nova regulamentação da Lei nº 5.433, de 8/5/68, que dispõe sobre a microfilmagem de documentos, encaminhando sugestões à Secretaria Geral do Ministério da Justiça, em tempo hábil, de acordo com a Portaria nº 965, de 2/9/79.

14. Que a AAB encaminhe ao Grupo de Documentação em Ciências Sociais (GDCS) propostas de constituição de um grupo de trabalho, nos termos da moção nº 6 do II Seminário de Fontes Primárias de História do Brasil.

15. Que os arquivistas sejam conscientizados da necessidade de especialização para assumirem o papel que lhes compete exercer nos arquivos de documentos técnicos e científicos sob sua responsabilidade.

16. Que os administradores sejam sensibilizados para a importância da contribuição do arquivo no processo decisório.

17. Que os arquivos sejam adequadamente posicionados na estrutura organizacional das instituições.

18. Que os responsáveis pelos arquivos sejam alertados para a inconveniência da realização de exposições itinerantes de documentos originais, procedimento atentatório à segurança dos acervos.

19. Que sejam promovidas campanhas educacionais, nos estabelecimentos de ensino, em todos os níveis, no sentido de estimular a frequência aos arquivos, criando o hábito de utilização dos documentos para fins de pesquisa. [*Anais...*, 1982:527-529]

IV CONGRESSO BRASILEIRO DE ARQUIVOLOGIA - 1979

As recomendações abordaram vários assuntos, entre eles:

- a reivindicação da inclusão dos cargos de arquivista e técnico de arquivo nos planos de carreira dos servidores federal, estadual e municipal;
- a criação do Conselho Federal de Arquivologia;
- alteração da lei que cria o Sinar;
- a normalização dos procedimentos que visam à informatização dos arquivos;
- o estímulo à criação de curso de graduação em arquivologia – tema já apresentado no I, no II e no III CBA;
- a reafirmação do desejo de serem criados cursos profissionalizantes em nível de 2° grau, já manifestado no CBA anterior;
- o incentivo à capacitação dos docentes dos cursos superiores de arquivologia;
- a retomada do alerta, apresentado no III CBA, sobre a importância da prévia avaliação dos documentos a serem microfilmados;
- a revisão da lei de microfilmagem;
- a necessidade de constante capacitação e reciclagem dos profissionais arquivistas;
- o processo de conscientização sobre a importância dos arquivos, aprovado nos três congressos anteriores;
- o alerta sobre a segurança dos acervos;
- o incentivo à pesquisa nos arquivos.

Algumas das recomendações foram implantadas, como veremos a seguir.

A luta pela inclusão das categorias funcionais de arquivista e técnico de arquivo, compatível com os preceitos da Lei nº 6.546, de 4 de julho de 1978, no plano de classificação de cargos dos servidores públicos nas esferas federal, estadual e municipal, objeto da recomendação nº 1, sensibilizou inicialmente o governo do estado de Alagoas, que sancionou a Lei nº 4.116, de 17 de dezembro de 1979, criando as categorias de arquivista e técnico de arquivo em seu quadro funcional. Já em 11 de fevereiro de 1980, por meio do Decreto nº 2.496, o município do Rio de Janeiro incluiu no Plano de Classificação de Cargos da Municipalidade a carreira de arquivista, atividade profissional de nível superior, na mesma categoria funcional do técnico de comunicação social, do bibliotecário e do documentalista. Sensível à questão, o governo do estado do Espírito Santo, através da Lei nº 3.439, de 3 de dezembro de 1981, também criou o cargo de arquivista no plano de carreira estadual.

No calor das emoções decorrentes da regulamentação profissional, a AAB, em correspondência encaminhada ao Dasp, em 1979, pleiteia a inclusão dos cargos de arquivista e técnico de arquivo no Plano de Classificação de Cargos do Serviço Público Federal, segundo relato da presidente da AAB, Regina Alves Vieira, no editorial da revista *Arquivo & Administração* (Vieira, 1980:1). No entanto, são transcorridos seis anos até que, em 20 de dezembro de 1984, com a assinatura do Decreto nº 90.740, fosse incluído no plano de cargos dos servidores públicos federais a carreira de arquivista e técnico de arquivo.

Regulamentada a profissão, em 1978, tem início a luta da categoria para que os cargos de direção e chefia de arquivos sejam ocupados por arquivistas legalmente habilitados, conforme a recomendação nº 2. Entretanto, o critério adotado nas nomeações para os cargos passava ao largo da formação técnica, sendo efetivamente de escolha política.

Com a aprovação da Lei nº 6.546, em 4 de julho de 1978, a categoria, liderada pela AAB, se empenhou no processo de criação dos conselhos federal e regionais de arquivologia, objeto da recomendação nº 3. À época era um processo difícil, sobretudo por conta de alguns profissionais da área coirmã, a biblioteconomia, que apresentavam impedimentos, dificultando assim o deferimento do processo. Em fevereiro de 1979, a AAB participa de reuniões no Conselho Federal de Biblioteconomia, propondo a inclusão dos arquivistas no referido conselho, criando assim os conselhos federal e regionais de biblioteconomia e arquivologia. Essas gestões, para prejuízo da categoria de arquivistas, não frutificaram. Partindo novamente em defesa da classe, a AAB não mede esforços e encaminha ofício ao ministro do Trabalho, solicitando a criação do conselho federal e dos conselhos regionais de arquivologia (Vieira, 1980). A luta pelos interesses da categoria continua, e a AAB segue com seu projeto de criação dos conselhos. Em 22 de abril de 1991, o senador Marco Maciel reapresentou o Projeto de Lei nº 90, dispondo sobre a criação dos conselhos (*Boletim*, jan./mar. 1991). Passado algum tempo, o processo é arquivado. Outras tentativas foram feitas, porém, sem sucesso.

A quarta recomendação incitava a AAB a solicitar ao Ministério do Trabalho normas para a concessão dos registros de arquivista e técnico de arquivo. Na ocasião, e mesmo posteriormente, não tomamos conhecimento da existência dessas normas. Sabíamos que, em tese, para a concessão dos registros eram seguidos os critérios estabelecidos na própria lei. Mas reza a lenda que em determinadas ocasiões foi emitido um grande número de registros de arquivistas que não atendiam rigorosamente aos preceitos da legislação. Na época da inclusão do cargo de arquivista no serviço público federal, a imprensa veiculou notícias que determinados órgãos públicos federais tinham uma quantidade enorme de arquivistas em seus quadros. Fatos e informações que emergem de nossa memória, mas que são passíveis de serem pesquisados, bastando para isso recorrer-se às fontes documentais das instituições públicas, como o Ministério do Trabalho, por exemplo, e hoje é muito mais fácil, pois estamos amparados pela Lei de Acesso à Informação, aprovada em 2011. Além disso, os arquivos da imprensa também são importantes fontes de pesquisa. Fica a sugestão.

A 5ª recomendação, propondo a reformulação do Sinar, se concretiza com a promulgação da Lei nº 8.159, de 8 de janeiro de 1991, que dispõe sobre a política de arquivos públicos e privados. Atenta ao avanço do uso da tecnologia, a 6ª recomendação reivindica a normalização de procedimentos visando à informatização dos arquivos. Sobre esse tema, passados alguns anos, o Conarq aprova a Resolução nº 25, de 27 de abril de 2007, dispondo sobre a adoção de modelo de requisitos para sistemas informatizados de gestão arquivística de documentos. A sétima recomendação reivindica a representação da AAB junto à Comissão de Informática da Secretaria Especial de Informática, a nº 8 reivindica a criação de novos cursos superiores e as de nº 9 e nº 10 retomam, sem sucesso, a proposta já pleiteada no III (1976) CBA, ou seja, a implantação de curso técnico de arquivo. O apoio às iniciativas de aprimoramento dos professores de arquivo foi o assunto tratado na recomendação nº 11.

A preocupação com a eliminação indiscriminada de documentos microfilmados é objeto da 12ª recomendação, que pede aos legisladores e às autoridades que os documentos sejam rigorosamente avaliados sob a égide dos princípios arquivísticos. No próprio ano da realização do IV CBA, a AAB encaminha ao secretário-geral do Ministério da Justiça sugestões elaboradas pelo grupo de trabalho, criado em decorrência da 13ª recomendação, a fim de sugerir sobre o Anteprojeto da Nova Regulamentação da Lei nº 5.433, de 8 de maio de 1968, sobre a microfilmagem de documentos (Vieira, 1980:34-40). A lei só será regulamentada através do Decreto nº 1.799, de 30 de janeiro de 1996.

Veremos agora o V CBA.

V CONGRESSO BRASILEIRO DE ARQUIVOLOGIA – **1982**[*]

É acreditando nas rosas que as fazemos desabrochar.

Anatole France

De volta ao banco escolar! Em 1983 participei do primeiro Curso de Aperfeiçoamento Técnico e Didático em Arquivologia, pós-graduação lato sensu que reuniu professores dos cursos de graduação em Arquivologia do Rio de Janeiro e de Santa Maria, curso este idealizado pelo professor Esposel e organizado pelo Departamento de Documentação da Universidade Federal Fluminense. Esse período foi importante não só pelos conhecimentos adquiridos através de grandes mestres da arquivologia, como José Pedro Esposel, Marilena Leite Paes, Heloisa Liberalli Bellotto, Helena Correa Machado, entre outros, mas também pela maior interação entre os colegas, professores dos cursos de arquivologia do Rio de Janeiro e de Santa Maria.

Atuar no processo de reconhecimento do Curso de Arquivologia da Universidade Federal Fluminense (UFF) – pois à época estava na Coordenação do Curso (1983-1988) – também foi muito enriquecedor. Tantas experiências e lembranças de atividades docentes, seja na UFF, seja na Unirio – como discente no Curso de Aperfeiçoamento, acompanhando todo o processo de modernização administra-

[*] *Programa Oficial* com resumo dos trabalhos distribuídos aos participantes.

tiva do Arquivo Nacional, que foi um momento de grandes mudanças na área, participando do V CBA, entre outros eventos –, contribuíram sobremaneira para ampliar meu conhecimento e para adquirir mais experiência na área.

E minha jornada continua...

No período de 17 a 22 de outubro de 1982 teve lugar o V CBA, realizado no Centro de Convenções do Hotel Glória, na cidade do Rio de Janeiro. Na ocasião, presidia a AAB Lia Temporal Malcher, gestão 1981-1983. De acordo com a comissão organizadora do evento, o tema "A arquivologia e a realidade brasileira" visava analisar e verificar se as atividades arquivísticas desenvolvidas no Brasil atendiam à realidade nacional, uma vez que a formação de nossos profissionais sofreu uma forte influência estrangeira (Programa Oficial, 1982).

Estrutura do evento

Sessões plenárias (cinco sessões, com subtemas que esboçavam uma panorâmica das ações empreendidas e o estágio atual dos arquivos nacional, estaduais, municipais e empresariais, com 25 conferências):
1. A reforma do Arquivo Nacional e seus reflexos na realidade brasileira
- A reforma do Arquivo Nacional e seus reflexos na realidade brasileira;
- O programa de modernização institucional-administrativa do Arquivo Nacional;
- O acervo do Arquivo Nacional: um diagnóstico;
- Arquivo intermediário no Arquivo Nacional;
- Arranjo e descrição de documentos no Arquivo Nacional.

V CONGRESSO BRASILEIRO DE ARQUIVOLOGIA - 1982

2. A situação dos arquivos estaduais
- Os arquivos estaduais da região Sudeste: situação atual;
- Fundo cartorial do arquivo do estado de São Paulo;
- Arquivos estaduais de Goiás e Mato Grosso;
- Arquivo Público do Pará: passado, presente e futuro;
- Uma visão do Arquivo Público do Rio Grande do Norte e alguns aspectos da situação dos arquivos do Nordeste.

3. O estágio atual dos arquivos municipais
- A implantação de um arquivo municipal: o exemplo de Rio Claro;
- O Arquivo Histórico Municipal "Washington Luis" – São Paulo;
- O arquivamento intermediário como instrumento de eficiência administrativa;
- Os arquivos municipais na atualidade;
- O estágio atual dos arquivos municipais.

4. Os arquivos na dinâmica empresarial
- O que é o sistema de arquivos da FGV;
- Os serviços de arquivo da empresa ante a evolução dos recursos da tecnologia da informação;
- Os arquivos na dinâmica empresarial;
- Seleção e preparação de documentos para microfilmagem na Itaipu binacional;
- O Centro de Documentação da Rede Globo.

5. Panorama geral da arquivologia na realidade brasileira
- O sistema de arquivo e controle de documentos da Secretaria de Planejamento da Presidência da República;
- Seguro e segurança em museus, arquivos e bibliotecas;

- Algumas estratégias para o entrosamento das três idades do arquivo;
- Arquivos e democracia;
- Arquivo no Brasil: um balanço [*Programa Oficial*, 1982].

Sessões de temas livres (com 38 palestras com temática diversificada):
- Qual a razão do elevado número de comunicações?
- Seria o grande anseio por parte dos profissionais de apresentar seus trabalhos e pesquisas?
- Estaria a arquivologia tomando um novo impulso com a multiplicação de ações voltadas para os arquivos?

(Talvez, porém, em nosso entendimento, isso tenha prejudicado o resultado final do evento, pois uma reunião científica deveria primar pelo aprofundamento das discussões para não estagnar na superficialidade em decorrência da falta de tempo para os expositores.)

A seguir, a relação das comunicações apresentadas:
- Recursos humanos em arquivos permanentes;
- Metodologia para a recuperação da estrutura da administração pública brasileira nos períodos colonial, monárquico e republicano;
- Manual para levantamento de acervos da administração pública;
- Tratamento da documentação colonial do Arquivo Nacional;
- Identificação de documentos em arquivos públicos permanentes;
- Trabalhando em arquivos privados: a experiência da seção de arquivos particulares do Arquivo Nacional;
- Documentação especial em arquivos públicos;
- O Arquivo do Estado da Bahia (Arqueb): novas instalações; tentativas de organizar instrumentos de pesquisa;
- O Arquivo Público de Mato Grosso;
- Levantamento preliminar de arquivos de Mato Grosso do Sul: Campo Grande;

V CONGRESSO BRASILEIRO DE ARQUIVOLOGIA - 1982

- Arquivo Público do estado de Santa Catarina – ontem e hoje;
- A administração pública e os acervos dos arquivos permanentes;
- Arquivo Júlio Prestes: critérios iniciais de arranjo;
- Organização de arquivo intermediário;
- Os almanaques de São Paulo: catálogo descritivo;
- Alguns documentos significativos do arquivo histórico municipal para a história do Brasil;
- O arquivo enquanto centro cultural: a experiência do Arquivo Geral da cidade do Rio de Janeiro;
- Inventário analítico dos documentos sobre Rio Claro existentes no Arquivo do Estado de São Paulo;
- Mil e duzentos arquivos paranaenses;
- Guia do Arquivo Público e Histórico do município de Rio Claro;
- Arquivo público – sugestões para um programa operacional;
- O Arquivo de Rui Barbosa – fonte de pesquisa histórica;
- Paleografia: fontes primárias e normatização das transcrições;
- *Trends in college and university archives and manuscript collections*;
- O alerta dos administradores para as memórias...;
- Elaboração de projeto para sistemas de arquivos empresariais;
- Arquivo da Bolsa de Valores do estado do Rio de Janeiro;
- Implantação da microfilmagem na Bolsa de Valores do Rio de Janeiro;
- A Universidade do Amazonas e a recuperação documental da memória geo-historiográfica e social da Amazônia colonial;
- A estrutura de um arquivo central de um centro de pesquisas;
- A agilização da indexação através da informática;
- O Arquivo Privado de Rui Barbosa: etapas preliminares para a elaboração do inventário;
- A literatura periódica brasileira de arquivos;
- Situação atual da arquivologia brasileira;

- O profissional de arquivo na Espanha: formação e atuação;
- O arquivista e os sistemas de classificação de cargos no serviço público estadual;
- Catálogo da legislação referente ao Brasil no período colonial;
- Organização da documentação com meios não convencionais – caso comum na realidade brasileira [*Programa Oficial*, 1982].

Integrando ainda a programação científica e buscando ampliar o rol de discussão de questões específicas ligadas à técnica, à área da formação acadêmica, à microfilmagem, à administração de arquivos estaduais e aos núcleos da AAB, ocorreram reuniões e seminários:

- Reunião de profissionais interessados no estudo da classificação por assuntos;
- Reunião de coordenadores e professores dos cursos de Arquivologia;
- Reunião de coordenadores dos núcleos regionais do Plano Nacional de Microfilmagem;
- [quarta] Reunião de diretores de arquivos estaduais;
- [primeira] Reunião de diretores de núcleos regionais da AAB;
- III Seminário de Fontes Primárias da História do Brasil;
- [terceiro] Seminário sobre Conservação de Documentos;
- Seminário sobre Sistemas e Tecnologias de Microfilmagem.

As 12 recomendações aprovadas:[28]

[28] Além das recomendações do V CBA, foram aprovadas moções do Encontro de Estudantes de Arquivologia Participantes do V Congresso; moções da reunião de coordenadores e professores dos cursos de graduação em Arquivologia; moções do Seminário de Conservação de Documentos; moções do Seminário sobre Sistemas e Tecnologias de Microfilmagem; moções de apoio e específicas do 3º Seminário de Fontes Primárias da História do Brasil; e moção dos participantes da 1ª reunião de coordenadores dos núcleos regionais do Plano Nacional de Microfilmagem de Periódicos Brasileiros (Acervo Arquivístico da AAB).

V CONGRESSO BRASILEIRO DE ARQUIVOLOGIA - 1982

1. Reiterar a Recomendação nº 1 do 4º Congresso Brasileiro de Arquivologia no sentido de que sejam incluídos nos Planos de Classificação de Cargos dos servidores públicos das áreas federal, estadual e municipal, as categorias funcionais de Arquivista e Técnico de Arquivo, em níveis compatíveis com as atribuições e responsabilidades estabelecidas pela Lei nº 6.546 de 4/7/78, regulamentada pelo Decreto nº 82.590 de 6/11/78.

2. Reiterar a Recomendação nº 3 do IV Congresso Brasileiro de Arquivologia: "Que sejam intensificados os contatos com as autoridades governamentais visando à criação dos conselhos Federal e Regionais de Arquivologia".

3. Promover a interação entre as diversas categorias profissionais: Arquivistas, Bibliotecários, Museólogos, Administradores, Historiadores, Analistas de Sistemas e Técnicos de Microfilmagem.

4. Dispensar atenção especial aos arquivos, em sua fase corrente, considerada básica, visando contribuir não só para a eficiência da administração como para a correta formação dos arquivos permanentes.

5. Sensibilizar as autoridades estaduais para que sejam asseguradas aos arquivos públicos condições estruturais, bem como recursos humanos e orçamentários, capazes de garantir um eficiente sistema de informações.

6. Promover, em colaboração com o Instituto Brasileiro de Administração Municipal (Ibam), uma campanha de esclarecimento junto às prefeituras sobre a necessidade de destinar recursos aos arquivos, tendo em vista a contribuição que podem prestar à agilização dos serviços municipais.

7. Conscientizar as autoridades governamentais e empresariais, a fim de que seja assegurado aos arquivos um posicionamento na hierarquia administrativa, compatível com a sua função.

8. Propor o desenvolvimento de uma estreita colaboração entre o Arquivo Nacional, a Superintendência de Modernização Administrativa (Semor) da Seplan, o Dasp e o Ministério da Desburocratização, visando ao estabelecimento de normas para os arquivos correntes de Administração Pública Federal.

9. Sugerir ao Arquivo Nacional que, na qualidade de órgão central do Sistema Nacional de Arquivo, estabeleça normas gerais para transcrição de textos em língua portuguesa, baseadas em padrões de uso internacional.

10. Incentivar a elaboração de esquemas de classificação nos arquivos correntes, com o objetivo de reunir documentos sobre o mesmo assunto, possibilitando a sua utilização com rapidez e precisão.

11. Sugerir aos editores responsáveis por boletins ou publicações similares da área de arquivo que divulguem prioritariamente matérias relativas às técnicas arquivísticas.

12. Conscientizar os administradores em geral da necessidade de serem criadas comissões de avaliações, com vistas à destinação de documentos. [Acervo AAB].

Os temas abordados nas recomendações são:
- cargo de arquivista e técnico de arquivo no serviço público;
- criação dos conselhos federal e regionais de Arquivologia;
- maior interação entre arquivistas e outros profissionais de informação;
- importância dos arquivos correntes;
- recursos financeiros e humanos para os arquivos estaduais;
- campanha de sensibilização para obtenção de recursos para os arquivos municipais;

V CONGRESSO BRASILEIRO DE ARQUIVOLOGIA - 1982

- normalização dos arquivos correntes;
- normalização da transcrição paleográfica;
- divulgação das técnicas arquivísticas através da literatura;
- criação de comissão de avaliação.

Desse total de 12 recomendações, sete já haviam sido apresentadas em congressos anteriores e, obviamente, aguardavam ações para sua implantação. São elas: a nº 1, propondo a criação dos cargos de arquivista e técnico de arquivo nos planos de carreira dos servidores públicos das três instâncias; a nº 2, reiterando a criação dos conselhos federal e regionais de Arquivologia; a nº 5, demandando mais recursos financeiros e humanos para os arquivos estaduais; a nº 6, sobre a importância dos arquivos municipais no auxílio à administração; a nº 7, pleiteando maior conscientização sobre a importância dos arquivos; a nº 11, estimulando a edição de literatura arquivística; e a nº 12, solicitando instituir, no âmbito da administração das instituições, a comissão de avaliação de documentos.

As outras cinco recomendações aprovadas e inéditas tratam de temas de interesse da área. A nº 3, por exemplo, propõe a interação entre os vários profissionais da informação, um sonho acalentado por muitos, corroborando a interdisciplinaridade da arquivologia.

O conteúdo da recomendação nº 3 nos leva a perguntar: como eram as relações de intercâmbio entre esses vários profissionais de informação e o arquivista? Evidentemente que essa interação só traria benefícios para o desenvolvimento da área e, consequentemente, da sociedade. Entretanto, não podemos esquecer que, na época do pleito, em 1982, a Arquivologia começava a se estabelecer como uma área importante de atuação propiciada pela criação de cursos superiores de formação, e cuja profissão havia sido recentemente regulamentada, impedindo ou dificultando, em tese, o acesso e a atuação de outros profissionais nos arquivos. Dentro desse contexto, cabe perguntar: haveria interesse de interação com os arquivistas por parte desses outros profissionais da informação? Será que, ao longo desse período e até os dias atuais, efetivamente, ocorreu a interação entre os vários profissionais da informação, conforme pleiteavam, à época do V CBA, os congressistas? Profissionais de arquivo que, ao longo do período abrangido por nosso trabalho, vivenciaram momentos, diríamos, de grande efervescência na área, como a própria autora, certamente têm registros de memória que contribuem para recompor o cenário desse período. Essas questões valem uma reflexão.

A recomendação nº 4 enfatiza a importância de se direcionar atenção aos arquivos correntes, base da formação adequada dos arquivos permanentes. A recomendação nº 8 propõe a normalização dos arquivos correntes na administração pública federal. O alcance desse objetivo dar-se-á a partir da elaboração do plano de classificação para os arquivos correntes. Estabelecido como uma das normas para os arquivos correntes da administração pública federal, somente será efetivado através da Resolução nº 1, de 18 de outubro de 1995, que "dispõe sobre a necessidade da adoção de planos e/ou códigos de classificação de documentos nos arquivos correntes, que considerem a natureza dos assuntos resultantes de suas atividades e funções", e também da Resolução nº 4, de 28 de março de 1996, posteriormente revogada pela Resolução nº 14, de 21 de outubro de 2001, na qual consta:

> Dispõe sobre o Código de Classificação de Documentos de Arquivo para a Administração Pública: Atividades-Meio, a ser adotado como um modelo para os arquivos correntes dos órgãos e entidades integrantes do Sistema Nacional de Arquivos - SINAR, e aprova os prazos de guarda e a destinação de documentos estabelecidos na Tabela Básica de Tempora-

V CONGRESSO BRASILEIRO DE ARQUIVOLOGIA - 1982

lidade e Destinação de Documentos de Arquivo Relativos às Atividades-Meio da Administração Pública.

A recomendação nº 9 propõe a normalização da transcrição paleográfica, questão que se resolverá no ano de 1990, durante o I Encontro Nacional de Normalização Paleográfica e Ensino de Paleografia,[29] patrocinado pelo Arquivo do Estado de São Paulo, que aprova as Normas Técnicas para Transcrição e Edição de Documentos Manuscritos. Essas normas posteriormente serão revistas e atualizadas pela comissão de sistematização do II Encontro de Paleografia e Diplomática, em 1993.[30]

Vale notar que o V (1982) CBA começa a delinear, entre as lides arquivísticas, uma preocupação com um programa, que ainda tomava forma, de *gestão de documentos* com especial atenção aos arquivos correntes, focando a classificação e a avaliação visando à eficiência administrativa, bem como à formação adequada dos arquivos permanentes. A tão necessária e esperada gestão de arquivos na administração pública federal ainda carecerá, por longos 21 anos, de instrumento legal que permita sua implantação. Isso ocorre somente com a assinatura do Decreto nº 4.915, de 12 de dezembro de 2003, que dispõe sobre o Sistema de Gestão de Documentos de Arquivo (Siga), da Administração Pública Federal.

A recomendação nº 12 aborda a importância da criação de comissão de avaliação nas administrações com vistas à destinação final dos documentos arquivísticos. Finalmente, passadas duas décadas, o Decreto nº 4.073, de 3 de janeiro de 2002, normatiza a criação de Comissão Permanente de Avaliação de Documentos na Administração Pública Federal.

Passados quatro anos se realiza o VI CBA, que veremos a seguir.

---

[29] Ver *Boletim*, jan./mar. 1991.
[30] *Boletim*, jul./ago./set. 1994.

VI CONGRESSO BRASILEIRO DE ARQUIVOLOGIA – **1986**[*]

Nem tudo o que pode ser contado conta, e nem tudo o
que conta pode ser contado.
Albert Einstein

Ano de 1986, um ano para recordar... Meu maior projeto se realizava, nascia minha
filha. As atividades profissionais cederam parte do espaço para a magia da ma-
ternidade. Continuei minha trajetória profissional, mas claro que em menor esca-
la, pois agora meu tempo precisava ser compartilhado. Nesse ano realizava-se na
Cidade Maravilhosa o VI CBA, no Copacabana Palace Hotel. Ícone da Princesinha
do Mar, sua elegância e requinte dispensam comentários. Mas o congresso, esse
sim, gerou muitos comentários...

Os congressos, desde a primeira versão até a terceira, tiveram uma periodicidade regular de realização, acontecendo a cada dois anos, produto de um esforço conjunto da comunidade arquivística, liderada pela
AAB, que organizava os eventos. Cabe observar que, à época, eram as
únicas manifestações de âmbito nacional que congregavam profissionais da área com um número considerável de participantes. Vale lem-

---

[*] *Programa Oficial* distribuído aos participantes com resumo dos trabalhos.

brar que a partir de 1977 a comunidade acadêmica começava a florescer, fruto da criação de cursos regulares de graduação nas universidades brasileiras e impulsionada pela regulamentação da profissão. Esses fatores, ainda que estivessem em fase inicial, avançavam no sentido de proporcionar maior visibilidade à área. No entanto, dificuldades internas da AAB fizeram com que os congressos sofressem uma quebra de continuidade, e os dois anteriores, o IV (1979) e o V (1982) CBA, acabaram sendo realizados com o intervalo de três anos. Nesse contexto de alternância de periodicidade em decorrência de vários fatores, quatro anos após o último CBA, a AAB envidou esforços para a realização do VI CBA, realizado no período de 13 a 18 de abril 1986, no Copacabana Palace, na cidade do Rio de Janeiro, e cujo tema foi "Arquivos: política, administração, cultura".

O evento se propôs discutir, segundo Jaime Antunes da Silva, presidente da Comissão Organizadora do Congresso e da AAB no biênio 1985-1987, três aspectos:

1. a necessidade de definição de uma política nacional de arquivos, dotada de mecanismos institucionais e legais que propiciem a sua real implementação;

2. o binômio da função dos arquivos – a ação cultural e a administrativa;

3. a reformulação dos cursos de Arquivologia para que preparem profissionais de arquivo também para os desafios das novas tecnologias, bem como a necessidade de estimular o processo de especialização e/ou aperfeiçoamento através de cursos de pós-graduação, em *stricto* ou *lato sensu*. [*Programa Oficial*, 1986:1]

VI CONGRESSO BRASILEIRO DE ARQUIVOLOGIA - 1986

Estrutura do evento

Sessões plenárias (com temáticas voltadas para a política nacional de arquivos, a formação de recursos humanos nos diversos níveis acadêmicos, a função cultural dos arquivos, os arquivos administrativos e uma sessão voltada exclusivamente para a informática nos arquivos, todas seguidas de palestras cujos títulos serão apresentados adiante; as plenárias tiveram o mesmo desenho do congresso anterior, com cinco grandes temas subdivididos em 25 conferências):

1. Política Nacional de Arquivos
- O Arquivo Nacional e a política nacional de arquivos;
- A política nacional de desenvolvimento científico e tecnológico e os arquivos;
- Programa nacional de preservação da documentação histórica;
- O posicionamento dos arquivos nas instituições públicas e privadas;
- O sistema de arquivos do Estado de São Paulo.

2. Recursos Humanos
- Fundamentação teórica do profissional de arquivo – nota prévia;
- A formação profissional do arquivista;
- O estágio como complemento da formação profissional;
- A formação profissional em nível de pós-graduação (uma visão acadêmica);
- A formação profissional em nível de pós-graduação (especialização).

3. Arquivo e Cultura
- A função cultural dos arquivos;
- O documento familiar como patrimônio social;
- Arquivo e comunidade;

- As características da informação arquivística;
- A empresa privada no financiamento de atividades culturais.

4. Arquivo e Administração
- Arquivos da administração pública e desburocratização;
- *A records manegement strategy: The Canadian experience;*
- Por uma metodologia brasileira de gestão de documentos;
- Metodologia de pesquisa para o apoio à organização dos acervos da administração pública brasileira;
- Patrimônio documental das empresas públicas.

5. Informática
- Automação de arquivos;
- A importância da informática em arquivos com frequente alteração de dados;
- Gerenciamento e recuperação de informação – Grin;
- A experiência de automação no Arquivo Nacional dos Estados Unidos;
- A utilização de novas tecnologias de registro de informação em arquivos sob o ponto de vista de sua estabilidade e preservação;

Sessões de temas livres (32 palestras com relatos de experiências, estudos de casos relativos ao tema central):
- Aplicação de um modelo de organização em arquivos intermediários;
- Identificação e organização de acervos em arquivo intermediário – uma experiência piloto;
- Levantamento da produção documental: metodologia e instrumentos;
- Metodologia para diagnóstico em arquivos correntes de organismos da administração pública;
- O sistema de arquivos para o município de São Paulo;
- O sistema de documentação gerencial na Eletrosul;

- Avaliação da produção documental da Prefeitura Municipal de Rio Claro (SP): finanças;
- Os registros de terra de São Paulo – inventário;
- Preservação das fontes primárias para a pesquisa histórica em Juiz de Fora;
- Projeto Rioarte comunitário: memória social na diversidade cultural;
- O Centro Nacional de Referência Arquivística;
- Preservação e arquivamento de filmes no exterior: um depoimento;
- Uma experiência didática na área de restauração de papéis;
- Uma estratégia de definição de linha de acervo;
- A paleografia no Brasil e a necessidade da padronização das transcrições;
- Centro de Informações e Documentação do DER/MG;
- Treinamento de práticas arquivísticas;
- A preservação do patrimônio histórico-cultural do Rio Grande do Sul e as fontes sobre a Revolução Farroupilha;
- Tratamento da informação em arquivos: uma metodologia para construção de banco de dados referenciais;
- A vontade de guardar: lógica da acumulação em arquivos privados;
- O inventário do Arquivo Júlio Prestes de Albuquerque;
- Os arquivos da Marinha e o projeto de reestruturação;
- O acervo fotográfico do Cpdoc: arranjo e descrição;
- Centro de Documentação e Histórico da Aeronáutica;
- Uma experiência em arquivos eclesiásticos;
- O desafio da indexação nos arquivos;
- Os documentos impressos e seu tratamento técnico no Arquivo Nacional;
- Arquivos de filme: preparação para a automação e criação de uma base de dados nacional;

- Metodologia aplicada ao diagnóstico de arquivos privados na cidade do Rio de Janeiro;
- Arquivos de empresas privadas no Rio de Janeiro;
- Diagnóstico de arquivos eclesiásticos do Rio de Janeiro;
- Arquivos educacionais na cidade do Rio de Janeiro;
- Arquivos de instituições corporativas no Rio de Janeiro;
- Arquivos das instituições científicas e tecnológicas privadas no Rio de Janeiro;
- Memória dos poderes Executivo, Legislativo e Judiciário do estado da Bahia, a partir de 1890, através de computador. [*Programa Oficial*, 1986].

II Seminário sobre Micrográfica e os Sistemas Integrados de Informação;

IV Seminário de Fontes Primárias de História do Brasil;

IV Seminário de Preservação e Restauração de Documentos.

O congresso contou também com um elemento inovador em sua estrutura, as *sessões especiais*. Versaram sobre "O processo de modernização do Arquivo Nacional"; "O esboço de um manual para microfilmagem de manuscritos"; e o "Memorial de Medicina da Bahia".

As 23 recomendações aprovadas:

1. Que, na futura Constituição, se determine a responsabilidade do Estado na organização e difusão da Informação em todas as áreas do conhecimento, e o direito dos cidadãos ao livre acesso às informações em todos os serviços componentes da infraestrutura de Informação do País.
2. Que seja encaminhada à Constituinte proposta de inclusão de dispositivos que estabeleçam o direito de acesso do cidadão às informa-

VI CONGRESSO BRASILEIRO DE ARQUIVOLOGIA - 1986

ções que o Estado acumula sobre sua pessoa, bem como o limite de sua utilização pelo próprio Estado e por outros cidadãos.

3. Que a AAB promova encontros multidisciplinares com a participação de professores de áreas afins à Arquivologia, objetivando encaminhar à Constituinte sugestões no sentido de definir a contribuição dos arquivos, bibliotecas e museus na construção da identidade Nacional.

4. Que se estabeleça uma ampla Política Nacional de Informação, abrangendo os arquivos, bibliotecas e outros serviços de informação.

5. Que sejam intensificados os contatos com os poderes Executivo e Legislativo, visando à criação dos conselhos federal e regionais de Arquivologia.

6. Que as autoridades e os administradores em geral sejam alertados e esclarecidos sobre a natureza, valor e importância dos arquivos, como fonte primária de informação no processo de desenvolvimento nacional.

7. Que sejam sensibilizadas as universidades para a necessidade de criação de cursos de graduação em Arquivologia, a exemplo do que ocorre nos estados do Rio de Janeiro e Rio Grande do Sul.

8. Que as secretarias estaduais de Educação sejam sensibilizadas a criar cursos profissionalizantes de arquivo, já autorizados pelo Conselho Federal de Educação para a formação de técnicos de arquivo.

9. Que se promova, a curto prazo, Encontro Nacional de Coordenadores e Docentes dos cursos de Graduação em Arquivologia, objetivando, principalmente, a reformulação e a adequação dos currículos.

10. Que os arquivos públicos nos âmbitos federal, estaduais e municipais sejam conscientizados para a necessidade de abrirem vagas para estágios acadêmicos e curriculares aos estudantes de Arquivologia, visando proporcionar-lhes treinamento mais adequado e completo.

11. Que sejam incluídos nos planos de classificação de cargos dos estados e municípios, a exemplo da área federal, as categorias funcionais de

arquivista e técnicos de arquivo, em níveis compatíveis com as atribuições e responsabilidades estabelecidas pela Lei nº 6.546, de 4/7/78, regulamentada pelo Decreto nº 82.590, de 6/11/78.

12. Que sejam conscientizadas as secretarias gerais dos ministérios e secretarias de Administração dos estados e municípios para a necessidade de prever, na respectiva lotação, as categorias funcionais de arquivista e técnico de arquivo.

13. Que sejam sensibilizadas as autoridades federais, estaduais e municipais para que sejam asseguradas, aos arquivos públicos, condições estruturais, bem como recursos humanos e orçamentários capazes de garantir um eficiente sistema de informações.

14. Que sejam conscientizadas as autoridades governamentais e empresariais a fim de que seja assegurado aos arquivos um posicionamento na hierarquia administrativa compatível com a sua função.

15. Que seja dispensada atenção especial aos arquivos em sua fase corrente, considerada básica, visando contribuir não só para a eficiência da administração como para a correta formação dos arquivos permanentes.

16. Que seja incentivada a elaboração de esquemas de classificação por assunto, nos arquivos correntes, com objetivo de reunir documentos sobre o mesmo tema, possibilitando a sua localização com rapidez e precisão e facilitando o processo de avaliação.

17. Que os administradores, em geral, sejam conscientizados da necessidade de serem criadas comissões de avaliação, com vistas à destinação de documentos, das quais participem obrigatoriamente arquivistas, além de outros profissionais especializados nos assuntos tratados nos conjuntos documentais objeto da avaliação.

18. Que os responsáveis pela implantação de serviços micrográficos sejam conscientizados para a utilização adequada dessa tecnologia,

evitando-se a microfilmagem de substituição, de forma indiscriminada, bem como a destruição de documentos sem prévia avaliação.

19. Que seja incentivado o uso da automação nos arquivos como meio de controle de acervo e recuperação da informação.

20. Que a AAB promova o registro dos arquivos que já utilizam automação, em maior ou menor escala, possibilitando a participação em rede de informação.

21. Que o Arquivo Nacional, na qualidade de órgão central do Sistema Nacional de Arquivo, estabeleça normas gerais para transcrição paleográfica de textos, em língua portuguesa, baseadas em padrões de uso internacional.

22. Que seja desenvolvido um programa de tradução de textos técnicos, visando à disseminação de experiências de outros países.

23. Que sejam alertadas as instituições para a perda de informações não só decorrente da reutilização indiscriminada de suportes informáticos, bem como de videotapes, fitas sonoras e outros. [Acervo AAB].

Esse congresso teve o maior número de recomendações aprovadas, sendo que grande número entre elas já havia sido apresentado em congressos anteriores. Os assuntos discutidos foram:

- reivindicação de política nacional de informação;
- conscientização sobre a importância dos arquivos;
- criação dos conselhos federal e regionais de arquivologia;
- ampliação de cursos de graduação;
- criação de cursos profissionalizantes;
- inclusão dos cargos de arquivista e técnico de arquivo nos planos de carreira da União, estado e municípios;
- maiores recursos para os arquivos públicos;
- maior atenção aos arquivos correntes;

- criação de comissão de avaliação;
- informatização dos arquivos;
- censo dos arquivos informatizados;
- normalização da transcrição paleográfica;
- atenção aos documentos eletrônicos;
- edição de literatura arquivística;
- promoção da reforma do currículo do curso visando a sua adequação;
- estímulo à abertura dos arquivos públicos para contratação de estagiários dos cursos de arquivologia;
- pleito, junto aos constituintes, da inclusão no texto de questões relativas à transparência administrativa e ao acesso do cidadão à informação governamental e pessoal armazenada pelo poder público.

A transparência administrativa e o acesso à informação governamental, objetos da recomendação nº 1, já haviam sido pleiteados no III (1976) CBA e somente serão consolidados na Constituição Federal do Brasil, aprovada em 1988. Na ocasião é aprovada a inclusão do direito de o cidadão acessar informações que lhe digam respeito, armazenadas pelo Estado, conforme pleito da segunda recomendação, ou seja, a instituição do *habeas data* na Constituição Federal.[31] Em 12 de novembro de 1997, é aprovada a Lei nº 9.507, que regula o direito de acesso a informações e disciplina o rito processual do *habeas data*.

A recomendação nº 3 propõe encontros multidisciplinares envolvendo professores das áreas afins à arquivologia e posterior encaminhamento de propostas à Constituinte, identificando as possibilidades de contribuição dessas áreas na construção da identidade nacional. A quarta recomendação reivindica ampla Política Nacional de Informação. Inten-

---

[31] Sobre o tema ver: *Arquivo & Administração*, abr. 1980:15.

VI CONGRESSO BRASILEIRO DE ARQUIVOLOGIA - 1986

sificar a campanha para a criação dos conselhos federal e regionais de arquivologia foi a reivindicação aprovada na quinta recomendação, e a nº 6 pretende que as autoridades e administradores sejam esclarecidos e sensibilizados sobre o valor dos arquivos como fonte de informações para o desenvolvimento.

No que tange à criação de novos cursos de graduação em Arquivologia, objeto da recomendação nº 7, note-se que, até a data da realização desse congresso, só tínhamos três cursos superiores em funcionamento: o da Unirio, o da UFSM e o da UFF, sendo que desde 1979 nenhum outro curso superior foi criado. Posteriormente, em 1990, a Universidade de Brasília aprova o curso de graduação em arquivologia. Apesar do pleito de criação de novos cursos de graduação, já se propunha um encontro para desenhar um novo projeto pedagógico para o curso com uma maior adequação e reformulação do currículo mínimo à época vigente, e que era o mesmo do período em que foi aprovado, em 1974.[32]

Em 1996 a Lei nº 9.394 de Diretrizes e Bases da Educação Nacional (LDB) inova o ensino de graduação, flexibilizando os currículos do 3º grau às necessidades profissionais e instituindo as diretrizes curriculares de cada curso. Diante desse novo cenário educacional, os cursos de graduação em Arquivologia teriam de promover mudanças para se adaptarem às novas necessidades. Em março de 1998 a Secretaria de Educação Superior (Sesu) designou uma Comissão de Especialistas de Ensino de Ciência da Informação com o objetivo de elaborar diretrizes curriculares para os cursos de Arquivologia,[33] Biblioteconomia e Museologia. Por volta de 2001 foram apresentadas as diretrizes curriculares de Arquivologia. Até então vários outros cursos haviam sido criados, sendo que cada instituição tra-

---

[32] Ver Bottino, jan./mar. 1991.

[33] Partindo da experiência vivenciada no estudo inicial de reforma curricular no curso de Arquivologia da Unirio, para maiores informações sobre o tema sugiro a leitura de Silva e Bottino, 2004: 29-45.

çava seu currículo de forma isolada. Muito se falou em promover encontros para se discutirem os currículos, mas efetivamente pouco ou quase nada foi feito, trazendo, certamente, prejuízos para a área. Vale observar que a AAB, sempre atenta às questões atinentes à área, de acordo com as metas estabelecidas pela diretoria para o biênio 1997-1999, cria grupo de trabalho visando encaminhar proposta de revisão da Resolução nº 28, de 13 de maio de 1974, do Conselho Federal de Educação, que fixa os mínimos de conteúdo e educação do curso de graduação em Arquivologia.[34] O pleito relativo à elaboração de um novo projeto pedagógico para o curso de graduação em Arquivologia continuará presente nas recomendações do VIII (1990), do XI (1994) e do XII (1998) CBA.

As recomendações que se seguiram tinham temas já apresentados em congressos anteriores. Do total de 23 recomendações, note-se que 16 já haviam sido apresentadas, endossando a premissa de que muitas recomendações eram aprovadas pelas plenárias ao longo dos eventos, caracterizando ainda certa fragilidade da comunidade, que não obtinha sucesso na concretização de suas demandas e precisava reapresentá-las nos eventos seguintes.

Na sequência, o VII CBA acontece em 1988, retomando a periodicidade inicial, bienal. A retomada da realização do congresso com um intervalo menor nos leva à seguinte reflexão: estaríamos vivenciando uma maior demanda por reuniões científicas pela comunidade arquivística? Estariam as questões arquivísticas alcançando maior visibilidade? O contexto histórico e político pelo qual o Brasil estava passando – com revisão da Carta Magna, direitos dos cidadãos, acesso à informação etc. – estaria influenciando e gerando uma nova demanda de discussão por parte da categoria? É um desafio no qual podemos mergulhar em busca de respostas.

---

[34] *Boletim*, jul./ago./set. 1997.

VII CONGRESSO BRASILEIRO DE ARQUIVOLOGIA - **1988**[*]

> *A civilização é a razão da igualdade.*
> Camilo Castelo Branco

Ano repleto de emoções. Está para ser aprovada a nova Constituição, uma Constituição Cidadã, pois contemplou vários artigos inovadores e impactantes... entre eles a instituição do habeas data, *a transparência administrativa e o acesso à informação, questões de caráter arquivístico que se refletiram no VII CBA.*

Dois anos se passaram e a AAB se encontrava diante de um novo desafio: a realização do VII CBA em Brasília, Distrito Federal, no período de 12 a 16 de junho de 1988. Na ocasião, a AAB era presidida por Jaime Antunes da Silva (1987-1989). O congresso ocorreu no Centro de Convenções da cidade, e o tema foi a "Nova Arquivística: administração de documentos, informática, acesso à informação". É interessante lembrar que no mesmo ano acontecia, na cidade de Paris, o XI Congresso Internacional de Arquivos, direcionado para os novos arquivos, novos registros e suportes da informação e os desafios inerentes a sua organização, seu controle e acesso. O nosso congresso retoma e enfatiza a discussão de uma política nacional de arquivos e o domínio da produção documental no que tange a avaliação, controle e acesso.

---

[*] Foram distribuídos aos participantes *Programa Oficial* e *Resumo dos Trabalhos.*

Estrutura do evento

Sessões plenárias (com apresentação de 18 conferências):
1. Nova arquivística: Administração de documentos
- Por um sistema nacional de arquivos;
- *Integración de las tres edades: corriente, intermedia y permanente*;
- A administração de documentos e a eficácia dos arquivos;
- Implantação de um sistema de informação: apresentação de custos.

2. Produção documental e avaliação
- *Principios, criterios y práctica de la evaluación*;
- Coleta de dados para elaboração de planos de destinação e tabelas de temporalidade;
- Controle da produção documental e a infraestrutura da avaliação;
- Experiência de avaliação documental na Divisão de Pré-arquivo do Arquivo Nacional;
- Levantamento e análise do fluxo de informações: critérios básicos.

3. Arquivo e Informática
- Interação da Informática com a Arquivologia;
- Bancos de dados e fontes primárias;
- Informação em meio magnético: arquivo, evolução e perspectivas;
- Protocolo eletrônico;
- Gerência de informações arquivísticas e sistemas computadorizados.

4. Uso dos arquivos e disseminação da informação
- A função social dos arquivos e o direito à informação;
- A contribuição dos arquivos à pesquisa e o estímulo à produção intelectual;

VII CONGRESSO BRASILEIRO DE ARQUIVOLOGIA - 1988

- Acesso à informação científica e tecnológica dos arquivos;
- Acesso à informação nos arquivos brasileiros.

Sessões de temas livres (com a apresentação de nove trabalhos com temas variados):
- *La legislación peruana sobre la conservación documental*;
- Perspectivas de modernização do Arquivo Nacional do Brasil: uma análise comparativa;
- Panorama da Arquivologia na América Latina;
- Recuperação do arquivo impresso da Funai: fase I – material didático-pedagógico para educação indígena;
- Acervos fotográficos brasileiros. Metodologia adotada na coleta de dados para guias;
- Projeto memória fotográfica indígena;
- Cadastramento de arquivos privados da cidade do Rio de Janeiro;
- Inventário sumário do acervo da Arquiepiscopal Ordem Terceira de Nossa Senhora do Monte do Carmo;
- Medidas de segurança no arquivo.

Painéis, com relato de experiências e realizações cujos temas centrais foram:
- Arquivos de empresas públicas e privadas;
- Arquivos públicos: Arquivos nacional, estaduais e municipais;
- Arquivos públicos – O que estão realizando?;
- Arquivos do Poder Legislativo: Senado Federal, Câmara dos Deputados, assembleias legislativas e câmaras municipais;
- Arquivos do Poder Judiciário: tribunais superiores, federais, estaduais, varas e cartórios.

Sessões de estudos:

- Universidades e Arquivos, e Metodologia e Política de Arquivos;
- **Mesa-redonda** sobre Formação do Profissional de Arquivo e Legislação.

Eventos paralelos:

- V Seminário de Fontes Primárias da História do Brasil;
- Arquivos de Instituições Científicas e Tecnológicas;
- V Seminário de Preservação e Restauração de Documentos;
- [segundo] IV Seminário de Arquivos Médicos;
- III Seminário de Micrográfica e Sistemas Integrados de Informação;
- I Seminário Nacional de Arquivos Bancários;
- [primeiro] Fórum de Diretores de Arquivos Estaduais e Municipais;
- [segunda] Reunião da AAB com os diretores dos núcleos regionais. [*Programa Oficial*, 1988]

As nove recomendações aprovadas:

1. Que se estabeleça uma ampla política nacional de informação, abrangendo os arquivos, bibliotecas, museus e outros serviços correlatos.

2. Que seja ativado um Sistema Nacional de Informação e Referência Cultural, baseado no tratamento da informação contida nos acervos arquivísticos, biblioteconômicos e museológicos com a finalidade de dar tratamento adequado aos documentos, qualquer que seja o suporte físico, e realizar o processamento e difusão da informação neles contida.

3. Que o Sinar – Sistema Nacional de Arquivos –, criado pelo Decreto nº 2.308/78, seja ativado com o desempenho pleno de suas funções, de forma a garantir a orientação técnica e normativa às diversas partes do Sistema.

4. Reconhecer que a Comissão Nacional de Arquivos constitui unidade de integração entre os responsáveis pelo tratamento dos documentos na

VII CONGRESSO BRASILEIRO DE ARQUIVOLOGIA - 1988

fase de produção e corrente com as de arquivo intermediário e permanente, viabilizando a ligação sistêmica quanto às funções normativas estimulando o desenvolvimento científico e técnico da arquivística.

5. Influenciar o poder decisório no sentido de adequar a legislação arquivística no tocante à definição da Política Nacional de Arquivos, aperfeiçoamento da organização sistêmica das atividades de arquivo, política de acesso, princípios e critérios de avaliação.

6. Que o governo federal forneça condições para a integração das fases corrente, intermediária e permanente do ciclo documental, sob a orientação normativa do Arquivo Nacional.

7. Que sejam implementadas pelo governo federal as recomendações elaboradas pela Comissão Especial de Preservação do Acervo Documental da Câmara V do Plano de Reforma da Administração Pública Federal, com o objetivo: a) de se estabelecer uma política arquivística na administração Pública Federal; b) de reformular as estruturas dos ministérios e órgãos da Administração Pública Federal incluindo as unidades integradas de documentação – Arquivo, Biblioteca, museu – do mais alto nível hierárquico, de forma a propiciar o mais amplo desenvolvimento de suas funções.

8. Que nenhuma forma de destinação documental que implique eliminação possa ser implementada sem a autorização do Arquivo Público competente, em níveis federal, estadual ou municipal.

9. Que a Comissão Executiva do VII Congresso Brasileiro de Arquivologia encaminhe aos constituintes a moção de apoio à manutenção na votação do 2º turno da Assembleia Nacional Constituinte, dos dispositivos aprovados no 1º turno referente ao acesso à informação. [Acervo da AAB].

As recomendações versaram sobre vários assuntos:

- estabelecimento de uma política nacional de informações englobando vários setores (arquivos, bibliotecas, museus e serviços correlatos);
- ativação de um sistema nacional de Informação e Referência Cultural;
- plena ativação do Sinar;
- definição de uma política nacional de arquivos;
- promoção, no âmbito do governo federal, da integração das três idades dos arquivos, ou seja, o pleito de um programa de gestão de documentos;
- supervisão dos arquivos públicos quanto à eliminação de acervos além de moção de apoio aos constituintes sobre acesso à informação governamental.

Da recomendação nº 1 até a nº 4, evidenciamos preocupações importantes que permeavam o universo de questões da categoria, mas algumas não frutificaram a contento ou mesmo não se concretizaram.

No que tange à recomendação nº 5, que trata da adequação da legislação arquivística visando à política nacional de arquivos, remontando ao passado recente, cabe assinalar que a Câmara Federal aprovou, em 12 de dezembro de 1990, o substitutivo ao Projeto de Lei nº 4.895-B de 1984, que dispõe sobre a política nacional de arquivos públicos e privados, apresentada no ano de 1989[35] pelo deputado Horácio Ferraz. O projeto tramitou, sofrendo alterações, e, finalmente, foi promulgada a Lei nº 8.159, de 8 de janeiro de 1991, definindo a política de arquivos públicos e privados, que, mesmo contendo algumas lacunas, foi uma grande vitória para a categoria, possibilitando assim seu desenvolvimento.

A recomendação nº 6 sobre política de gestão de documentos no âmbito da administração federal, aspiração já presente no V (1982) e no VI (1986) CBA, vai se concretizar com a aprovação do Decreto nº 4.915

---

[35] *Informativo*, dez. 1990.

VII CONGRESSO BRASILEIRO DE ARQUIVOLOGIA - 1988

de 12 de dezembro de 2003, que dispõe sobre o Sistema de Gestão de Documentos de Arquivo (Siga), da administração pública federal, e dá outras providências. A sétima recomendação aponta para a implementação, por parte do governo federal, das recomendações da Comissão Especial de Preservação do Acervo Documental. A recomendação nº 8 é o resultado da preocupação da categoria no que tange à perda de acervos e visa impedir a eliminação de documentos públicos sem a devida autorização do arquivo público competente. Lembramos que no ano de 1985 o Arquivo Nacional deu início a uma ação voltada para essa questão, elaborando e disponibilizando a publicação técnica *Orientação para avaliação e arquivamento intermediário em arquivos públicos*, com estudos e parâmetros para a avaliação de documentos na administração pública, o que poderíamos considerar uma iniciativa pioneira com o intuito de preservar os acervos considerados de valor permanente no âmbito dos arquivos públicos. Entretanto, só teremos legislação pertinente ao assunto com a promulgação da Lei nº 8.159, em 8 de janeiro de 1991, que dispõe no capítulo II, art. 9º: "A eliminação de documentos produzidos por instituições públicas e de caráter público será realizada mediante autorização da instituição arquivística pública, na sua específica esfera de competência" (Brasil, Lei nº 8.159, de 8 de janeiro de 1991). E, finalmente, a nona recomendação, que solicita aos organizadores do evento que encaminhem moção de apoio à manutenção dos dispositivos aprovados no 1º turno referentes ao acesso à informação.

Passemos, a seguir, à apresentação do VIII CBA, onde poderemos constatar que a preocupação com a gestão documental, em especial no setor público, continua presente no universo de preocupações da comunidade arquivística, além de um aprofundamento na discussão do uso das novas tecnologias da informação.

VIII CONGRESSO BRASILEIRO DE ARQUIVOLOGIA - **1990**[*]

> *Só há um tempo em que é fundamental despertar. Esse*
> *tempo é agora.*
>
> Buda

Estamos chegando ao VIII CBA, muitas novidades na área, discussões em torno da legislação arquivística que tramitava no Legislativo e o ensino universitário de graduação vivia momentos de grandes emoções, pois mais um curso em Arquivologia entraria em funcionamento, deslocando o foco das discussões acadêmicas do Sul e Sudeste para o Centro-Oeste. E nesse momento me preparava para iniciar o mestrado em Ciência da Informação, na Universidade Federal do Rio de Janeiro.

No período de 14 a 20 de outubro de 1990, no Bahia Othon Palace Hotel, na cidade de Salvador, realizou-se o VIII CBA, com o tema "Arquivologia e gestão da informação: tecnologias e perspectivas". Na ocasião, a AAB era presidida por Jaime Antunes da Silva (1989-1991).

O programa foi organizado de modo a levar a comunidade arquivística a refletir sobre as novas tendências da era da informação no campo da tecnologia, bem como a enfatizar a discussão sobre a implantação de

---

[*] Possui *Programa Oficial e Caderno de Resumo dos Trabalhos.*

programas de gestão de documentos eficientes, visando à equação de problemas e à apresentação de soluções.

Estrutura do evento

Sessões plenárias (foram quatro, com a apresentação de oito conferências):[36]

1. Arquivologia e gestão da informação: Evolução e marcos teóricos
- Arquivos, documentos e informação;
- Evolução tecnológica e a teoria arquivística;
- Gestão de documentos: compromisso do governo.

2. Tecnologia, informação e usuário
- Arquivologia e novas tecnologias na informação;
- Perspectivas e desenvolvimento tecnológico no campo da informação científica e técnica no Brasil – o papel do Ibict;
- Impacto do disco óptico.

3. O novo arquivista
- O reflexo dos novos arquivos na formação do arquivista;
- O arquivista: sua formação e perspectivas.

4. Experiências nacionais de Sistema de Informação [*Programa Oficial*, 1990].

---

[36] Não obtivemos informações sobre as conferências proferidas na 4ª sessão plenária: "Experiências nacionais de sistemas de informação".

Comunicações coordenadas (apresentadas 49 comunicações):

- Treinamento para leigos em microcomputadores;
- Automação de arquivos: aspectos e considerações;
- Tratamento de informações sensíveis na Cobra Computadores;
- A informação da documentação da área de engenharia na Ciquine;
- Sirloc – sistema de índices remissivos para localização de documentos;
- *La convergencia de las disciplinas documentales para el establecimiento de un sistema de información en una entidad bancaria;*
- Arquivo da Cúria Metropolitana no Rio de Janeiro;
- Arquivos eclesiásticos: perspectivas para a conservação da memória histórica;
- Projeto de implantação do sistema de arquivos da Universidade Federal de Santa Maria;
- Os arquivos na preservação da memória científica nacional: a biblioteca e arquivo de documentação em história da ciência;
- Centro de memória – Unicamp: a preservação da memória regional e o Fundo Coletoria de Rendas de Campinas;
- Relação pesquisador e técnicas arquivísticas: uma necessidade vital;
- Organização de acervos de movimentos sociais em centro de documentação universitário;
- O acervo fotográfico do Arquivo Histórico José Ferreira da Silva;
- Arquivos privados: uma experiência de socialização de conteúdos;
- Um projeto institucional: Memória do Senai;
- A arquivística e a informática na gestão e processo decisório da Secretaria Geral da Coelba;
- A qualificação de técnicos em arquivo no Rio Grande do Norte – projeto de curso;
- Banco de estágio na universidade;

- Os documentos de arquivo para onde irão?
- A interferência de outros profissionais na área e na organização de arquivos;
- O usuário do Arquivo Nacional e o seu relacionamento com os serviços oferecidos para a satisfação de suas necessidades de informação;
- Programas públicos em instituições arquivísticas;
- A proposta para a reformulação do currículo do curso de Arquivologia da UFSM;
- O tesauro de Arquivologia;
- Metodologia para tratamento de acervos arquivísticos;
- Arranjo de documentos produzidos pela Capitania de Minas – relato de uma experiência;
- História administrativa e arquivos públicos: o sistema tributário na Província de São Paulo (1832-1892);
- Guia para o estudo do negro e do sistema escravista colonial em Minas Gerais;
- A documentação produzida pelas crianças e jovens atendidos na Secretaria do Menor do estado de São Paulo;
- Em busca de marcos simbólicos urbanos: a organização de um arquivo preliminar;
- Plano de classificação de arquivo: proposta de padronização para as atividades-meio;
- História sincera do Sistema Estadual de Arquivo de Sergipe – 1973-1989;
- Arquivo empresarial;
- A implantação do sistema de arquivos da Ufac;
- Arranjo e descrição de um arquivo privado – o projeto ACP;
- Diagnóstico dos arquivos federais da administração direta e autarquias da cidade do Rio de Janeiro e Brasília;

- A implantação de um programa de gestão de documentos no Arquivo Nacional;
- O registro de entrada de acervos arquivísticos no Arquivo Nacional;
- Registro nacional de arquivos federais – metodologia e implantação na cidade do Rio de Janeiro e em Brasília;
- Avaliação documental em arquivos intermediários;
- A recuperação da informação do acervo do Ministério da Justiça e Negócios Interiores (MJNI), do período de 1950 a 1959: o uso da automação;
- A metodologia da avaliação em acervos acumulados: a aplicação nos documentos do Ministério da Justiça e Negócios Interiores (MJNI), do período de 1933 a 1939;
- Urna ou oficina? Arquivos, modernização e dinâmica: o papel dos núcleos de pesquisa nos arquivos;
- Programa de destinação dos acervos documentais pertencentes aos órgãos extintos da administração pública federal;
- Terminologia na área de gestão de documentos;
- Etapas para elaboração de um catálogo de documentos cartográficos;
- Acesso informatizado aos acervos do Arquivo Público do Distrito Federal;
- A base de dados mapa: informatização a serviço da organização de acervos;
- Destinação do acervo arquivístico dos órgãos extintos da administração pública federal [*Programa Oficial*, 1990].

Painéis:
- Avaliação de documentos;
- Preservação e segurança em arquivo;
- Fontes ibéricas sobre o Brasil.

Eventos paralelos:
- VI Seminário de Preservação e Restauração de Documentos;
- VI Seminário de Fontes Primárias da História do Brasil;
- [terceiro] V Seminário de Arquivos Médicos;[37]
- IV Seminário de Micrográfica e Sistemas Integrados de Informação;
- Fórum Estadual de Arquivos Médicos;
- [primeiro] Fórum de Diretores de Arquivos Públicos Estaduais;[38]
- [primeiro] Fórum Permanente de Coordenadores dos Cursos de Graduação e Pós-Graduação em Arquivologia;[39]
- Comunicações Coordenadas;
- Sessão Especial;
- Cursos Pré-congresso [*Programa Oficial*, 1990].[40]

As oito recomendações aprovadas:[41]

1. Que a AAB, os cursos de Arquivologia e as instituições arquivísticas promovam ações integradas com vista à gestão e preservação de documentos eletrônicos ou informáticos.

2. Que a AAB, os cursos de Arquivologia e as instituições arquivísticas constituam-se em comissão com a finalidade de propor alterações no currículo mínimo do curso superior de Arquivologia, tendo em vista as demandas da gestão da informação e das novas tecnologias.

[37] Disponíveis em: *Informativo*, dez. 1990.
[38] Ibid.
[39] O fórum aprovou duas recomendações disponíveis em: *Informativo*, dez. 1990.
[40] Foram ministrados cinco cursos: Gestão de documentos fiscais nas empresas privadas; Segurança em arquivos: plano de prevenção e salvamento; Arquivos especiais; Implantação de sistemas de arquivos municipais; e Terminologia arquivística.
[41] Além das recomendações gerais do VIII CBA também foram aprovadas Moções e as Recomendações do Fórum de Diretores de Arquivos Públicos Estaduais, do Fórum Permanente de Coordenadores dos Cursos de Graduação e Pós-Graduação em Arquivologia, bem como do 5º Seminário Nacional de Arquivos Médicos. Disponíveis em: *Informativo*, dez. 1990.

3. Que seja revisto o currículo mínimo para habilitação de técnicos de arquivo de modo a adequá-lo às novas necessidades dos arquivos.

4. Que os governos estaduais e municipais promovam a implantação das carreiras de arquivista e técnico de arquivo, nos respectivos Planos de Classificação de Cargos.

5. Que as universidades brasileiras promovam cursos de formação e aperfeiçoamento na área de Arquivologia, visando atender a premente necessidade de organização, controle e disseminação das informações dos acervos arquivísticos públicos e privados.

6. Que sejam realizados estudos pela AAB visando à elaboração de um código de ética profissional.

7. Que a AAB, através de seus núcleos regionais, promova encontros técnicos sobre preservação de documentos.

8. Que a AAB promova articulações com outras entidades representativas de profissões afins, objetivando ação conjunta em defesa dos acervos, com vista à sua preservação, organização, manutenção e acesso. [*Informativo*, dez. 1990:2]

As recomendações trataram dos seguintes assuntos:

- gestão de documentos eletrônicos;
- revisão do currículo mínimo do curso de graduação em arquivologia;
- revisão do currículo para formação de técnico de arquivo;
- inclusão do profissional arquivista e técnico de arquivo no Plano de Cargos dos arquivos municipais e estaduais;
- ampliação do número de cursos de formação e aperfeiçoamento em Arquivologia;
- código de ética;
- encontros sobre preservação de documentos;
- ação conjunta com áreas afins para preservação de seus acervos.

As recomendações focaram, sobretudo, a questão acadêmica, pleiteando reforma curricular tanto na graduação quanto no curso profissionalizante, que até aquele momento não havia sido efetivamente implantado, além de propor a criação de novos cursos de formação e aperfeiçoamento superior.

Pela primeira vez aparece, entre as recomendações aprovadas nos CBA, solicitação de providências relativas à gestão e preservação de documentos eletrônicos, que foi a recomendação nº 1. Em 1995, portanto cinco anos após a realização do VIII CBA, foi criada pelo Conarq a Câmara Técnica de Documentos Eletrônicos (CTDE), com o objetivo de definir e elaborar instrumentos técnicos relativos a gestão e preservação de documentos arquivísticos no meio digital. No ano de 2004, é aprovada no âmbito do Conarq a *Carta para Preservação do Patrimônio Arquivístico Digital*.

Os participantes do congresso reivindicam, na recomendação nº 2, a criação de comissão para rever o currículo mínimo dos cursos de graduação em Arquivologia. A esse respeito, vale lembrar que, em 1997, a AAB cria um Grupo de Trabalho (GT) composto de representantes da associação e das universidades mantenedoras de curso a fim de propor a Revisão da Resolução nº 28 de 13 de maio de 1974, do Conselho Federal de Educação, que fixa os mínimos de conteúdo e duração do curso de graduação em Arquivologia.[42] Essa reivindicação, já pleiteada no VI (1986) CBA, será reiterada no XI (1996) e no XII (1998) CBA e, efetivamente, só ocorrerá em 2001, com a implantação das diretrizes curriculares do ensino da Arquivologia, de acordo com deliberação da Lei nº 9.394, Lei de Diretrizes e Bases da Educação Nacional, como veremos mais adiante.

A recomendação nº 3 propõe a revisão do currículo mínimo para a habilitação de Técnico de Arquivo. A implantação das carreiras de ar-

---

[42] *Boletim*, jul./ago./set. 1997:4.

VIII CONGRESSO BRASILEIRO DE ARQUIVOLOGIA - 1990

quivista e técnico de arquivo nos Planos de Classificação de Cargos nos estados e municípios, objeto da quarta recomendação, e o aumento de cursos de formação e aperfeiçoamento em Arquivologia, pleito da quinta recomendação, foram propostas que já tinham sido apresentadas anteriormente.

A elaboração de código de ética profissional, objeto da recomendação nº 6, que ratifica o desejo da comunidade apresentado no I (1972) e no III (1976) e reiterado no X (1994) CBA, se realiza no ano de 1999, resultado do GT criado na AAB. Ações que visem à interação entre os profissionais de informação, promoção de encontros técnicos sobre preservação de documentos e inclusão dos cargos de arquivista e técnico nos planos dos servidores dos governos estaduais e municipais voltam à cena.

A seguir, o IX CBA.

IX CONGRESSO BRASILEIRO DE ARQUIVOLOGIA - **1992**[*]

> *Uma vida sem desafios não vale a pena ser vivida.*
>
> Sócrates

Além de minhas aulas na graduação dos cursos da UFF e da Unirio, começava minha trajetória no Arquivo Central da Unirio. Foi uma longa jornada, que, como tantas outras, apresentou muitos desafios, lutas, vitórias, sim, mas exigindo muito empenho.

Considero que o grande legado desse período foi, inicialmente, o trabalho político desenvolvido no âmbito institucional, mostrando a importância e a razão da criação do Sistema de Arquivos da Unirio. Visibilidade, palavra-chave que norteou o transcorrer de minhas atividades, resultando na divulgação do Arquivo Central no âmbito dos vários setores da universidade, abrindo o arquivo para a participação dos alunos do curso de Arquivologia, ministrando disciplinas nas instalações do Arquivo, possibilitando uma aula teórico-prática, oferecendo a oportunidade aos alunos de participarem de estágio voluntário, ou mesmo como bolsistas dos projetos de extensão que lá desenvolvi, ministrando cursos de treinamento para os servidores da universidade, organizando exposição de documentos com o acervo custodiado em eventos institucionais, divulgando as ações do setor nas outras universidades, entre várias iniciativas.

---

[*] Publicou *Programa Oficial* com *Resumo dos Trabalhos.*

O produto do trabalho foi alcançado quando, finalmente, na primeira revisão do estatuto da instituição, conseguimos, no ano de 2001, com o apoio dos conselheiros, que o Arquivo Central, Unidade Suplementar vinculada diretamente à Reitoria, juntamente com a Biblioteca Central e o Hugg, obtivesse assento, com voz e voto, no Conselho Universitário (Consuni), resultado das ações desenvolvidas que pudessem garantir ao arquivo credibilidade e respeito merecidos.

E minha dissertação versou sobre arquivo universitário.

Dando continuidade à retomada da periodicidade de dois anos para a realização dos congressos, de 18 a 22 de outubro de 1992, na cidade de Santa Maria, no Rio Grande do Sul, no Centro de Convenções do Itambé Palace Hotel, foi realizado o IX CBA, cujo tema foi "O arquivista na era da informação", aliás, tema também do XII Congresso Internacional de Arquivos, promovido pelo Conselho Internacional de Arquivos (CIA), realizado em Montreal, no Canadá. No biênio 1991-1993, presidia a AAB Jaime Antunes da Silva.

O congresso discutiu o perfil do profissional arquivista diante das transformações da sociedade, sobretudo as tecnológicas, e a sua formação acadêmica, em que currículos adequados pudessem suprir as novas demandas e funções a serem exercidas.

Estrutura do evento

Sessões plenárias (com subtemas e apresentação de 15 conferências):

1. A profissão do arquivista em nossos dias
- O saber e o fazer arquivístico: novas perspectivas e implicações para a profissão de arquivista;
- A profissão do arquivista em nossos dias;
- Profissão do arquivista: realidade norte e nordeste;

IX CONGRESSO BRASILEIRO DE ARQUIVOLOGIA - 1992

- Arquivologia, dois desafios: necessidade de produção científica, conquista do mercado de trabalho.

2. Transformações conceituais da ciência arquivística
- A tecnologia e a pesquisa como fatores de progresso na metodologia arquivística;
- O sigilo e a transparência.

3. Formação profissional do arquivista
- *Tres variables incidentes de la formación del archivólogo*;
- Formação do profissional arquivista na Unirio;
- Formação profissional do arquivista;
- A formação profissional do arquivista na era da informação;
- A formação do arquivista no contexto atual.

4. O arquivo e a informática
- O controle dos arquivos eletrônicos: desafios para os arquivistas;
- Automação em arquivos;
- ARQBASE e os arquivos portugueses;
- A informatização do inventário da subsérie "Resultado da eleição": descrição automatizada micro/isis.

Sessões de Temas Livres (apresentação de 44 comunicações):
- Sistema de Arquivo do Estado do RS (Siarq);
- Sistema de protocolo integrado;
- A organização dos arquivos correntes do Mast;
- Programa de gestão pública de documentos na administração pública federal;
- Normas para utilização de materiais para produção e acondicionamento de documentos permanentes;

- A volta do filho pródigo... ou o desmesurado esforço de recolher o acervo Dops/DPPS;
- A documentação e os maus-tratos no Dops;
- De frente para o crime – considerações sobre a abertura do acervo Dops/DPPS;
- O olhar da repressão;
- A conservação preventiva em acervos arquivísticos;
- O arquivo iconográfico da Casa de Oswaldo Cruz: tratamento e metodologias;
- Uma contribuição à preservação da memória sindical brasileira: a implantação do núcleo de documentação do Sindicato dos Médicos do Rio de Janeiro;
- O arquivo como fonte para a pesquisa social;
- Guia de pesquisa sobre igreja e movimentos sociais: metodologia e resultados obtidos;
- O fundo Juventude Operária Católica: uma experiência de arranjo e descrição de arquivos de movimentos sociais;
- Os arquivos e o historiador: possibilidades de pesquisa histórica nos arquivos do Rio Grande do Sul;
- Preservação da memória judaica;
- Os arquivos do Cpdoc/FGV e o relacionamento entre a hierarquia católica rio-grandense e o Estado Novo;
- A administração pública de Minas Gerais: anotações sobre a metodologia de pesquisa;
- Histórico, desenvolvimento e procedimentos técnicos dos arquivos privados da Fundação Casa de José Américo;
- Arquivo pessoal: uma experiência de organização;
- Arranjo e acesso à documentação não encadernada da Capitania de Minas Gerais – conclusão de uma etapa de trabalho;

- A importância do profissional de arquivo para pesquisadores;
- O estágio como fator preponderante na formação profissional;
- A profissão dos arquivistas em nossos dias;
- A realidade profissional do arquivista;
- Formação profissional do docente em arquivologia: um perfil do professor das escolas de arquivologia do Brasil;
- A experiência de diagnóstico dos acervos documentais do Instituto Oswaldo Cruz, uma instituição de pesquisa;
- A contribuição de arquivos de docentes para a história da ciência;
- Informações e registros de saúde: uma proposta de cursos de treinamento para a rede de serviços;
- Formação do técnico em registros de saúde: uma avaliação dos resultados sob duas óticas;
- O chamado arquivo morto: conceito e consciência popular;
- Do inventário da coleção de periódicos à formação de um sistema de recuperação automatizada (estudo de caso);
- A informatização do arquivo público mineiro;
- Sistema Docs: instrumento de pesquisa e disseminador da informação;
- A informatização do ARPDF;
- A informática na administração dos arquivos: a experiência do BNDES;
- Experiência de implantação de um banco de imagens com vocabulário controlado;
- Sistema de documentação do Grupo Hering;
- Coleção de fotos do Fundo Zeferino Vaz: contribuição para a história da Unicamp;
- Divisão do arquivo histórico do Banco Econômico: um exemplo de automação;

134   *O legado dos congressos brasileiros de arquivologia (1972-2000)*

- Os arquivos do Deops do estado de São Paulo: acesso;
- Senai: um modelo integrado de projeto memória;
- Sistema de armazenamento eletrônico de documentos (Saed) [*Programa Oficial*, 1992].

Eventos paralelos:
- [quarto] VII Seminário de Arquivos Médicos e Estatística;
- II Seminário Nacional de Arquivos Universitários;
- V Seminário de Micrográfica e Sistemas Integrados de Informação;
- VII Seminário de Preservação e Restauração de Documentos;
- III Encontro Latino-Americano de Estudantes de Arquivologia;
- [primeiro] Fórum de Diretores de Arquivos Públicos.[43]

As 15 recomendações aprovadas:
1. Que o X Congresso Brasileiro de Arquivologia seja realizado em São Paulo, em 1994, considerando que esse estado tem interesse e condições para realização do evento.
2. Que sejam criados grupos de estudos arquivísticos, em nível regional e estadual, para aprofundamento de temas ligados à área arquivística.
3. Que o X Congresso Brasileiro de Arquivologia seja promovido pela Associação dos Arquivistas Brasileiros, com o apoio do Fórum de Diretores de Arquivos Públicos do estado, pela Associação Nacional de Arquivos Municipais e outras entidades afins.
4. Que sejam criados, além dos Núcleos da Associação dos Arquivistas Brasileiros, sindicatos das categorias de Arquivista e Técnico em Arquivo, em nível estadual.

---

[43] Esse fórum aprovou nove recomendações.

5. Que a Associação dos Arquivistas Brasileiros dê continuidade à publicação do periódico *Arquivo & Administração* e estimule a publicação de artigos ligados à arquivologia em periódicos afins.
6. Que seja regulamentada, imediatamente, a Lei nº 8.159, pelo governo federal.
7. Que seja solicitado ao ministro da Justiça a formação de uma comissão de estudo para reexaminar o texto da Lei nº 5.433, de 08/05/68 e o Decreto nº 64.398, de 24/4/69, que regula e dispõe sobre a microfilmagem de documentos, considerando que o mesmo encontra-se desatualizado, causando grandes prejuízos à indústria e aos usuários.
8. Que o núcleo da AAB responsável pelo X Congresso Brasileiro de Arquivologia inclua nas sessões plenárias temas relacionados a arquivos médicos.
9. Que a AAB incorpore em sua estrutura o Grupo de Estudo de Arquivos Universitários, criados durante o I Seminário Nacional de Arquivos Universitários, em Campinas, com o objetivo de viabilizar um maior intercâmbio entre os profissionais das universidades.
10. Que a AAB e todos os seus Núcleos promovam cursos de aperfeiçoamento, especialmente na área de Informatização de Arquivos.
11. Que Encontro Latino-Americano de Estudantes de Arquivologia seja realizado com o intervalo de dois anos.
12. Que no Conselho Deliberativo da AAB haja a representação dos estudantes.
13. Que no *Boletim* da AAB haja uma coluna específica para artigos de estudantes de Arquivologia.
14. Que haja a participação dos alunos na reformulação curricular dos cursos de Arquivologia.
15. Que a AAB apoie a candidatura da professora Heloisa Liberalli Bellotto para o cargo de diretora do Departamento de Assuntos Culturais da OEA. [Acervo AAB]

Os assuntos tratados nas recomendações aprovadas foram:

- escolha de São Paulo para sediar o X CBA;
- criação de grupos de estudos na área;
- criação de sindicato;
- regulamentação da Lei nº 8.159;
- revisão da lei de microfilmagem;
- continuidade da edição da revista *Arquivo & Administração*;
- criação de grupos de estudos na área, bem como temas direcionados aos discentes, como o Encontro Latino-Americano de Estudantes de Arquivologia;
- representação estudantil na AAB, nas comissões de reforma curricular, bem como a divulgação da produção científica discente.

Desse total, algumas recomendações se concretizaram, outras não, como ocorreu nos CBA anteriores. A primeira pleiteava a realização do X CBA na cidade de São Paulo, fato que ocorreu. A recomendação nº 2 abordava a necessidade da criação de grupos de estudos arquivísticos a fim de discutir temas específicos da área. Infelizmente não houve um grande interesse da comunidade para essa questão. Algumas iniciativas se delinearam, mas aquela que floresceu foi o grupo de estudos de arquivos universitários, e culminou na criação do comitê no âmbito da AAB. A promoção do X CBA ocorreu com o apoio das entidades citadas na recomendação nº 3.

A recomendação nº 4 pede que sejam criados sindicatos de arquivista e técnico em arquivo, no âmbito estadual. Passaram-se 16 anos para que a demanda se realizasse e, em 23 de outubro de 2008, na cidade do Rio de Janeiro, foi criado o Sinarquivo – Sindicato Nacional dos Arquivistas e Técnicos de Arquivo.[44] Apesar de considerar importante para

---

[44] Para obter maiores informações, ver <www.sinarquivo.org.br>.

o desenvolvimento da área e dos profissionais a criação de vários tipos de entidades, defendemos o associativismo pelas razões a seguir expostas: isoladamente, os indivíduos têm dificuldades para se afirmar, daí a importância de uma representação coletiva, via associação profissional, com a qual o grupo terá a oportunidade de mostrar à sociedade a sua atuação e ao mesmo tempo desenvolver e fortalecer sua identidade profissional. Partindo da premissa de que uma representação coletiva é importante, entendemos por associação profissional a reunião de um grupo de indivíduos de uma mesma profissão ou afim que se unem objetivando a troca de informações sobre a atuação profissional, o estabelecimento de normas e a discussão de aspectos relevantes de interesse para o desenvolvimento da profissão, de seus membros e da promoção da imagem do profissional na sociedade.

Mesmo assim, respeito aqueles que partem em defesa do sindicalismo. Mas, com relação ao Sinarquivo, lanço a seguinte reflexão: será que o Sindicato Nacional representa o pensar, o fazer e os interesses dos arquivistas brasileiros? Fica a questão.

A recomendação nº 5 deseja a retomada da edição da revista *Arquivo & Administração*, periódico publicado pela AAB, pela importante contribuição trazida à área desde sua edição número zero, durante o I CBA, em 1972, e que por dificuldades financeiras deixou de ser editada em 1986. A realização da demanda se dará no ano de 1994, ocasião em que a AAB retoma a edição da revista que, infelizmente, por uma série de dificuldades, terá sua continuidade novamente interrompida, voltando a ser editada em 1998.

A recomendação nº 7, já reivindicada no IV (1979) CBA, versa sobre a revisão do texto da lei de microfilmagem assinada em 1968. Entretanto, o texto da lei será revisto somente em 1996. Enquanto a oitava recomendação, sem sucesso, pedia a inclusão nas sessões plenárias de temas sobre arquivos médicos no X CBA, porém foi realizado o VIII (*sic*) Seminário de Arquivos Médicos e Estatística.

Atendendo à demanda da recomendação nº 9, em novembro de 1996 a AAB cria o Comitê de Arquivos Universitários.[45]

A recomendação nº 11 pede que a realização do Encontro Latino-americano de Estudantes de Arquivologia seja a cada dois anos. Por se tratar de um tema bastante pertinente, pois diz respeito à participação discente em discussões de caráter acadêmico-científico, cabe, portanto, apresentar um breve relato sobre a trajetória dos encontros estudantis. O primeiro encontro realizou-se de 28 a 31 de outubro de 1980, na Universidade de Santa Maria (UFSM–RS). É muito gratificante poder recordar o evento do qual participei como docente palestrante, apresentando o trabalho "Formação profissional dos arquivistas: adequação dos currículos dos cursos de graduação", elaborado pela equipe de professores do Curso de Arquivologia da Universidade Federal Fluminense.[46] O pleito dos congressistas presentes ao IX CBA, na realidade, já havia sido objeto de demanda dos participantes do primeiro encontro, consubstanciado na proposição de nº 13.[47] O segundo encontro se realizou no ano de 1987, portanto, sete anos mais tarde. Durante o IX CBA (1992), realizou-se o III Encontro Latino-Americano de Estudantes de Arquivologia, já o quarto encontro ocorreu em 1994, durante o X CBA. Os subsequentes, com periodicidade irregular, realizaram-se em 1995 (V), 1996 (VI), 1997 (VII), 1999 (VIII), quando mudaram de nomenclatura, passando a se chamar Encon-

---

[45] Membros: Mariza Bottino (coordenação/Unirio), Jacy Barletta (Unesp), Maria Terezinha Campos de Santana (UFGO), Neire do Rossio Martins (Unicamp), Rosemary Gomes Paulo (UFF) e Viviane Tessitore (PUC-SP). Ver: *Boletim*, jan./mar. 1997.

[46] Desirée Correa, Dyrse Taveira (coordenadora do curso), Margarida Marques Cerdeira e Mariza Bottino.

[47] As proposições do I Encontro Latino-Americano de Estudantes de Arquivologia podem ser consultadas em: Associação dos Arquivistas Brasileiros (1982:54).

tro dos Estudantes de Arquivologia do Mercosul, dando continuidade à numeração inicial, porém, acontecendo no âmbito dos Congressos de Arquivologia do Mercosul. Apesar de os encontros não se constituírem objeto de maior pesquisa neste trabalho, consideramos importantíssimo que os estudantes dos cursos de Arquivologia pesquisem e resgatem o material dos eventos, suas recomendações, dando publicidade aos resultados obtidos, pois evidenciam a contribuição dos discentes no desenvolvimento do ensino da arquivologia. Ainda com relação à importância do resgate histórico das iniciativas estudantis, agora relacionada à criação do diretório acadêmico dos estudantes universitários, creio poder contribuir com informações importantes, já que era estudante do Curso Permanente de Arquivo, em funcionamento no Arquivo Nacional, quando floresceu o interesse por parte dos alunos do curso pela criação de uma agremiação. As informações a respeito podem ser resgatadas no texto "A história da primeira agremiação estudantil do curso de arquivologia".[48]

A requerida participação estudantil na AAB, objeto da 12ª recomendação, se concretiza com a criação do Comitê de Estudantes de Arquivologia por meio da Resolução nº 10, de 6 de outubro de 1999,[49] no âmbito da AAB. Buscando atender ao objeto da recomendação nº 13, a demanda concedendo aos estudantes um espaço para publicação de artigos dos graduandos em arquivologia nos periódicos da AAB e, com o intuito de divulgar a produção científica discente, incentivar o estudo e a pesquisa científica em arquivologia no âmbito dos cursos de graduação, em 1998 a AAB cria o Concurso de Monografias, instituindo o prêmio Arquivista do Amanhã.[50] Porém, por falta de apoio e interesse das instituições de ensino, ou por qualquer outro motivo certamente desconhecido por nós,

[48] Disponível em: <www.inspiracaomiscelanea.tk>.
[49] *Boletim*, maio/ago. 1999:4.
[50] *Boletim*, set./dez. 1998:3-4.

o projeto não foi adiante, fazendo com que a arquivologia e os discentes perdessem a possibilidade de ter seus trabalhos publicados na revista *Arquivo & Administração*, que nesse ano havia retomado sua edição.

Mais dois anos se passaram e chegamos ao X CBA.

X CONGRESSO BRASILEIRO DE ARQUIVOLOGIA -1994[*]

> *Não há segredos que o tempo não revele.*
> Jean Racine

Dissertação defendida! Dava continuidade a minha caminhada no ensino, com a transmissão do "saber arquivístico" e, no Arquivo Central, com o "fazer arquivístico". Hasteei a bandeira em defesa dos arquivos universitários, e nesse período que se seguiu produzi alguma literatura na área, participei de eventos nacionais e internacionais, disseminando entre os pares o Arquivo Central da Unirio, visando ao seu fortalecimento na universidade, para que a mudança na administração não afetasse seu desenvolvimento e a fim de que aqueles que lá chegassem pudessem continuar a implantar as melhorias necessárias.

Cheguei ao X CBA, rico em conhecimentos que contribuíram para o engrandecimento da área e com uma grande atuação dos participantes nas discussões levantadas. Felizmente, as divergências de opiniões suscitaram calorosos debates, levando ao crescimento e aprimoramento da arquivologia.

E la nave va...

---

[*] Por ocasião do evento foram publicados o *Programa Oficial*, bem como o *Caderno de Resumos*. Posteriormente, no ano de 1998, os *Anais* foram editados, no formato CD-Rom.

Dois anos depois, de 27 de novembro a 2 de dezembro de 1994, no Centro de Convenções do Anhembi, na cidade de São Paulo, com o tema "Rumos e consolidação da Arquivologia", realiza-se o X CBA, com Lia Temporal Malcher na Presidência da AAB, no biênio 1993-1995.

Estrutura do evento

Sessões plenárias (cinco sessões com 16 conferências):
1. A universidade e o ensino da Arquivologia
- *L'Universitá e la formazione professionale*;
- *L'Université et l'enseignement de l'archivistique*;
- *Education isn't just for instruction anymore: archival education and the university*;
- A universidade e o ensino da arquivologia: a experiência brasileira;
- *La formación de archiveros en modalidad semipresencial.*

2. Avaliação de documentos
- Classificação e avaliação de documentos: atividades essenciais dos arquivos correntes;
- O valor jurídico dos documentos informáticos;
- Avaliação de documentos arquivísticos: caminhos percorridos;
- *La selección documental en la época de los multimedios.*

3. Normalização e cooperação internacional
- *La cooperación archivística*;
- *Réfléxions sur la normalisation et la coopération archivistique internationale*;
- *Observaciones sobre la norma Isad(G)*;
- Os desafios da descrição arquivística estandardizada.

X CONGRESSO BRASILEIRO DE ARQUIVOLOGIA -1994

4. Interfaces da arquivologia
*   Arquivologia e Direito;
*   Arquivologia e História;
*   Arquivologia e Administração;
*   Arquivologia e Ciência da Informação.

Sessões de comunicações (este CBA inovou na apresentação das comunicações livres, pois a subdividiu em nove eixos temáticos, totalizando 57 apresentações):

1. Formação e exercício profissional
*   Ensino universitário de Arquivologia; proposta de um programa-modelo baseado em uma filosofia integrada e harmônica;
*   A contribuição de T. R. Schellenberg para a produção da literatura arquivística brasileira;
*   Os arquivos históricos na percepção dos profissionais que nele atuam;
*   Gerenciamento da informação e gestão documental no CID/UnB;
*   Integração de teoria e prática: a aplicação de um modelo da Unirio;
*   O sistema de informação e o arquivista;
*   Serviços de consultoria para arquivos: promessa ou ameaça?
*   O mercado de trabalho para o profissional da informação no Distrito Federal;
*   O curso de Arquivologia da Universidade de Brasília;
*   Proposta do curso de especialização em Gerenciamento da Documentação e Informação.

2. Gestão de documentos e avaliação
*   Aplicação de tabela de temporalidade de documentos no Tribunal de Justiça de Mato Grosso do Sul;

- Tabela de temporalidade para a administração pública federal: atividades-meio;
- Cartografia de uma ordem imaginária: uma análise do Sistema Nacional de Arquivos;
- Programa de gestão de documentos de arquivo da Justiça Federal (Jusarq);
- Sistema de arquivo e controle de documentos do Instituto Brasileiro de Informação em Ciência e Tecnologia;
- Avaliação de documentos: o desafio maior;
- Censo dos arquivos e da produção documental dos hospitais da Secretaria Municipal de Saúde do Rio de Janeiro;
- Arquivos correntes na administração pública brasileira.

3. Informática aplicada aos arquivos
- A modelagem de dados aplicada a sistemas automatizados documentais;
- As relações entre o usuário e o guia de fundos na era digital;
- Preservação e acesso às coleções especiais no Arquivo Geral da Cidade do Rio de Janeiro: implantação de bancos de imagens;
- Sistemas de Informações Documentais do Banco do Brasil (Sidoc);
- A informatização arquivística e o redimensionamento de ciclos históricos.

4. Interfaces da Arquivologia
- Interface Arquivologia/Diplomática: alguns aspectos para discussão;
- A construção de um eu autobiográfico: o arquivo privado de Gustavo Capanema;
- Mutações da memória: notas sobre o indivíduo e a construção dos arquivos privados;

X CONGRESSO BRASILEIRO DE ARQUIVOLOGIA -1994

- Tipologia documental e História;
- O campo de atividades de informação e suas interfaces;
- A incorporação do conceito de sistema na Ciência da Informação.

5. Arquivos permanentes: metodologia (I)
- O cotidiano de um arquivo: identificação de acervo;
- Elaboração de guias: a experiência de um centro de documentação universitário sobre movimentos sociais;
- *Un archivo de colecciones particulares*;
- Ibase: uma ONG resgatando sua memória;
- Fundo privado "Ex-Governador Jorge Lacerda";
- Catálogo de cartas de chamada: uma experiência inusitada de descrição arquivística;
- Plano de organização do arquivo histórico do Sindicato dos Metalúrgicos do ABC.

6. Preservação e restauração de documentos
- Criação e implantação do Laboratório de Restauração e Oficina de Encadernação da Biblioteca Central da UFPB;
- Tratamento técnico e preservação de arquivos fotográficos;
- O acervo documental da primeira Escola de Medicina do Brasil: uma experiência de recuperação;
- O desenvolvimento dos estudos, a aplicação prática e a normalização sobre a conservação e a restauração de documentos fotográficos na França.

7. Políticas de proteção e de acesso aos documentos
- *La documentación archivistica en un contexto de violencia social*;
- A organização de arquivos e a construção da memória;

- Região metropolitana do Recife: patrimônio documental *versus* ausência de política arquivística;
- Usuários não especializados: o direito à informação, à memória e à cidadania.

8. Arquivos permanentes: metodologia (II)
- Projeto Nurc: a elaboração de um instrumento de pesquisa;
- A organização do arquivo permanente do jornal *Movimento*: um estudo de caso;
- Casa dos Contos (1389-1761): uma metodologia de descrição;
- Memória empresarial: Klabin, o desafio de preservar o futuro;
- O Arquivo Histórico da Câmara Municipal de Mariana;
- Memória da resistência camponesa na Paraíba: organização do arquivo da CTP/JP;
- Os arquivos da Província Franciscana Imaculada Conceição do Brasil: uma proposta de classificação funcional;
- Plano de classificação para acervos cartorários permanentes.

9. Arquivo e história
- A produção do conhecimento histórico e o documento: historiografia mineira, 1979/1990;
- O programa de História Oral do ArPDF;
- A "Obra Getuliana" ou como as imagens comemoram o regime;
- Imprensa periódica universitária discente: um desafio para a história e a arquivística;
- Roteiro documental de Olinda [*Programa Oficial*, 1994].

Painéis:
- Memória, história e arquivo;
- Pesquisa em arquivologia;

X CONGRESSO BRASILEIRO DE ARQUIVOLOGIA -1994

- O papel do arquivo na gestão e na qualidade da informação;
- Informática aplicada aos arquivos.

Eventos paralelos:
- III Seminário de Arquivos Universitários;
- VIII Seminário de Preservação e Restauração de Documentos;
- VII Seminário de Fontes para a História do Brasil;
- V Encontro Nacional de Arquivos e Centros de Documentação dos Trabalhadores e suas Organizações;
- I Fórum de Arquivos Municipais de Arquivos de Tradição Ibérica;
- IV Encontro Latino-Americano de Estudantes de Arquivologia;
- [quinto] VIII Seminário de Arquivos Médicos e Estatística;
- VI Seminário de Tecnologia de Sistemas de Informação;
- I Seminário de Arquivos Empresariais;
- [segundo] Encontro de Dirigentes de Arquivos Estaduais e Municipais;
- [segundo] Fórum de Diretores de Arquivos Estaduais;
- [quarta] Reunião dos Núcleos Regionais da AAB;[51]
- Cursos[52] e Visitas Técnicas [*Programa Oficial*, 1994].

[51] A terceira Reunião com Diretores dos Núcleos Regionais da AAB se deu na IV Conferência Nacional de Arquivos Públicos, realizada em Vitória (ES), 1993. Maiores informações podem ser obtidas em: Malcher (1994).

[52] Foram ministrados os seguintes cursos: Introdução à Paleografia; Gestão de Instituições Arquivísticas; Planos de Classificação de Documentos; Sistemas de Arquivo; Descrição Arquivística (I) e (II); Análise Documentária em Fotografia (I) e (II); Avaliação de Documentos (I) e (II); Metodologia de História Oral (I) e (II); Demografia Histórica e História Social (I) e (II).

As 15 recomendações aprovadas:

1. Que o XI Congresso Brasileiro de Arquivologia seja realizado, em 1996, na cidade do Rio de Janeiro.

2. Que a programação do XI Congresso Brasileiro de Arquivologia obedeça à seguinte estrutura: os três primeiros dias deverão ser destinados à realização das sessões plenárias e os dois dias subsequentes, aos cursos, seminários e reuniões.

3. Que a Associação dos Arquivistas Brasileiros providencie a elaboração e a implantação de um Código de Ética para os profissionais de arquivo no Brasil, tendo por base estudos realizados pelo Conselho Internacional de Arquivos, através de sua Seção de Associações Profissionais.

4. Que os cursos de Arquivologia no Brasil passem a incluir, no conteúdo programático de suas disciplinas, elementos de Ética Profissional.

5. Que sejam feitas gestões, junto às autoridades, para a criação de arquivos municipais ao menos em todas as capitais brasileiras.

6. Que seja encaminhada moção ao governador do estado de São Paulo, alertando sobre a necessidade urgente de apoiar os municípios do estado na implantação de política de gestão de documentos e na criação de arquivos municipais.

7. Que se elabore e divulgue o cadastro dos arquivos municipais.

8. Que se criem arquivos gerais (incluindo documentação histórica) em todas as universidades estaduais brasileiras, gerenciadas por profissionais, a começar pelas que ministram cursos de especialização em arquivos.

9. Que se promova a cooperação entre arquivistas, bibliotecários e museólogos, através das respectivas associações.

10. Que o Decreto nº 1.173, de 29/6/04, que dispõe sobre a organização e funcionamento do Conselho Nacional de Arquivos e do Sistema

Nacional de Arquivos, seja alterado para permitir a inclusão de um representante das instituições mantenedoras de curso superior de Arquivologia.

11. Que seja realizada, em 1995, a 1ª Reunião de Ensino e Pesquisa em Arquivologia.

12. Que sejam feitas gestões junto aos ministros da Cultura e das Relações Exteriores, bem como aos embaixadores do Brasil m Portugal e ao de Portugal no Brasil, no sentido de que o projeto de resgate da documentação histórica sobre o Brasil Colônia, existente em Portugal, notadamente no Arquivo Histórico Ultramarino de Lisboa, receba apoio e recursos a fim de que o mesmo seja concluído até o ano 2000, em que se comemorarão os 500 anos de Descobrimento do Brasil.

13. Que seja transcrito nos anais do X Congresso Brasileiro de Arquivologia o documento dos estudantes sobre a pesquisa de opinião apresentada durante o evento, em que se manifestam contrários às alterações propostas pela Associação dos Arquivistas Brasileiros à Lei nº 6. 546, de 04 de julho de 1978, relativamente ao exercício profissional.

14. Que o resultado da pesquisa de opinião realizada pela Associação dos Arquivistas Brasileiros (AAB) não seja definitivo ou conclusivo, tendo em vista que os termos da mudança não foram devidamente esclarecidos, e que sejam excluídos da proposta da AAB, no art. 24, o inciso III, do art. 1º da Lei nº 6.546/78 e o art. 27, na sua íntegra.

15. Que, em face do impasse criado pelas propostas relativas ao exercício profissional, sejam constituídos grupos de trabalho para debater a matéria, tendo presente a impossibilidade e a inadequação deste Congresso para tomar decisões conclusivas sobre o assunto.

[*Boletim*, out./nov./dez. 1994:4]

Os temas das recomendações foram os seguintes:

- ética profissional, seja na elaboração do código para o profissional de arquivo seja como conteúdo programático a ser abordado na formação universitária;
- criação de arquivos municipais e promoção e difusão do cadastro daqueles já existentes;
- criação de arquivos universitários nas universidades estaduais; maior interação entre os profissionais de informação a partir da cooperação entre as associações profissionais;
- representatividade das universidades mantenedoras de cursos de Arquivologia no Conarq;
- criação de grupos para discutir a lei que regulamenta a profissão, organização de reunião de ensino e pesquisa em arquivologia;
- apoio ao projeto resgate, entre outros assuntos.

Como em congressos anteriores, encontram-se no âmbito das recomendações temas já pleiteados. Vale lembrar que cinco moções também foram aprovadas no evento.

As recomendações nº 1 e nº 2 se concretizaram, ou seja, o Rio de Janeiro sediou o XI CBA com a estrutura proposta na segunda recomendação. Como já citado, o código de ética, pleito já reivindicado no III e no VIII CBA, e reiterado na recomendação nº 3, se concretizou no ano de 1999.

A quarta recomendação pedia a inclusão da disciplina "Ética Profissional" nos currículos de graduação. Nesse ano de 1994, funcionavam somente os cursos de graduação da Unirio, UFF, UFSM e UnB. Salvo algum equívoco, tomamos conhecimento da inclusão da disciplina no currículo da UFF em 1997.

As recomendações nº 5, nº 6 e nº 7 tratavam sobre arquivos municipais: criação, apoio, elaboração e divulgação de cadastro; a nº 8 pede a

X CONGRESSO BRASILEIRO DE ARQUIVOLOGIA -1994

institucionalização dos arquivos universitários nas universidades estaduais; a nº 9 propõe a interação dos profissionais de informação através de ações conjuntas entre as respectivas associações profissionais: arquivistas, bibliotecários e museólogos. Ocorreram, ao longo dos anos de realização dos congressos, algumas iniciativas bastante tímidas. É lamentável que não tenhamos como atividade contínua esse tipo de parceria, isso faz com que a área de informação perca a oportunidade de se fortalecer cada vez mais, trazendo benefícios a todos. Hoje os grupos não podem se isolar se quiserem obter avanços. Flexibilizar, compartilhar e interagir são palavras de ordem no contexto profissional do terceiro milênio.

A recomendação nº 10 solicita a alteração do Decreto nº 1.173, de 29 de junho de 1994, que dispõe sobre a competência, organização e funcionamento do Conarq. Isso se dará através do Decreto nº 1.461, de 25 de abril de 1995, que altera o art. 3º do decreto anterior, passando a incluir representante das instituições mantenedoras de curso superior de arquivologia no quadro de conselheiros.

A recomendação nº 11 pedia a realização, em 1995, da I Reunião de Ensino e Pesquisa em Arquivologia. E, nos dias 28 e 29 de novembro de 1995, na Fundação Casa de Rui Barbosa (FCRB), se realiza a I Reunião Brasileira de Ensino de Arquivologia (Rebrarq),[53] promoção conjunta do Departamento de Documentação da UFF e do Centro de Memória e Documentação da FCRB. A recomendação nº 12 pede recursos financeiros para apoiar o Projeto Resgate na sua conclusão até o ano 2000. A recomendação nº 13 é cumprida, e a manifestação estudantil, ocorrida durante o congresso, integrou os *Anais* do evento, disponibilizado no formato CD -Rom em 1998. A recomendação nº 14 também é acatada, pois a pesquisa de opinião elaborada pela AAB, relativa à Lei nº 6.546, sobre a regula-

---

[53] *Boletim*, v. 6, n. 1, jan./fev./mar. 1996.

mentação do profissional de arquivo, não foi considerada conclusiva. A última recomendação pede a criação de GT para discutir e propor sobre a Lei nº 6.546. Essa ação só será empreendida em 1996, quando é criado um GT na AAB a fim de discutir a lei de regulamentação profissional.

A seguir, o XI CBA.

XI CONGRESSO BRASILEIRO DE ARQUIVOLOGIA – **1996**[*]

> *Depois de termos conseguido subir a uma grande*
> *montanha, só descobrimos que existem ainda maiores*
> *montanhas para subir.*
> Nelson Mandela

Ano de intensas atividades arquivísticas no âmbito do saber e do fazer. Dava prosseguimento às atividades docentes aliadas àquelas provenientes do Arquivo Central, que mesmo com ênfase na atividade profissional também tinham sua conotação didática, pois minhas aulas do curso de Arquivologia eram ministradas no setor, e orientava os alunos do curso que lá estagiavam.

Fui convidada a assumir a coordenação do Comitê de Arquivo Universitário, criado na AAB, e eleita membro do Comitê Executivo, por dois mandatos de quatro anos, representando a América Latina na Seção de Arquivos Universitários e Instituições de Pesquisa no Conselho Internacional de Arquivos (ICA/SUV). Essa participação na seção do Conselho Internacional trouxe visibilidade para o Arquivo Central da Unirio, o qual divulgava quando convidada a participar de eventos como conferencista, ouvinte, na elaboração e divulgação do repertório bibliográfico preliminar de arquivos universitários, entre outros.

---

[*] Possui *Programa Oficial*. Na conclusão dos trabalhos foram aprovadas moções, além das recomendações.

No âmbito interno prosseguia com as atividades, enfatizando a divulgação do acervo custodiado pelo Arquivo Central, participando de eventos, organizando exposições de documentos – na Feira de Extensão da Unirio, na comemoração do aniversário da Escola de Enfermagem Alfredo Pinto e também nos 70 anos do Hospital Universitário Gaffré e Guinle (Hugg), com a apresentação do CD-ROM Hugg: 70 anos de História, *um trabalho multidisciplinar envolvendo a Escola de Medicina, o Hugg, o Arquivo Central, entre outros setores da universidade.*

Em 1997 iniciava minha participação na AAB, estando então à frente da diretoria, para a qual fui eleita para a gestão de 1997-1999.

Embora novos e grandes, os desafios que se apresentaram foram instigantes e, junto com uma equipe que formava um time coeso, batalhador e idealista, não fugi à luta.

Afinal, fazendo minhas as palavras do grande filósofo Sócrates, "uma vida sem desafios não vale a pena ser vivida".

Atendendo à recomendação para "que o XI CBA seja realizado, em 1996, na cidade do Rio de Janeiro", a AAB, sob a presidência de Lia Temporal Malcher (1995-1997), o promoveu de 22 a 25 de outubro de 1996 no Centro de Convenções do Hotel Glória, na cidade do Rio de Janeiro, com o tema "Dimensões emergentes da Arquivologia no Brasil".

Estrutura do evento

Sessões plenárias (foram 14 conferências em quatro plenárias):
1. Desafios da Política Nacional de Arquivos
- Política arquivística em âmbito federal: problemas e soluções;
- Política de interiorização dos arquivos estaduais;
- Política arquivística em âmbito municipal: a experiência do triângulo mineiro.

XI CONGRESSO BRASILEIRO DE ARQUIVOLOGIA - 1996

2. Gerenciamento de recursos informacionais
- A informação eletrônica: redes nacionais e internacionais;
- Aspectos legais da informática aplicada aos arquivos;
- Diplomática dos documentos eletrônicos;
- As tecnologias da informação e os arquivos.

3. Novos paradigmas da atuação dos arquivistas
- As relações entre o arquivista e outros profissionais da informação;
- O arquivista como produtor do conhecimento científico;
- A função social do arquivista.

4. Perspectivas de cooperação internacional
- Os países lusófonos e a cooperação internacional;
- A cooperação internacional e o Mercosul;
- O Nafta e a cooperação internacional;
- O CIA e a ALA na integração de programas arquivísticos.

Sessões de temas livres (seguiu a formatação do X CBA, mas apresentou somente dois eixos temáticos, com 27 comunicações):
1. Gestão de documentos: Classificação, avaliação e destinação
- Um plano de classificação funcional de documentos;
- Gestão automatizada dos arquivos: a importância de um estudo de viabilidade;
- Mudanças são necessárias;
- Gerenciamento arquivístico das informações estratégicas;
- Diagnóstico de arquivos universitários: projeto desenvolvido pela PUC-SP;
- O arquivista frente às novas tecnologias e novas organizações administrativas da informação;

- A qualidade do papel utilizado nos documentos oficiais da Universidade Federal de Santa Maria;
- Prodoc – Programa de Implantação das Tabelas de Temporalidade dos Documentos da Fundação Universidade de Brasília;
- Plano de classificação para o Arquivo da 2ª CR. Iphan;
- A gestão documental no Paraná;
- Arquivo – o juiz de sua empresa.

2. Arranjo e descrição de documentos - I
- Arquivo Myrian Nader Ganne: desafios e propostas na organização de arquivos pessoais;
- Informatização de acervos fotográficos: o Projeto Suarq e o Banco de Imagens do Arquivo Edgard Leuenroth;
- Memórias Operárias no Brasil: documentação e resistência no Sindicato dos Metalúrgicos de Volta Redonda;
- Arquivos de movimentos sociais: uma proposta de microfilmagem de preservação;
- Arquivos de movimentos sociais: uma proposta de arranjo e descrição;
- Arranjo e descrição da Comissão Construtora da Nova Capital;
- O sistema de arquivo da Empresa Expresso Medianeira Ltda. – uma experiência de estágio supervisionado;
- Guia do Arquivo Público e Histórico de Ribeirão Preto: metodologia.

3. Arranjo e descrição de documentos - II
- Automação do Arquivo Iconográfico do Mast;
- Controle informatizado de acervos em depósito topográfico;
- Sistema de gerenciamento de fundos (SGF);
- Experiência concreta: a informatização no Arquivo Histórico do Rio Grande do Sul;

XI CONGRESSO BRASILEIRO DE ARQUIVOLOGIA - 1996

- Otimização do atendimento ao usuário do Arquivo Público do Distrito Federal;
- Marketing em arquivos;
- Arranjo e descrição do Fundo Divisão de Censura de Diversões Públicas (DCDP) [*Programa Oficial*, 1996].

Eventos pré-congresso (uma novidade na estrutura do evento, ocorreram de 17 a 21 de outubro):
- Seminário Políticas Municipais de Arquivos;
- III Encontro de Paleografia e Diplomática[54]
- Seminário Internacional de Arquivos Municipais;
- IV Seminário de Arquivos Universitários[55]
- Tecnologias da Informação Aplicadas aos Arquivos;
- [segundo] Seminário Ensino e Pesquisa em Arquivologia;
- Integração dos estudantes da Arquivologia do Brasil;
- [primeiro] Seminário Os Arquivos da Polícia Política: lógica da organização e do acesso;
- [primeiro] Seminário Programas de Qualidade na Gestão de Documentos;
- Workshop Os Arquivos em Face das Demandas da Administração Contemporânea;
- [primeiro] Fórum Nacional de Dirigentes de Arquivos Municipais;
- [terceiro] Fórum dos Diretores de Arquivos Estaduais;
- [quinta] Reunião de Dirigentes de Núcleos Regionais da AAB.

---

[54] "Diplomática: uma nova abordagem de ensino", comunicação apresentada no III Encontro de Paleografia e Diplomática.

[55] *Relatório do 4º Seminário de Arquivos Universitários.*

As 10 recomendações aprovadas:

1. Que no âmbito do XII Congresso Brasileiro de Arquivologia, em 1998, seja realizado o II Seminário de Ensino e Pesquisa.

2. Que os professores dos cursos universitários de Arquivologia constituam um Grupo de Trabalho para reflexão e aprofundamento dos debates relativos a um novo projeto pedagógico para a formação de arquivistas.

3. Que os eventos da área estimulem a discussão sobre o ensino e a pesquisa em Arquivologia.

4. Que os cursos de Arquivologia ampliem o rol de disciplinas da área de Administração, adequando os conteúdos programáticos dessa disciplina às necessidades do exercício profissional dos arquivistas.

5. Que o Conselho Nacional de Arquivos (Conarq), responsável pela política nacional de arquivos, desenvolva esforços no sentido de incluir a área de arquivos no Grupo de Trabalho de Bibliotecas e Museus, do Comitê Gestor da Internet, ou de propor a criação de um GT específico para arquivos.

6. Que seja constituído um Grupo de Trabalho, articulado pelo Arquivo Nacional e pela AAB, com vistas ao desenvolvimento da Biblioteca Brasileira em Arquivologia.

7. Que seja criado, na AAB, um Comitê de Arquivos Universitários para atuar como fórum aglutinador dos interesses dos profissionais que atuam nesse setor.

8. Que a AAB encaminhe à Assembleia Legislativa do Estado do Rio de Janeiro, por intermédio do deputado Paulo Mello, o abaixo-assinado dos arquivistas e outros profissionais das áreas de informação e documentação, participantes do XI Congresso Brasileiro de Arquivologia, solicitando a agilização do projeto de lei que cria o cargo de arquivista no plano de carreiras da administração pública estadual.

XI CONGRESSO BRASILEIRO DE ARQUIVOLOGIA - 1996

9. Que os arquivos públicos brasileiros implementem políticas de gestão documental com vistas à racionalização e à transparência administrativa, bem como à preservação da memória.

10. Que o Arquivo Nacional, a AAB e os coordenadores dos cursos de Arquivologia, no Brasil, se dirijam ao Conselho do Mercosul para que se planeje um programa de arquivos nos moldes do elaborado pelo Conselho da Comunidade Europeia, em 1994 [*Boletim*, jul./dez. 1996: 4-5].

A matéria das discussões e aprovação das recomendações foram:

- ensino e pesquisa em arquivística e um novo projeto pedagógico dos cursos de formação de arquivistas;
- ampliação, no currículo dos cursos, de disciplinas relacionadas à administração;
- inclusão de GT de arquivo no comitê gestor da internet;
- elaboração de uma bibliografia brasileira em arquivologia;
- criação de comitê de arquivos universitários na AAB;
- implementação de política de gestão de documentos nos arquivos públicos além da cooperação com o Mercosul no que tange à elaboração de um programa de formação arquivística.

A primeira recomendação reivindica a realização do II Seminário de Ensino e Pesquisa no XII CBA, em 1998, que se realiza de acordo com solicitação e aprovação da plenária. A recomendação nº 2, que almeja um novo projeto pedagógico para o curso de graduação em Arquivologia, se concretiza em 2001, como visto anteriormente. Nessa ocasião são aprovadas as diretrizes curriculares do curso. Vale lembrar que a revisão curricular do curso de graduação já havia sido objeto de recomendação do VI e do VIII CBA e ainda será reiterada no XII.

No que tange à organização de bibliografia brasileira em arquivologia, objeto da recomendação nº 6, sabe-se que, no final da década de 1970, o Arquivo Nacional desenvolveu um projeto relacionado à elaboração de bibliografia em arquivologia, contemplando periódicos da área, em sua maioria estrangeiros, devido à escassa produção de literatura brasileira. Entre as iniciativas pioneiras, cabe registrar aquela voltada para a produção bibliográfica brasileira existente sobre o tema arquivo universitário, iniciativa do Conselho Internacional de Arquivos através da Seção de Arquivos de Universidades e Instituições de Pesquisa (ICA/SUV), no ano de 1996, ocasião em que promove a elaboração da bibliografia existente concernente aos arquivos universitários, incluindo a produção científica do Brasil no período de 1985-95.[56] Dando continuidade ao trabalho e objetivando reunir mais informações e suprir lacunas na área, em 1998 foi publicado o *Repertório bibliográfico preliminar sobre arquivos universitários*.[57]

A criação de Comitê de Arquivo Universitário, no âmbito da AAB, já pleiteada no IX CBA e motivo da recomendação nº 7, ocorreu no ano de 1996, conforme relato anterior. A recomendação nº 8 propunha que a AAB solicitasse à Assembleia Legislativa do Estado do Rio de Janeiro a agilização do projeto de lei que cria o cargo de arquivista no Plano de Carreira da Administração Pública estadual. Em junho de 1997, a associação encaminha a correspondência CT/AAB/215/97 ao governador do estado do Rio de janeiro pleiteando a criação do cargo de arquivista. A recomendação nº 9 reivindica a implantação de programa de gestão de documentos nos arquivos públicos.

A décima recomendação solicita a união de forças institucionais: Arquivo Nacional-AAB-cursos de Arquivologia para o planejamento de um programa de formação arquivística no âmbito do Mercosul.

[56] Bottino, 1996a.
[57] Id., 1998a.

XI CONGRESSO BRASILEIRO DE ARQUIVOLOGIA - 1996

A fim de ilustrar esse tema relativo à formação arquivística no âmbito dos países do Mercosul, vamos nos reportar ao início da década de 1980, que dispensou especial atenção às questões de formação do profissional. No período de 5 a 8 de agosto de 1980, teve lugar, na cidade do Rio de Janeiro, o Colóquio sobre a Profissão dos Arquivistas Latino-Americanos. Ao final do evento, representantes dos diversos países participantes recomendam, entre outros pontos:

1. O reconhecimento público de títulos específicos de nível universitário superior que habilitem para o exercício da profissão de arquivista e de certificado de um nível equivalente, no mínimo, ao imediatamente inferior ao universitário PR os técnicos de arquivo, integrando a formação desses profissionais no sistema geral de educação de cada país e tendo em conta a formação geral e específica, teórica e prática, que requer a profissão.[58]

No ano seguinte, a Associação Latino-Americana de Arquivistas organizou, na cidade de Buenos Aires, de 5 a 8 de maio, o Colóquio sobre a Formação de Arquivistas na América Latina, e, ao final do evento, recomendou:

[...] À Associação Latino-Americana de Arquivos que, através de seu Comitê de Formação de Pessoal, e tendo em conta as contribuições já existentes ou em elaboração nos diferentes organismos internacionais e experiência concreta latino-americana,
a) Formule, dentro de dois anos, um plano de estudos que sirva de marco de referência para a harmonização do ensino nos diferentes países,

---

[58] *Mensário do Arquivo Nacional*, 1980: 40-42.

com a indicação das áreas de conhecimento apropriadas, sua justificativa e conteúdo aplicáveis.[59]

Posteriormente, outras iniciativas despontaram nos congressos e reuniões de docentes de Arquivologia do Mercosul, mas, infelizmente, salvo alguma informação desconhecida, nada foi firmado.

Já nos aproximando da virada do milênio, chegamos ao XII CBA.

---

[59] Id.,1981:36-39.

XII CONGRESSO BRASILEIRO DE ARQUIVOLOGIA - **1998**[*]

A administração é uma questão de habilidades. E não depende da técnica ou experiência. Mas é preciso antes de tudo saber o que se quer.

Sócrates

Em 1998, o Núcleo Regional da AAB/Paraíba assume a realização do XII CBA, que contou com diversos apoios, entre eles, da Prefeitura de João Pessoa, da Secretaria de Turismo e do governo do estado.

Foi um privilégio participar da diretoria da AAB por ocasião do congresso, quando pude vivenciar todos os momentos da concretização de um evento dessa magnitude, com alegrias, preocupações, lutas, enfim, momentos que se apresentam e integram a realidade de nosso dia a dia, para os quais precisamos nos preparar para superar da melhor maneira possível. Mesmo que existam falhas, elas fazem parte das ações e nos possibilitam aprender com os erros. E, como diz o dito popular ,"com trabalho e perseverança, tudo se alcança".

Com o lema "Cooperação e Parceria", adotado para nortear os trabalhos, a Diretoria da AAB, gestão 1997-1999, retomou a edição da revista Arquivo & Administração, *procurou fortalecer os vínculos da AAB com os cursos de gradua-*

---

[*] Possui *Programa Oficial* e *Caderno de Resumos*.

ção em Arquivologia, lançando o Concurso de Monografias, a fim de incentivar o estudo e a pesquisa em Arquivologia entre os alunos da graduação, desenvolveu programação técnico-científica com as universidades, integrando os discentes dos cursos à associação, promovendo atividades de divulgação, traçando uma política de estímulo, captação e aumento de seu quadro de associados, utilizando como veículo de disseminação e integração com a comunidade arquivística nacional e internacional a edição e distribuição do Boletim, criando a página da AAB na internet, organizando cursos, palestras e estabelecendo convênios.

Em continuidade ao processo de modernização e visibilidade da AAB, aliado à preocupação de preservar a sua imagem, conquistada há quase três décadas, a diretoria da AAB deu entrada no processo de registro das marcas AAB e CBA junto ao Instituto Nacional de Propriedade Industrial (INPI).

"Os desafios da Arquivologia rumo ao terceiro milênio" foi o tema do XII CBA, realizado no Centro de Convenções do Tropical Hotel Tambaú, na cidade de João Pessoa, Paraíba, no período de 15 a 19 de junho de 1998. Nessa ocasião, eu presidia a AAB (1997-1999). Nesse congresso, grande ênfase foi dada à questão da tecnologia, no que diz respeito à administração, disseminação e preservação de acervos, e também discutiu-se o perfil do novo profissional da informação.

Estrutura do evento

Sessões plenárias (foram três plenárias com 13 conferências):
1. Acesso à informação: o desafio das novas tecnologias
- Impacto socioeconômico das tecnologias da informação e a internet;
- A teoria da informação, as tecnologias da informação e a arquivística;

XII CONGRESSO BRASILEIRO DE ARQUIVOLOGIA - 1998

- Democratização da informação;
- Documentos em meios micrográficos, magnéticos e ópticos;
- Administração virtual.

2. Inventário de problemas e soluções na preservação de suportes
- Sistemas híbridos: multimídia e divulgação para a preservação de documentos;
- A tecnologia do papel: atual estado da questão de preservação;
- Preservação de imagens;
- A modernização dos arquivos nos albores de um novo século.

3. A arquivística em direção ao futuro
- A arquivística da era pré-custodial e sincrética à era científica da informação;
- O perfil internacional do profissional da informação;
- Perspectivas da arquivística contemporânea;
- O desafio dos recursos humanos.

Eventos:
- *Comunicações Livres I, II, III,* além de outras atividades, algumas em continuidade aos congressos anteriores, como:
- VIII Seminário Tecnologias Aplicadas aos Arquivos (I);
- VIII Seminário Tecnologias Aplicadas aos Arquivos (II)
- [sexto] IX Seminário: Arquivos Médicos;
- V Seminário de Arquivos Universitários;
- [nono] Seminário: Conservação de Documentos;
- IV Encontro Nacional de Arquivos Privados;
- II Seminário: Ensino e Pesquisa na Área da Informação numa Perspectiva Interdisciplinar (I);

- II Seminário: Ensino e Pesquisa na Área da Informação numa Perspectiva Interdisciplinar (II);
- Workshop: Gestão da Informação;
- Workshop: Normalização da Descrição Arquivística;
- [sexta] Reunião dos Núcleos da AAB;
- [segunda] Reunião do Fórum de Arquivos Municipais;
- [quarta] Reunião do Fórum de Arquivos Estaduais;
- Seminário Nacional de Arquivos Municipais (I);
- Seminário Nacional de Arquivos Municipais (II);
- Cursos.[60]
- *Mesas-redondas*: Estado, Sociedade Civil e os Arquivos, Gerenciamento de Arquivos Empresariais e Arquivos Municipais: Experiências em Debate. (Programação técnica, 1998)

As 21 recomendações[61] aprovadas:

1. Ampliar e/ou implantar programas de pesquisa voltados para a informação arquivística nas universidades que oferecem cursos de graduação e pós-graduação, qualificando ainda mais seu quadro docente.
2. Integrar os serviços arquivísticos públicos e privados e a universidade no desenvolvimento de pesquisas e atividades de extensão.
3. Redefinir os cursos de graduação em Arquivologia, diante das novas disposições da Lei de Diretrizes e Bases (LDB).
4. Elaborar um cadastro de profissionais da área arquivística que atuem no Brasil.

---

[60] A programação do XII CBA contou com quatro cursos: Como fazer consultoria, marketing e vendas: Curso prático para profissionais de documentação; Avaliação de documentos; Arquivos empresariais; e Automação de arquivos.

[61] *Boletim*, set./dez. 1998:5.

XII CONGRESSO BRASILEIRO DE ARQUIVOLOGIA - 1998

5. Estimular a criação de cursos de capacitação para técnicos da área.
6. Ampliar o número de publicações de artigos e livros na área.
7. Premiar, por meio da Associação dos Arquivistas Brasileiros e das universidades, monografias de final de curso elaboradas por alunos do curso de Arquivologia, bem como dos profissionais que se destaquem por sua contribuição científica à área.
8. Produzir um Dicionário Brasileiro de Terminologia Arquivística a partir das três versões existentes.
9. Elaborar uma Bibliografia Brasileira de Arquivística.
10. Criar Grupo de Trabalho em Arquivos Virtuais no Comitê Gestor da Internet Brasil.
11. Desenvolver programas de gestão, preservação e acesso a documentos eletrônicos, considerando as especificidades da realidade brasileira.
12. Ampliar a cooperação brasileira no Mercosul.
13. Fortalecer a Associação dos Arquivistas Brasileiros, ampliando a sua visibilidade na sociedade em geral e na comunidade arquivística, refletindo a diversidade profissional dessa comunidade, sendo sua Direção eleita democraticamente por voto direto.
14. Ampliar a transparência e a capacidade de divulgação do Conselho Nacional de Arquivos com vistas ao seu fortalecimento.
15. Institucionalizar os arquivos públicos municipais.
16. Ampliar os mecanismos políticos e científicos que garantam a preservação do patrimônio documental arquivístico.
17. Ampliar a atuação dos arquivos públicos em atividades de gestão de documentos.
18. Estabelecer uma rede de informações arquivísticas, envolvendo o conjunto de arquivos públicos e privados do país, a ser paulatinamente implementada e disponibilizada na Internet.
19. Desenvolver estratégias que ampliem o acesso da sociedade brasileira à informação e às instituições arquivísticas.

168 *O legado dos congressos brasileiros de arquivologia (1972-2000)*

20. Ampliar os debates sobre o caráter político-estratégico da informação arquivística junto ao governo, no âmbito da Reforma do Estado em relação aos candidatos a postos no Executivo e Legislativo.
21. Realizar o Encontro Nacional de Arquivos Privados a cada dois anos, separadamente do Congresso de Arquivologia, devido ao crescimento e importância desses arquivos. [*Boletim*, set./dez. 1998:5].

O XII CBA deu um salto quantitativo aprovando 21 recomendações, sendo que, desse conjunto, sete haviam sido apresentadas em congressos anteriores. As recomendações nº 1, nº 2 e nº 3 diziam respeito a ensino, pesquisa e extensão na área. A reforma curricular dos cursos, pleito da recomendação nº 3, com base na Lei de Diretrizes e Bases da Educação Nacional, será concretizada a partir de 2001 com a aprovação das diretrizes curriculares dos cursos de arquivologia.

A recomendação nº 4 defende a elaboração de cadastro dos profissionais de arquivo que atuam no Brasil. À guisa de informação, vamos nos reportar às manifestações já iniciadas anteriormente. A primeira tentativa de organização do cadastro de profissionais da área foi uma iniciativa pioneira da AAB, que durante o IV CBA, em 1979, distribuiu entre os participantes do evento um questionário que tinha como objetivo servir de base para a publicação da obra *Quem é quem na Arquivologia*, mas infelizmente o projeto não teve continuidade. Posteriormente, no ano de 1992, durante o XII Congresso Internacional de Arquivos, realizado em Montreal, foi criado o Fórum de Arquivistas Lusófonos (FAL), visando estimular o intercâmbio entre os arquivistas de língua portuguesa.[62] Nos primeiros quatro anos, o Fórum foi sediado pela AAB, então presidida por Lia Temporal Malcher, que também acumulava o cargo de presiden-

---

[62] *Boletim*, abr./maio/jun. 1993.

te do Fórum dos Arquivistas Lusófonos (FAL). Durante a segunda reunião do FAL, realizada na cidade de Lisboa em 1994, entre outras decisões importantes, cogitou-se elaborar um censo dos arquivistas lusófonos, a fim de contribuir para a criação de um banco de dados que permitisse e estimulasse o intercâmbio entre os profissionais. Questionários foram enviados aos associados e demais profissionais da área, mas o retorno ficou aquém das expectativas por várias razões – pouca receptividade por parte da comunidade arquivística, dificuldade de envio e, sobretudo, falta de recursos financeiros. Não obstante, a pesquisa gerou um produto que foi o Cadastro dos Arquivistas Lusófonos, distribuído aos representantes do fórum presentes na III Reunião, realizada em 1996 em Pequim, durante o XIII Congresso Internacional de Arquivos, conforme relatório da presidente do fórum e da AAB, Lia Temporal Malcher (1997). Estimular a capacitação profissional, sintetizada na recomendação nº 5, que se manifesta favorável à ampliação de cursos de capacitação na área. Sabemos que a AAB e seus núcleos regionais tiveram iniciativas a respeito, entretanto, indicar uma data específica para a ação torna-se bastante difícil. Da mesma forma, não foi possível determinar uma data para servir de ponto de partida para situarmos cronologicamente a ação da recomendação nº 6, que propõe maior produção da literatura na área, a ampliação da edição de literatura arquivística, que já tinha sido pleiteada durante o III CBA. A partir da revisão da literatura concernente à produção científica na área, poderemos levantar artigos, dissertações e teses que aprofundaram esse estudo. A recomendação nº 7 incentiva a promoção de concurso de monografia dos discentes de arquivologia, assunto já reivindicado no IX CBA e instituído em 1998, como vimos anteriormente.

A recomendação nº 8, que propõe a elaboração de Dicionário Brasileiro de Terminologia Arquivística, a partir daqueles já existentes, se realizará com a publicação do material, no ano de 2005, fruto do trabalho da equipe do Arquivo Nacional. A organização de bibliografia brasileira de arquivologia era o anseio da comunidade manifestada na recomendação nº 9 e já apresentada no XI CBA, em 1996. A recomendação nº 10 propõe a criação de Grupo de Trabalho em Arquivos Virtuais no Comitê Gestor da Internet Brasil, reivindicação já apresentada no XI CBA.

A recomendação nº 11 retoma a proposta de programas de gestão de documentos eletrônicos. A esse respeito, o Conarq aprova a Resolução nº 20, de 16 de julho de 2004, que dispõe sobre a inserção dos documentos digitais em programas de gestão arquivística de documentos dos órgãos e entidades integrantes do Sistema Nacional de Arquivos.

Quanto à recomendação nº 12, versando sobre a ampliação da cooperação brasileira no Mercosul, o Fórum de Dirigentes de Arquivos do Mercosul, reunido no Arquivo Nacional no Rio de Janeiro, em 2006, assinou a "Carta do Rio de Janeiro", "com as recomendações do grupo para uma política comum de desenvolvimento e modernização do setor arquivístico regional".[63]

Nas recomendações de nº 13 à de nº 18 constavam maior visibilidade da AAB junto à sociedade; fortalecimento do Conarq; institucionalização dos arquivos municipais; preservação do patrimônio documental; gestão de documentos nos arquivos públicos; e implantação de uma rede de informações arquivísticas, ampliando seu o acesso por parte do cidadão.

A recomendação nº 19 defende a ampliação do acesso às informações arquivísticas por parte do cidadão. Desde esse período ocorreram muitas discussões sobre o assunto. Finalmente, a Lei nº 12.527, de 18 de novembro de 2011, efetiva o direito, já previsto na Constituição de 1988, de o cidadão ter acesso às informações que lhe dizem respeito, e agora também

---

[63] Disponível em: <www.arquivonacional.gov.br>.

as informações de interesse coletivo, beneficiando a sociedade brasileira como um todo.

Aumento do debate sobre o caráter político-estratégico da informação arquivística e a organização do Encontro Nacional de Arquivos Privados como evento autônomo, com periodicidade de dois anos, estavam nas recomendações nº 20 e nº 21.

Por fim, o XIII CBA, o último do milênio e marco cronológico final de nossa pesquisa, realizado em 2000, coincidindo com a comemoração do V Centenário do Descobrimento do Brasil, foi realizado na região onde teve início a nossa história.

XIII CONGRESSO BRASILEIRO DE ARQUIVOLOGIA - **2000***

> *Poderei sempre vangloriar-me de ter perseverado na*
> *mudança.*
> Georges Duhamel

2000. Fim de milênio, época de mudanças, transformações e desafios.

Na universidade, atuando no Arquivo Central, pude contribuir para que a este fosse concedido um merecido lugar no Consuni da Unirio, com a aprovação da revisão do Estatuto, em fevereiro de 2001. Atuando, efetivamente, ao longo das três últimas décadas na formação profissional de arquivistas, fui eleita membro do Comitê Executivo da Seção de Formação Profissional do Conselho Internacional de Arquivos (ICA/SAE) para a gestão 2000-2004. Vivenciando efetivamente as mudanças do final da década, deixei a direção do Arquivo Central e assumi a Escola de Arquivologia (Unirio), com inúmeros desafios, em especial a revisão curricular. Processo iniciado tendo como ponto de partida uma comissão multidisciplinar para a elaboração do documento inicial, procedeu-se a algumas reformulações nos aspectos administrativos da escola e, sobretudo, no incentivo à retomada do Diretório Acadêmico do Curso de Arquivologia, sensibilizando os alunos para a importância da existência de um diretório ativo e atuante. Com o lema "AAB 2001",

---

* Foram editados *Programa Oficial* e *Caderno de Resumos*.

iniciei uma nova gestão à frente da AAB no biênio 1999-2001. O lema adotado teve um significado muito especial, pois a meta da diretoria, visando transpor grandes desafios, era a de preparar a AAB para o século XXI. Para isso contribuíram três grandes ações: a primeira foi a aquisição de sua sede, sonho acalentado ao longo de mais de duas décadas e transformado em realidade, a segunda nos levou a concentrar todos os esforços com o propósito de elaborar um novo Estatuto, que dotasse a AAB de um instrumento mais adequado à realidade do terceiro milênio, e o último foi a elaboração do Regimento Geral, pioneiro na associação, facilitando assim o gerenciamento e a administração de nossa associação. Infelizmente estas duas últimas ações não se realizaram em sua plenitude, mas, com a elaboração dos dois documentos, etapas foram vencidas, e foi dado, como dizemos no país do futebol, o pontapé inicial.

Satisfação redobrada por poder participar do último congresso do século XX, que foi o XIII CBA, realizado em Salvador, na Bahia.

Fim de século, fim de milênio, e o Brasil comemora 500 anos de descobrimento. Mais uma vez, a AAB, com o intuito de promover e disseminar junto à sua comunidade e à sociedade em geral a importância da informação arquivística, bem como questões estratégicas para a profissão, promoveu o XIII CBA, com o tema "Os arquivos e o descobrimento de um novo Brasil". O congresso se realizou no período de 17 a 20 de outubro de 2000, no Centro de Convenções da cidade de Salvador, Bahia, em minha gestão de 1999 a 2001 na presidência.

Estrutura do evento

Sessões plenárias (foram 10 conferências em três plenárias):
1. Políticas e gestão de arquivos na sociedade do conhecimento
- Políticas públicas e a gestão de arquivos no Brasil;

- Arquivos e sociedade do conhecimento;
- Estratégias de capacitação de recursos humanos de arquivo.

2. Tecnologias da informação/arquivo
- Gestão eletrônica de documentos e gestão de documentos eletrônicos: estado da arte;
- Requisitos conceituais para a preservação de documentos autênticos em sistemas eletrônicos: resultados preliminares do Grupo de Trabalho InterPARES;
- Tecnologia da informação na teoria arquivística.

3. Perfil profissional do arquivista na sociedade da informação
- A disciplina arquivística na sociedade da informação;
- A arquivologia, os arquivistas e a sociedade da informação no Brasil;
- Diretrizes curriculares e os novos rumos para o ensino universitário da arquivologia;
- O mercado de trabalho do profissional de arquivo: tendências e perspectivas. [*Programa Oficial*, 2000]

Sessões de Comunicações[64] (dividiram-se em três subtemas, com 28 palestras):
1. Imagem e perspectivas social dos arquivos
- O aplicativo Isad-G e o acervo do Dops: a experiência do Arquivo Público Estadual Jordão Emerenciano – PE;
- Guia dos documentos das Irmandades, Ordens Terceiras e Confrarias depositados no Arquivo Público do Estado da Bahia;
- Recife em Imagens: Cadernos de Imagens – nº 1 Coleção Tricentenário da Restauração Pernambucana;

---

[64] No *Caderno de Resumos* denomina-se "Sessão de Comunicações Livre".

- Diagnóstico sobre os acervos acumulados e a sua importância na implantação da gestão de documentos;
- O arquivo vai à escola: a conquista de novos interlocutores;
- As ações educativas e a difusão cultural no Arquivo Público da Cidade de Belo Horizonte;
- Arquivos e investigação política;
- Memória da cidade.

2. Perfil profissional
- O perfil profissional de Arquivologia formado pela Universidade Estadual de Londrina (UEL) em face do mercado de trabalho: reflexões para proposta de um estudo;
- O arquivista em tempo de transição do mundo analógico para o digital;
- Perfil do aluno de Arquivologia da Unirio do ano 2000;
- Banco de Imagem: um campo de atuação arquivística;
- A contratação de prestadores de serviços nos arquivos da Administração Pública Federal em Brasília;
- Gerenciamento de informações arquivísticas: necessidade de mudanças;
- O arquivista descobrindo ferramentas de marketing e qualidade;
- O ingresso de alunos no curso de Arquivologia: o caso Universidade de Brasília.

3. Tecnologia digital
- Uma política de indexação para um Banco de Dados e as vias digitais: uma tentativa;
- Fontes históricas – Distrito Federal: patrimônio e construção da memória cultural;

- Uma proposta metodológica para a reengenharia do processo de gestão documental: um caminho para a implementação eficaz do gerenciamento eletrônico de documentos;
- Cadastro Nacional de Arquivos Federais – RJ;
- Reconstituição de imagem: etapas e disponibilidade de informação por meio digital;
- E-album: álbum eletrônico como instrumento de pesquisa;
- Centros de Documentação Universitários;
- A automação dos instrumentos de pesquisa do Fundo MJNI;
- Projeto de informatização dos acervos da Fundação Casa de Rui Barbosa;
- O tratamento de acervos arquivísticos na UFMG: o desenvolvimento de uma metodologia para organização do Acervo Curt Lange;
- Imagem e perspectiva social dos arquivos e tecnologia digital;
- O sistema de registro e controle da tramitação das informações arquivísticas: possibilidade de construção de um instrumento gerencial. [*Caderno de Resumos*, 2000]

Eventos paralelos:
- *Workshop I*- Arquivos de Imagem em Movimento;
- *Workshop II*- Sistema e Infraestrutura Tecnológica em Arquivos[65]
- *Workshop III*- Gerenciamento Eletrônico de Documentos e Tecnologias[66]
- IV Encontro de Paleografia e Diplomática;
- Reunião do Comitê de Paleografia e Diplomática;

---

[65] No *Caderno de Resumos* o título do Workshop II aparece como "Sistema e infraestrutura tecnológica de arquivos privados e públicos".

[66] A atividade consta no *Caderno de Resumos* com o título "Gerenciamento eletrônico de documentos e tecnologias complementares".

- [terceiro] Seminário Brasileiro de Ensino, Pesquisa e Extensão,[67]
- *Painéis*, Revisitando a Legislação Brasileira em Arquivos; Resgate e Reencontro: fontes primárias em arquivos; Pôsteres;[68] Painel Temático - Tipologias das Instituições de Arquivos Brasileiros;
- Seminário sobre o Controle Integrado de Pragas em Arquivos;
- ÁGORA e Mesa-Redonda de Arquivos do Poder Judiciário;
- [sétimo] Encontro com a AAB;
- Reunião de Estudantes de Arquivologia;
- Fórum de Arquivos Públicos Estaduais [*Programa Oficial*, 2000].

As 12 recomendações[69] aprovadas:

1. Que seja criado um grupo interdisciplinar para se dedicar ao estudo dos documentos eletrônicos arquivísticos, em âmbito nacional, sob a orientação de representantes da comunidade acadêmica arquivística brasileira.

2. Que os programas universitários brasileiros de arquivologia considerem o papel estratégico da "diplomática contemporânea" para o desenvolvimento da gestão de documentos eletrônicos. Questão prioritária no contexto atual.

3. Que a comunidade arquivística brasileira se dedique à leitura e ao debate do Livro Verde do Programa Sociedade da Informação no Brasil, do Ministério de Ciência e Tecnologia, que ficará aberto à consulta pública até o final deste ano (2000), com vistas a participação do Livro Branco que servirá de guia para todas as ações do governo brasileiro nessa área.

---

[67] No *Caderno de Resumos* o título da atividade consta como "Seminário de Ensino, Pesquisa e Extensão".

[68] Atividade presente no *Caderno de Resumos*.

[69] *Boletim*, set./dez. 2000:3.

4. Que, na impossibilidade de a Reunião de Docentes do Mercosul se realizar em Assunção em 2001, ela seja realizada em Brasília, no mesmo ano, como recomendado na Reunião de Docentes em abril/2000, no Rio de Janeiro.

5. Que os docentes dos cursos universitários de Arquivologia no Brasil mantenham reuniões periódicas, contando em especial com a participação dos seus coordenadores;

6. Que sejam criados cargos para arquivistas e técnicos de arquivo nos quadros de pessoal das instituições do Poder Judiciário, através de concurso público.

7. Que sejam implementadas políticas para assegurar notadamente a conservação e a preservação do patrimônio documental do Poder Judiciário.

8. Que os tribunais empreendam esforços para viabilizar a criação de mecanismos que possam oferecer soluções eficazes para o tratamento técnico da sua documentação, através de um Programa de Gestão Documental, abrangendo a elaboração de um Plano de Classificação e de uma Tabela de Temporalidade.

9. Que as autoridades do Poder Judiciário, através das Assessorias Parlamentares ou responsáveis diretos, viabilizem no Congresso Nacional a aprovação do Projeto de Lei nº 2.161/91, que dispõe sobre a eliminação de processos judiciais.

10. Que sejam criadas Comissões Permanentes de Avaliação de Documentos em cada instituição do Poder Judiciário.

11. Que sejam empreendidos estudos para subsidiar a regulamentação do uso, armazenamento e controle da documentação eletrônica do Poder Judiciário.

12. Que se oficialize ao Presidente da República, ao Ministério da Cultura, ao Ministro da Cultura, aos governadores e aos prefeitos das capi-

tais a necessidade de uma atenção especial para os arquivos públicos com liberação de verbas e apoio. [*Boletim*, set./dez. 2000:3]

Das doze recomendações aprovadas no XIII CBA, os temas tratados foram os seguintes:

- arquivos do Poder Judiciário, com 50% das reivindicações, pleiteando a criação de cargos de arquivista, o incentivo a uma política de preservação de seu acervo documental, a implementação de programa de gestão de documentos, com elaboração de plano de classificação e tabela de temporalidade, a criação de comissão permanente de avaliação e a gestão de documentos eletrônicos;
- estudos relativos ao documento eletrônico;
- reunião de docentes;
- debate sobre o Livro Verde do Programa da Sociedade da Informação;
- maiores recursos financeiros e humanos para os arquivos públicos.

A primeira recomendação reivindica a criação de grupo interdisciplinar para estudo dos documentos eletrônicos arquivísticos. Em julho de 2004, como vimos, o Conarq aprova a Resolução nº 20, que trata da inserção dos documentos digitais em programas de gestão arquivística de documentos dos órgãos e entidades integrantes do Sistema Nacional de Arquivos, estabelecendo critérios para seu tratamento. Depois desta, outras resoluções tratando da temática de documentos digitais foram aprovadas. A recomendação nº 2 levanta a importância da inclusão dos conhecimentos da diplomática contemporânea na discussão sobre documentos eletrônicos.

A recomendação nº 3 incentiva a comunidade a debater o Livro Verde do Programa da Sociedade da Informação no Brasil, visando participar do Livro Branco. Sobre a questão, o Conarq convocou uma comissão especial para elaborar propostas para inclusão dos arquivos no Livro Branco. Em julho de 2001 foram aprovadas e encaminhadas as proposições do Conarq, "Subsídios para a Inserção do Segmento dos Arquivos no Programa Sociedade da Informação no Brasil", ao Ministério de Ciência e Tecnologia. A recomendação nº 4 tratava da Reunião de Docentes de Arquivologia do Mercosul. Coordenado pela professora Bellotto, durante o IV Congresso de Arquivologia do Mercosul, na cidade de Assunção, em setembro de 2001, realizou-se o III Encontro de Docentes de Arquivologia do Mercosul.

O incentivo ao debate entre docentes e coordenadores dos cursos de Arquivologia, a criação do cargo de arquivista e técnico de arquivo no Poder Judiciário e a preservação do patrimônio documental do Judiciário, respectivamente, foram as recomendações nº 5, nº 6 e nº 7.

A recomendação nº 8 discorre sobre a gestão documental junto aos tribunais e se consolida através da Resolução nº 26, de 6 de maio de 2008, que estabelece as diretrizes de gestão de documentos a serem adotadas nos arquivos do Poder Judiciário e foi posteriormente alterada pela Resolução nº 30, de 23 de dezembro de 2009. A recomendação nº 9 quer a aprovação do Projeto de Lei nº 2.161/91, que trata da eliminação dos processos judiciais, enquanto a recomendação nº 10 reivindica a criação de comissão permanente de avaliação no Poder Judiciário.

A gestão de documentos eletrônicos no Poder Judiciário foi objeto da recomendação nº 11, e, sobre o assunto, note-se que em dezembro de 2006, portanto, seis anos após a demanda, é sancionada a Lei nº 11.419, que dispõe sobre a informatização dos processos do Poder Judiciário, entre outras providências. Finalizando, a recomendação nº 12 deseja que os arquivos públicos recebam mais recursos para que possam desenvolver suas atividades em benefício da preservação do patrimônio documental arquivístico no Brasil.

Apresentadas as questões relativas aos 13 congressos, a seguir passaremos às considerações finais, nas quais serão levantados resultados encontrados a partir da análise dos dados coletados, além de alguns aspectos para reflexão que, espero, possam contribuir para ampliar as discussões em torno da arquivologia e de seu campo de saber e fazer.

CONSIDERAÇÕES FINAIS

Hoje levantei cedo pensando no que tenho a fazer antes que o relógio marque meia-noite. É minha função escolher que tipo de dia vou ter hoje. Posso reclamar porque está chovendo ou agradecer às águas por lavarem a poluição. Posso ficar triste por não ter dinheiro ou me sentir encorajado para administrar minhas finanças, evitando o desperdício. Posso reclamar sobre minha saúde ou dar graças por estar vivo. Posso me queixar dos meus pais por não terem me dado tudo o que eu queria ou posso ser grato por ter nascido. Posso reclamar por ter que ir trabalhar ou agradecer por ter trabalho. Posso sentir tédio com o trabalho doméstico ou agradecer a Deus. Posso lamentar decepções com amigos ou me entusiasmar com a possibilidade de fazer novas amizades. Se as coisas não saíram como planejei, posso ficar feliz por ter hoje para recomeçar. O dia está na minha frente esperando para ser o que eu quiser. E aqui estou eu, o escultor que pode dar forma. Tudo depende só de mim.
Charles Chaplin

A partir do material pesquisado, foi possível tecer algumas considerações sobre os 13 congressos realizados no período delimitado pela pesquisa que trouxeram um significativo aporte técnico-científico, mesmo que não em sua totalidade, para o florescimento dos estudos na área.

Certamente muitas informações importantes para análise e estudos se perderam, pois dos 13 congressos aqui analisados somente quatro tiveram os *Anais* publicados (I, III, IV e X, sendo este último disponibilizado no formato de CD-ROM).

A inexistência dos anais dos congressos estudados dificultou a coleta e reunião do material a ser trabalhado, o que se constituiu em uma tarefa árdua, embora bastante instigante e rica, pois a pesquisa certamente pode preservar informações de grande relevância para a nossa área, contribuindo para compor a história da Arquivologia brasileira. Precisamos envidar esforços a fim de que o produto dos encontros, seminários e eventos em geral sejam preservados, principalmente numa época em que temos a tecnologia digital à disposição, facilitando assim o armazenamento e a disseminação da informação, sobretudo minimizando custos.

Para que o evento pudesse alcançar um público maior em um país de dimensões continentais como o Brasil, era preciso que se diversificassem os locais de realização dos congressos. No período abordado, nem todas as regiões brasileiras foram contempladas, havendo maior concentração de ocorrências na Região Sudeste (61,6%), seguida da Região Nordeste (23,1%) e das regiões Centro-Oeste e Sul (7,7% cada). O maior número de congressos ocorreu na cidade do Rio de Janeiro, que sediou o I, do III ao VI e o XI CBA, fato que se explica devido à localização da sede da AAB, promotora dos eventos e polo aglutinador das discussões, e também por abrigar dois cursos de graduação em Arquivologia. A Região Sul realizará somente o IX CBA, no ano de 1992, mesmo tendo um curso de graduação em Arquivologia em funcionamento desde 1977.

Dois anos antes de sediar o curso de graduação em Arquivologia, Brasília organiza o evento, numa época de muita discussão política, quando se aprova a nova Constituição brasileira. Já a Região Nordeste ficou polarizada pelos estados da Bahia, com dois eventos, e da Paraíba, com um.

CONSIDERAÇÕES FINAIS

Ao longo da análise observamos que a academia, através dos cursos superiores em Arquivologia, influenciará a concepção do desenho dos congressos, sobretudo quando esses passam a abrigar os seminários de ensino, pesquisa e extensão.

Nas conferências apresentadas nas sessões plenárias, vários temas foram contemplados, a saber: acesso à informação; administração de documentos; arquivos administrativos, históricos, de ciência e tecnologia, empresariais, estaduais, de informática, médicos, municipais, de imprensa; avaliação de documentos; conservação e restauração de documentos; construção de arquivos; cooperação internacional; formação acadêmica; funções do arquivista; gestão da informação, gestão de arquivos, as interfaces da arquivologia; microfilmagem nos arquivos; normalização nos arquivos; política nacional de arquivos; políticas públicas, preservação de documentos; profissão de arquivista; tecnologia da informação; teoria das três idades; terminologia arquivística; usuários de arquivo; entre outros.

Desse conjunto de temas expostos, consideramos significativo ressaltar o grande interesse na discussão relativa à:

- "formação acadêmica do arquivista", objeto de plenárias no I (1972), III (1976), VI (1986), VIII (1990), IX (1992), X (1994) e XIII (2000) congressos, portanto, em mais de 50% dos eventos;
- "política nacional de arquivos", discutida no III (1976), VI (1986) e XI (1996) CBA;
- "avaliação de documentos" durante o II (1974), VII (1988) e X (1994) CBA;
- "gestão da informação e de arquivos", tema de interesse somente no VIII (1990) e no XIII (2000) CBA;
- "conservação e restauração de documentos", destaque nas plenárias do II (1974) e do III (1976) CBA. É interessante notar que este último congresso inclui um seminário com o mesmo tema, o I Seminário

Brasileiro de Preservação e Restauração de Documentos, em que surge pela primeira vez a terminologia preservação. Mais tarde, o XII (1998) CBA dedica uma plenária à preservação de documentos;

- "normalização voltada para a descrição arquivística", tema de discussão no âmbito do Conselho Internacional de Arquivos (CIA), que em 1990 constitui uma Comissão *ad hoc*, posteriormente transformada em Comitê de Normas de Descrição, em 1996, com caráter permanente, a fim de estudar a questão, tem espaço com plenária dedicada à discussão do assunto no X (1994) CBA, ano em que foi publicado o primeiro trabalho consolidado sobre normas de descrição arquivística da Comissão *ad hoc* do CIA;
- "acesso à informação" no XII (1998) CBA;
- "arquivos e história", temática do I (1972) e IV (1979) CBA;
- "arquivos municipais", discutidos no I (1972) e V (1982) CBA;
- "arquivos médicos", no I (1972) e II (1974) CBA. As temáticas de *arquivos médicos* e de *conservação e restauração de documentos*, conforme mencionado anteriormente, passam a ser apresentadas no formato de seminários;
- "tecnologia da informação", com microfilmagem e informática, só esteve ausente na plenária do II (1974) CBA;
- "usuários", tema da maior relevância, só teve plenária dedicada ao assunto no VIII (1990) CBA, deixando uma lacuna muito grande nas discussões ocorridas nos congressos anteriores e, consequentemente, entre a comunidade arquivística. É cada vez mais evidente a necessidade de discussão tendo por meta o usuário, que é a quem interessa a informação; para ele deve ser direcionado o foco de atenção.

Procuramos levantar ao longo dos 13 congressos, de acordo com o quadro 1, o número de palestras proferidas, seja nas sessões plenárias, seja nas comunicações livres, sobre o tema "informática nos arquivos", e cuja terminologia – "computador" no I CBA e "automação de arquivos" ou "arquivos informáticos" nos demais – em nosso trabalho será "informática" e microfilmagem, ambas inseridas no universo das novas tecnologias da informação.

Quadro 1. Palestras com os temas microfilmagem e informática

CBA	Nº de palestras sobre informática	Nº de palestras sobre microfilmagem
I (1972)	4	6
II (1974)	-	-
III (1976)	1	6
IV (1979)	-	2
V (1982)	1	-
VI (1986)	6	-
VII (1988)	5	-
VIII (1990)	7	-
IX (1992)	8	-
X (1994)	3	-
XI (1996)	9	-
XII (1998)	4	-
XIII (2000)	13	-
TOTAL	61	14

Note-se que, até o IV CBA, em relação às novas tecnologias da informação, predominavam palestras sobre microfilmagem, totalizando 14, e sobre informática, cinco. Do V ao XIII CBA temos 56 palestras sobre informática e nenhuma sobre microfilmagem, deixando transparecer que a utilização da microfilmagem nos arquivos começava a ceder espaço para a informática.

A seguir vamos nos direcionar para as questões relativas às recomendações aprovadas nos 13 CBA. No quadro 2, apresentamos as recomendações de cada CBA, o assunto central, o número e o ano do congresso, se o pleito foi reiterado em outros congressos e, caso a ação tenha se realizado, o ano em que ocorreu.

Quadro 2. Síntese das recomendações dos congressos brasileiros de arquivologia

I CBA – 1972

Recomendação	Assunto	Pleito reiterado em	Realizado
1 Que seja retomado o estudo para transformar em lei o anteprojeto de criação do Sistema Nacional de Arquivos.	Sistema Nacional de Arquivos (Sinar)	II (1974) III (1976)	1978
2 Que seja fixado o currículo mínimo do Curso Superior de Arquivo.	Curso Superior de Arquivologia: currículo mínimo	Não reiterado	1974
3 Que as autoridades e os administradores em geral sejam alertados e esclarecidos sobre a natureza, valor e importância dos arquivos como fonte primária de informação, no processo do desenvolvimento nacional.	Importância dos arquivos	II (1974) III (1976) IV (1979) VI (1986)	Obs. 1
4 Que os critérios de avaliação dos documentos oficiais, com vistas à eliminação ou preservação, sejam sistematizados e devidamente divulgados.	Avaliação e seleção de documentos	II (1974) III (1976)	1996

CONSIDERAÇÕES FINAIS

Recomendação	Assunto	Pleito reiterado em	Realizado
5 Que das comissões de eliminação de documentos participem, obrigatoriamente, especialistas em arquivo que terão, como consultores, historiadores e cientistas sociais devidamente qualificados.	Comissão de avaliação	V (1982) VI (1986)	1996
6 Que se reconheça a necessidade da preservação e conservação dos documentos em poder das autoridades administrativas e entidades privadas e que eles, ao se tornarem dispensáveis às suas atividades, sejam recolhidos aos arquivos públicos ou instituições interessadas na pesquisa histórico-social (universidades, institutos históricos e congêneres).	Preservação de acervos arquivísticos	III (1976) XII (1998)	1999
7 Que seja modificado o atual projeto de Código de Processo Civil a fim de impedir a destruição de processos judiciais passados em julgado, observando-se apenas o preceito legal do seu recolhimento aos arquivos públicos federais e estaduais competentes.	Código de Processo Civil: alteração do projeto	Não reiterado	1975
8 Que sejam microfilmados os documentos de interesse histórico-social, conservando-se em locais separados os originais em microfilmes, para maiores garantias da sua conservação.	Microfilmagem dos documentos de interesse histórico-social	Não reiterado	Obs. 1
9 Que nas leis orçamentárias dos governos federal, estaduais e municipais sejam incluídos maiores recursos destinados aos arquivos públicos.	Recursos financeiros para os arquivos públicos	V (1982) XIII (2000)	Obs. 1

Recomendação	Assunto	Pleito reiterado em	Realizado
10 Que ao Arquivo Nacional se assegurem, efetivamente, o controle e a assistência técnica à documentação arquivada nos diversos órgãos da administração federal direta e indireta.	Arquivo Nacional: órgão controlador do acervo da administração federal	Não reiterado	1978
11 Que seja estudada a criação de um sistema nacional de informação de toda a documentação histórica do Brasil, com base na efetivação do Catálogo Coletivo de Arquivos Brasileiros, atribuição do Arquivo Nacional.	Catálogo Coletivo de Arquivos Brasileiros	Não reiterado	2001
12 Que os dispositivos preconizados pela medicina preventiva e higiene do trabalho sejam rigorosamente observados nos arquivos.	Condições ambientais adequadas nos arquivos	Não reiterado	Obs. 1
13 Que o governo do Distrito Federal promova a instalação do Arquivo Público de Brasília.	Arquivo Público do Distrito Federal: instalação	Não reiterado	1985
14 Que o Poder Executivo da União estabeleça a custódia centralizada dos arquivos em desuso em vários órgãos da administração federal sediada em Brasília, para isso erigindo ali nova sede do Arquivo Nacional, a fim de abrigar o conjunto dos arquivos dos Três Poderes, patrimônio cultural e histórico do país, sem prejuízo da permanência do atual no Rio de Janeiro.	Arquivo Intermediário em Brasília: instalação	Não reiterado	1975
15 Que sejam revistos os níveis de remuneração dos cargos atinentes aos trabalhos de arquivo, tornando-se compatíveis com a importância das tarefas que lhes são atribuídas.	Remuneração dos profissionais de arquivo	Não reiterado	Obs. 1

CONSIDERAÇÕES FINAIS

Recomendação	Assunto	Pleito reiterado em	Realizado
16 Que se estabeleçam normas que regulamentem a instalação e o funcionamento de Serviços de Arquivo Médico e Estatística, nos hospitais brasileiros.	Same: regulamentação	Não reiterado	2005
17 Que se uniformizem a coleta e apuração de dados de estatística médica e administrativa dos Serviços de Arquivo Médico e Estatística dos hospitais brasileiros, com o objetivo de proporcionar dados informativos que possibilitem as melhorias da assistência médica no país.	Same: normalização da coleta e análise dos dados estatísticos	Não reiterado	–
18 Que se adotem medidas que visem a aperfeiçoar os recursos humanos necessários ao funcionamento dos serviços de arquivo médico do país.	Same: capacitação do pessoal	Não reiterado	Obs. 1
19 Que se crie, no Serviço Público e Privado, a carreira de Técnico de Arquivo Médico e Estatística.	Técnico de Arquivo Médico e Estatística: criação de cargo	Não reiterado	–
20 Que a Associação dos Arquivistas Brasileiros, em colaboração com a Associação Brasileira de Normas Técnicas, elabore projeto de norma fixando a terminologia arquivística.	Terminologia arquivística: normalização	III (1976)	1986

Fonte: A autora
Obs. 1: Não foi possível definir o ano.

II CBA - 1974

	Recomendação	Assunto	Pleito reiterado em	Realizado
1	Insistir na campanha para criação do Sistema Nacional de Arquivos, visando torná-lo um subsistema do Sistema Nacional de Informações, recomendado pela Unesco, como fator preponderante do desenvolvimento socioeconômico dos países-membros dessa organização.	Sinar: criação	III (1976)	1978
2	Instar junto às autoridades competentes para que a implantação dos Cursos de Arquivo, já devidamente estruturados, não seja alcançado pela recente recomendação do MEC ao CFE, proibindo a instalação de todo e qualquer curso até que se proceda ao levantamento das necessidades dos distritos geoeducacionais. Tal medida, se de aplicação indiscriminada, impediria a imediata formação de profissionais no campo da arquivologia, profundamente carente de recursos humanos necessários ao seu pleno desenvolvimento.	Curso Superior de Arquivologia: criação	III (1976) VI (1986) VIII (1990)	Obs. 1
3	Que sejam envidados esforços para a regulamentação da profissão de técnico de arquivo, em nível médio, assim como do profissional de arquivo, em nível universitário.	Regulamentação da profissão de Arquivista e Técnico de Arquivo	III (1976)	1978
4	Que se deflagre uma campanha a fim de que as entidades, públicas ou privadas, conscientizem-se da necessidade da adoção de critérios adequados de avaliação de documentos, evitando-se assim as eliminações indesejáveis, bem como da adoção de técnicas modernas de restauração de documentos de valor técnico, científico e cultural.	Avaliação e seleção de documentos	III (1976)	1996

CONSIDERAÇÕES FINAIS

Recomendação		Assunto	Pleito reiterado em	Realizado
5	Que se elabore documento dirigido ao Instituto Brasileiro de Administração Municipal (Ibam), com sede no Rio de Janeiro, no qual sejam destacados os benefícios que advirão para as administrações locais, se no trabalho de prestar assistência técnica às Prefeituras se incluir, também, a da área de *arquivo*, como base documental para as opções fundamentadas no presente, preservando, ao mesmo tempo, as fontes históricas do Município brasileiro.	Arquivos Municipais: criação	III (1976)	2001
6	Que os órgãos de imprensa criem condições para instalação de Centros de Documentação e/ou racionalização dos arquivos já existentes, de forma a atender, com rapidez e eficiência, às exigências características de suas atividades.	Arquivos de Imprensa	Não reiterado	Obs. 1
7	Que a classe empresarial seja sensibilizada para a importância dos arquivos como fator de desenvolvimento técnico-científico.	Importância dos arquivos	III (1976) IV (1979) VI (1986)	Obs. 1
8	Que sejam intensificados os estudos e pesquisas sobre a aplicação, adequada e criteriosa, das técnicas modernas, tais como microfilmagem e computador, aos arquivos.	Tecnologia nos arquivos	III (1976)	Obs. 1
9	Que a Associação dos Arquivistas Brasileiros expresse ao Conselho Internacional dos Arquivos congratulações e votos de êxito à iniciativa de criação do Fundo Internacional de Desenvolvimento dos Arquivos, a ser lançado na Conferência Internacional para Planificação dos Arquivos dos Países do Terceiro Mundo, que se realizará em Dacar de 25 a 28 de janeiro de 1975, sob os auspícios do presidente Leopold Sanghor, do Senegal.	Moção de apoio ao Conselho Internacional de Arquivos - CIA	Não reiterado	Obs. 1

Recomendação	Assunto	Pleito reiterado em	Realizado
10 Concitar a Organização das Nações Unidas para a Educação, Ciência e Cultura (Unesco) no sentido de promover, tão logo lhe seja possível, o Ano Internacional dos Arquivos.	Ano Internacional dos Arquivos	Não reiterado	1979
11 Que a Associação dos Arquivistas Brasileiros dê também conhecimento da resolução anterior ao Instituto Brasileiro de Educação, Ciência e Cultura e ao Conselho Internacional de Arquivos, pedindo-lhes o apoio à iniciativa.	Ano Internacional dos Arquivos	Não reiterado	1979

Obs. 1: Não foi possível definir o ano.

III CBA - 1976

Recomendação	Assunto	Pleito Reiterado em	Realizado
1 Que seja criado o Sistema Nacional de Arquivos e que os Arquivos, Bibliotecas e Centros de Documentação assumam cada um seu papel dentro do Sistema Nacional de Informações, recomendado pela Unesco, como fator preponderante do desenvolvimento tecnológico, social, econômico e cultural dos países membros dessa organização.	Sinar: criação	Não reiterado	1978
2 Que sejam assegurados ao Arquivo Nacional recursos humanos e financeiros a fim de aparelhá-lo a desempenhar as funções que lhe competem, entre as quais, as de apoio administrativo e guardião da Memória Nacional, e que lhe caberão como órgão do Sistema Nacional de Arquivos.	Recursos financeiros para o Arquivo Nacional	Não reiterado	Obs. 1

CONSIDERAÇÕES FINAIS

	Recomendação	Assunto	Pleito Reiterado em	Realizado
3	Que a AAB pleiteie a criação de Arquivos Intermediários Regionais.	Arquivos Intermediários Regionais	Não reiterado	Obs. 1
4	Que a AAB redobre os seus esforços no sentido de incentivar, junto às autoridades competentes, a criação de cursos de graduação e/ou especialização com vistas à formação do indispensável quadro profissional de arquivistas brasileiros.	Curso Superior de Arquivologia: criação	IV (1979) VI (1986) VIII (1990)	1977
5	Que as escolas do 2º grau sejam sensibilizadas no sentido de criar cursos profissionalizantes de Arquivo, já autorizados pelo Conselho Federal de Educação, para a formação de Técnicos de Arquivos.	Curso Técnico de Arquivo: criação	IV (1979) VI (1986)	–
6	Que o Arquivo Nacional estude a viabilidade de medidas que permitam a reedição de algumas de suas publicações técnicas já esgotadas.	Literatura arquivística	V (1982) VI (1986) XII (1998)	Obs. 1
7	Que tanto o Arquivo Nacional como a AAB desenvolvam esforços que permitam a continuidade de um programa de traduções e edição de obras recentes no campo da Arquivística.	Literatura arquivística	V (1982) VI (1986) XII (1998)	Obs. 1
8	Que os responsáveis pelos arquivos públicos e privados impeçam a eliminação indiscriminada de documentos que não tenham sofrido avaliação devidamente orientada pelos princípios arquivísticos.	Avaliação e seleção de documentos	Não reiterada	1996
9	Que se procure sensibilizar as instituições governamentais e empresariais para a importância dos arquivos como instrumento de apoio às suas atividades e como instrumento de pesquisa para a história do desenvolvimento social, econômico e cultural.	Importância dos arquivos	IV (1979) VI (1986)	Obs. 1

Recomendação		Assunto	Pleito Reiterado em	Realizado
10	Que a construção de prédios destinados a Arquivos seja planejada dentro de padrões técnicos que atendam a condições de funcionalidade, segurança, em estreita colaboração de arquivistas e arquitetos.	Construção de arquivos	Não reiterado	2001
11	Que sejam intensificados os estudos e pesquisas sobre a aplicação, adequada e criteriosa, nos arquivos, das técnicas modernas, tais como microfilmagem e computador.	Tecnologia aplicada aos arquivos	Não reiterado	Obs. 1
12	Que no emprego da microfilmagem seja enfatizada a importância do preparo arquivístico prévio da documentação, notadamente a avaliação e a análise.	Avaliação e seleção de documentos para a microfilmagem	IV (1979) VI (1986)	Obs. 1
13	Que a AAB atue junto ao Ministério do Trabalho com finalidade de obter, o mais breve possível, a regulamentação das profissões de arquivista e técnico de arquivo.	Regulamentação da profissão de Arquivista e Técnico de Arquivo	Não reiterado	1978
14	Que a AAB institua equipe técnica para prosseguir nos estudos sobre a terminologia arquivística no Brasil.	Terminologia arquivística: normalização	Não reiterado	1986
15	Que a AAB estude o anteprojeto do Código de Ética dos profissionais de Arquivologia apresentado no Congresso para o encaminhamento oportuno às autoridades competentes.	Código de ética	VIII (1990) X (1994)	1999
16	Que as delegações oficiais designadas a participar de Congressos e outros eventos Internacionais de arquivos sejam constituídas por profissionais de arquivologia.	Arquivistas em delegações internacionais oficiais	Não reiterado	Obs. 1

CONSIDERAÇÕES FINAIS

Recomendação	Assunto	Pleito Reiterado em	Realizado
17	Que os documentos de propriedade particular, de valor para a pesquisa, sejam preservados ou confiados à custódia de instituições dedicadas à guarda de documentos familiais e pessoais e considerados de interesse público.	Preservação de documentos arquivísticos de interesse social	XII (1998)	1999
18	Que caiba à autoridade arquivística decidir quanto à destinação dos autos judiciais e demais documentos do Poder Judiciário, uma vez findo o interesse da própria Justiça.	Poder Judiciário: destinação dos documentos	XIII (2000)	2008
19	Que se reconheçam como Arquivos Impressos as publicações oficiais que espelhem as atividades dos respectivos órgãos e entidades.	Arquivos Impressos	Não reiterado	Obs. 1
20	Que os órgãos públicos promovam, a curto prazo, condições de divulgação de todos os atos oficiais, bem como a elaboração da respectiva indexação, visando não só facilitar a recuperação da informação sobre legislação como à futura implementação do Natis.	Transparência administrativa e acesso à informação governamental	VI (1986)	1991

Obs. 1: Não foi possível definir o ano.

198   *O legado dos congressos brasileiros de arquivologia (1972-2000)*

IV CBA - 1979

Recomendação	Assunto	Pleito reiterado em	Realizado
1 Que sejam incluídas nos planos de classificação de cargos dos servidores públicos das áreas federal, estadual e municipal, as categorias funcionais de arquivista e de técnico de arquivo em níveis compatíveis com os deveres e responsabilidades estabelecidos pela Lei nº 6.546, de 4/7/78, regulamentada pelo Decreto nº 82.590, de 6/11/78.	Plano de carreira dos servidores públicos: arquivista e técnico de arquivo	V (1982) VI (1986) VIII (1990)	1985[*]
2 Que o provimento dos cargos de direção e chefia dos arquivos seja privativo dos profissionais de arquivo legalmente habilitados.	Direção de arquivos	Não reiterado	_
3 Que sejam intensificados os contatos com as autoridades governamentais, visando à criação do Conselho Federal de Arquivologia.	Conselho Federal de Arquivologia: criação	V (1982) VI (1986)	1979
4 Que a Associação dos Arquivistas Brasileiros solicite ao Ministério do Trabalho o estabelecimento de normas orientadoras para a concessão do registro de arquivistas e técnicos de arquivo, nos termos da Lei nº 6.546, de 4/7/78, colocando-se a sua disposição para o assessoramento que se fizer necessário na elaboração dessas normas.	Registro profissional	Não reiterado	Obs. 1
5 Que o governo federal promova a reformulação da legislação referente ao Sistema Nacional de Arquivo (Sinar) e ao Sistema de Serviços Gerais do Dasp (Sisg), a fim de que os arquivos, nas suas três idades, integrem um único sistema.	Sinar: reformulação da lei	Não reiterado	1991

[*] Optou-se pela data de criação do cargo na esfera federal.

CONSIDERAÇÕES FINAIS

Recomendação	Assunto	Pleito reiterado em	Realizado
6	Que seja proposta ao Sinar a normatização de procedimentos técnicos nos arquivos, objetivando a uniformidade indispensável à aplicação da automação, a fim de garantir a integração dos arquivos nas redes nacionais de informação.	Informatização dos arquivos	Não reiterado	2007
7	Que seja pleiteada, junto à Comissão de Informática da Secretaria Especial de Informática, recentemente criada, a designação de um representante da AAB para integrar a referida Comissão, a exemplo do que ocorre em relação ao Sinar, a fim de que se estabeleça o necessário entrosamento entre Arquivologia e Informática.	AAB: representação na Comissão de Informática	XII (1998) XIII (2000)	Obs. 1
8	Que o Conselho Federal de Educação seja alertado para a inconveniência da proliferação indiscriminada de cursos superiores de arquivo em locais sem condições de funcionamento eficiente, bem como para a necessidade de estimular a criação desses cursos onde tais condições se façam presentes.	Curso Superior de Arquivologia: criação	VI (1986) VIII (1990)	Obs. 1
9	Que seja incentivada nas escolas de 2º grau a criação de cursos profissionalizantes para técnicos de arquivo.	Curso de Técnico de Arquivo: criação	VI (1986)	Obs. 1
10	Que as instituições credenciadas no Conselho Federal de Mão de Obra sejam sensibilizadas a ministrar cursos de formação de técnicos de arquivo, nos termos do art. 1º, inciso V, da Lei nº 6.546, de 4/7/78.	Curso de Técnico de Arquivo: criação	VI (1986)	Obs. 1
11	Que sejam apoiadas todas as iniciativas que visem ao aprimoramento dos professores de arquivo, nos níveis superior e profissionalizante de 2º grau.	Capacitação docente	Não reiterado	Obs. 1

Recomendação	Assunto	Pleito reiterado em	Realizado
12 Que as autoridades e legisladores sejam alertados para a necessidade, com relação à microfilmagem, da adoção de medidas mais enérgicas que evitem a destruição de documentos sem que tenham sido submetidos à avaliação e seleção preconizada pela arquivística.	Avaliação e seleção de documentos para microfilmagem	VI (1986)	Obs. 1
13 Que a AAB constitua um grupo de trabalho para estudar o anteprojeto da nova regulamentação da Lei nº 5.433, de 8/5/68, que dispõe sobre a microfilmagem de documentos, encaminhando sugestões à Secretaria-Geral do Ministério da Justiça, em tempo hábil, de acordo com a Portaria nº 965, de 2/9/79.	Grupo de Trabalho para revisão da lei de microfilmagem	IX (1992)	1979
14 Que a AAB encaminhe ao Grupo de Documentação em Ciências Sociais (GDCS) propostas de constituição de um grupo de trabalho, nos termos da moção nº 6 do 2º Seminário de Fontes Primárias de História do Brasil.	Grupo de Trabalho	Não reiterado	Obs. 1
15 Que os arquivistas sejam conscientizados da necessidade de especialização para assumirem o papel que lhes compete exercer nos arquivos de documentos técnicos e científicos sob sua responsabilidade.	Capacitação profissional	IX (1992) XII (1998)	Obs. 1
16 Que os administradores sejam sensibilizados para a importância da contribuição do arquivo no processo decisório.	Importância dos arquivos	VI (1986)	Obs. 1
17 Que os arquivos sejam adequadamente posicionados na estrutura organizacional das instituições.	Posicionamento dos arquivos na estrutura organizacional	V (1982) VI (1986)	Obs. 1

CONSIDERAÇÕES FINAIS

Recomendação	Assunto	Pleito reiterado em	Realizado
18	Que os responsáveis pelos arquivos sejam alertados para a inconveniência da realização de exposições itinerantes de documentos originais, procedimento atentatório à segurança dos acervos.	Segurança de acervos	Não reiterado	Obs. 1
19	Que sejam promovidas campanhas educacionais, junto aos estabelecimentos de ensino, em todos os níveis, no sentido de estimular a frequência aos arquivos, criando o hábito de utilização dos documentos para fins de pesquisa.	Pesquisa nos arquivos	Não reiterado	Obs. 1

Obs. 1: Não foi possível definir o ano.

V CBA - 1982

Recomendação	Assunto	Pleito reiterado em	Realizado
1	Reiterar a recomendação nº 1 do IV Congresso Brasileiro de Arquivologia no sentido de que sejam incluídos nos Planos de Classificação de Cargos dos servidores públicos das áreas federal, estaduais e municipais, as categorias funcionais de Arquivista e Técnico de Arquivo, em níveis compatíveis com as atribuições e responsabilidades estabelecidas pela Lei nº 6.546 de 4/7/78, regulamentada pelo Decreto nº 82.590 de 6/11/78.	Plano de carreira dos servidores públicos: arquivista e técnico de arquivo	VI (1986) VIII (1990)	1985[*]
2	Reiterar a recomendação nº 3 do IV Congresso Brasileiro de Arquivologia: "Que sejam intensificados os contatos com as autoridades governamentais visando à criação dos Conselhos Federal e Regionais de Arquivologia".	Conselhos de Arquivologia: criação	VI (1986)	1979

[*] Optou-se pela data de criação do cargo na esfera federal.

Recomendação	Assunto	Pleito reiterado em	Realizado
3 Promover a interação entre as diversas categorias profissionais: arquivistas, bibliotecários, museólogos, administradores, historiadores, analistas de sistemas e técnicos de microfilmagem.	Interação entre os profissionais de informação	X (1994)	Obs. 1
4 Dispensar atenção especial aos arquivos, em sua fase corrente, considerada básica, visando contribuir não só para a eficiência da administração como para a correta formação dos arquivos permanentes.	Gestão dos arquivos correntes	VI (1986)	Obs. 1
5 Sensibilizar as autoridades estaduais para que sejam asseguradas aos arquivos públicos condições estruturais, bem como recursos humanos e orçamentários, capazes de garantir um eficiente sistema de informações.	Recursos financeiros e humanos para os arquivos públicos	XIII (2000)	Obs. 1
6 Promover, em colaboração com o Instituto Brasileiro de Administração Municipal (Ibam), uma campanha de esclarecimento nas Prefeituras sobre a necessidade de destinar recursos aos arquivos, tendo em vista a contribuição que podem prestar à agilização dos serviços municipais.	Arquivos Municipais: recursos	Não reiterada	Obs. 1
7 Conscientizar as autoridades governamentais e empresariais, a fim de que seja assegurado aos arquivos um posicionamento na hierarquia administrativa, compatível com a sua função.	Posicionamento dos arquivos na estrutura organizacional	VI (1986)	Obs. 1
8 Propor o desenvolvimento de uma estreita colaboração entre o Arquivo Nacional, a Superintendência de Modernização Administrativa (Semor) da Seplan, o Dasp e o Ministério da Desburocratização, visando ao estabelecimento de normas para os arquivos correntes de Administração Pública Federal.	Gestão dos arquivos correntes	VI (1986)	Obs. 1

CONSIDERAÇÕES FINAIS

Recomendação	Assunto	Pleito reiterado em	Realizado
9 Sugerir ao Arquivo Nacional que, na qualidade de órgão central do Sistema Nacional de Arquivo, estabeleça normas gerais para transcrição de textos em língua portuguesa, baseadas em padrões de uso internacional.	Normalização da transcrição paleográfica	VI (1986)	1990
10 Incentivar a elaboração de esquemas de classificação nos arquivos correntes, com o objetivo de reunir documentos sobre o mesmo assunto, possibilitando a sua utilização com rapidez e precisão.	Arquivos correntes: código de classificação	VI (1986)	1995
11 Sugerir aos editores responsáveis por boletins ou publicações similares da área de arquivo que divulguem prioritariamente matérias relativas às técnicas arquivísticas.	Literatura arquivística	VI (1986) XII (1998)	Obs. 1
12 Conscientizar os administradores em geral da necessidade de serem criadas comissões de avaliação, com vistas à destinação de documentos.	Comissão de avaliação	VI (1986)	1996

Obs. 1: Não foi possível definir o ano.

VI CBA - 1986

Recomendação	Assunto	Pleito reiterado em	Realizado
1 Que, na futura Constituição, se determine a responsabilidade do Estado na organização e difusão da informação em todas as áreas do conhecimento, e o direito dos cidadãos ao livre acesso às informações em todos os serviços componentes da infraestrutura de informação do país.	Transparência administrativa e acesso à informação governamental	VII (1988)	1988

O legado dos congressos brasileiros de arquivologia (1972-2000)

Recomendação	Assunto	Pleito reiterado em	Reali- zado
2 Que seja encaminhada à Constituinte pro- posta de inclusão de dispositivos que esta- beleçam o direito de acesso do cidadão às informações que o Estado acumula sobre sua pessoa, bem como o limite de sua uti- lização pelo próprio Estado e por outros cidadãos.	Instituição do *habeas data*	Não reite- rado	1997
3 Que a AAB promova encontros multidisci- plinares com a participação de professores de áreas afins à arquivologia, objetivando encaminhar à Constituinte sugestões no sentido de definir a contribuição dos arqui- vos, bibliotecas e museus na construção da identidade nacional.	Importância dos arquivos	Não reite- rado	Obs. 1
4 Que se estabeleça uma ampla Política Nacio- nal de Informação, abrangendo os arquivos, bibliotecas e outros serviços de informação.	Política Nacional de Informação	VII (1988)	Obs. 1
5 Que sejam intensificados os contatos com os poderes Executivo e Legislativo, visando à criação dos Conselhos Federal e Regionais de Arquivologia.	Conselhos de Arquivolo- gia: criação	Não reite- rado	1979
6 Que as autoridades e os administradores em geral sejam alertados e esclarecidos so- bre a natureza, valor e importância dos ar- quivos, como fonte primária de informação no processo de desenvolvimento nacional.	Importância dos arquivos	Não reite- rado	Obs. 1
7 Que sejam sensibilizadas as universidades para a necessidade de criação de cursos de graduação em arquivologia, a exemplo do que ocorre nos estados do Rio de Janeiro e Rio Grande do Sul.	Curso Supe- rior de Ar- quivologia: criação	VIII (1990)	1990
8 Que as secretarias estaduais de Educação se- jam sensibilizadas a criar cursos profissiona- lizantes de arquivo, já autorizados pelo Con- selho Federal de Educação para a formação de técnicos de arquivo.	Curso de Técnico de Arquivo: criação	Não reite- rado	–

CONSIDERAÇÕES FINAIS

Recomendação	Assunto	Pleito reiterado em	Realizado
9 Que se promova, a curto prazo, Encontro Nacional de Coordenadores e Docentes dos cursos de graduação em arquivologia, objetivando, principalmente, a reformulação e a adequação dos currículos.	Reforma curricular: curso superior	VIII (1990) XI (1996) XII (1998)	2001
10 Que os arquivos públicos nos âmbitos federal, estaduais e municipais sejam conscientizados para a necessidade de abrirem vagas para estágios acadêmicos e curriculares aos estudantes de Arquivologia, visando proporcionar-lhes treinamento mais adequado e completo.	Estágio nos arquivos públicos	Não reiterado	Obs. 1
11 Que sejam incluídos nos planos de classificação de cargos dos estados e municípios, a exemplo da área federal, as categorias funcionais de arquivista e técnicos de arquivo, em níveis compatíveis com as atribuições e responsabilidades estabelecidas pela Lei nº 6.546, de 4/7/78, regulamentada pelo Decreto nº 82.590, de 6/11/78.	Plano de carreira dos servidores públicos: arquivista e técnico de arquivo no estado e município	VIII (1990)	1979[*]
12 Que sejam conscientizadas as Secretarias Gerais dos Ministérios e Secretarias de Administração dos Estados e Municípios para a necessidade de prever, na respectiva lotação, as categorias funcionais de arquivista e técnico de arquivo.	Plano de carreira dos servidores públicos: arquivista e técnico de arquivo nos estados e municípios	VIII (1990)	Obs. 1

[*] Optou-se pela data do decreto do governo do estado de Alagoas, o primeiro a implantar o cargo na esfera estadual.

Recomendação	Assunto	Pleito reiterado em	Realizado
13 Que sejam sensibilizadas as autoridades federais, estaduais e municipais para que sejam asseguradas aos arquivos públicos, condições estruturais, bem como recursos humanos e orçamentários capazes de garantir um eficiente sistema de informações.	Recursos financeiros e humanos para os arquivos públicos	Não reiterado	Obs. 1
14 Que sejam conscientizadas as autoridades governamentais e empresariais a fim de que seja assegurado aos arquivos um posicionamento na hierarquia administrativa compatível com a sua função.	Posicionamento dos arquivos na estrutura organizacional	Não reiterado	Obs. 1
15 Que seja dispensada atenção especial aos arquivos em sua fase corrente, considerada básica, visando contribuir não só para a eficiência da administração, como para a correta formação dos arquivos permanentes.	Gestão dos arquivos correntes	Não reiterado	Obs. 1
16 Que seja incentivada a elaboração de esquemas de classificação por assunto, nos arquivos correntes, com objetivo de reunir documentos sobre o mesmo tema, possibilitando a sua localização com rapidez e precisão e facilitando o processo de avaliação.	Arquivos correntes: código de classificação	Não reiterado	1995
17 Que os administradores, em geral, sejam conscientizados da necessidade de serem criadas comissões de avaliação, com vistas à destinação de documentos, das quais participem, obrigatoriamente, arquivistas, além de outros profissionais especializados nos assuntos tratados nos conjuntos documentais objeto da avaliação.	Comissão de avaliação	Não reiterado	2002

Recomendação	Assunto	Pleito reiterado em	Realizado
18 Que os responsáveis pela implantação de serviços micrográficos sejam conscientizados para a utilização adequada dessa tecnologia, evitando-se a microfilmagem de substituição, de forma indiscriminada, bem como a destruição de documentos sem prévia avaliação.	Avaliação e seleção de documentos para microfilmagem	Não reiterado	Obs. 1
19 Que seja incentivado o uso da automação nos arquivos como meio de controle de acervo e recuperação da informação.	Informatização dos arquivos	Não reiterado	Obs. 1
20 Que a AAB promova o registro dos arquivos que já utilizam automação, em maior ou menor escala, possibilitando a participação em rede de informação.	Censo dos arquivos informatizados	Não reiterado	–
21 Que o Arquivo Nacional, na qualidade de órgão central do Sistema Nacional de Arquivo, estabeleça normas gerais para transcrição paleográfica de textos, em língua portuguesa, baseadas em padrões de uso internacional.	Normalização da transcrição paleográfica	Não reiterado	1990
22 Que seja desenvolvido um programa de tradução de textos técnicos, visando à disseminação de experiências de outros países.	Literatura arquivística	XII (1998)	Obs. 1
23 Que sejam alertadas as instituições para a perda de informações não só decorrente da reutilização indiscriminada de suportes informáticos, mas também de videoteipes, fitas sonoras e outros.	Perda de informação	Não reiterado	Obs. 1

Obs. 1: Não foi possível definir o ano.

VII CBA - 1988

	Recomendação	Assunto	Pleito reiterado em	Realizado
1	Que se estabeleça uma ampla política nacional de informação abrangendo os arquivos, bibliotecas, museus e outros serviços correlatos.	Política Nacional de Informações	Não reiterado	Obs. 1
2	Que seja ativado um Sistema Nacional de Informação e Referência Cultural, baseado no tratamento da informação contida nos acervos arquivísticos, biblioteconômicos e museológicos, com a finalidade de dar tratamento adequado aos documentos, qualquer que seja o suporte físico, e realizar o processamento e difusão da informação neles contida.	Sistema Nacional de Informações e Referência Cultural	Não reiterado	Obs. 1
3	Que o Sinar – Sistema Nacional de Arquivos –, criado pelo Decreto nº 2.308/78, seja ativado com o desempenho pleno de suas funções, de forma a garantir a orientação técnica e normativa às diversas partes do Sistema.	Sinar	Não reiterado	Obs. 1
4	Reconhecer que a Comissão Nacional de Arquivos constitui unidade de integração entre os responsáveis pelo tratamento dos documentos na fase de produção e corrente com as de arquivo intermediário e permanente, viabilizando a ligação sistêmica quanto às funções normativas e estimulando o desenvolvimento científico e técnico da arquivística.	Comissão Nacional de Arquivos	Não reiterado	Obs. 1
5	Influenciar o poder decisório a fim de adequar a legislação arquivística no tocante à definição da Política Nacional de Arquivos, aperfeiçoamento da organização sistêmica das atividades de arquivo, política de acesso, princípios e critérios de avaliação.	Política Nacional de Arquivos	Não reiterado	Obs. 1

CONSIDERAÇÕES FINAIS

Recomendação	Assunto	Pleito reiterado em	Realizado
6 Que o governo federal forneça condições para a integração das fases corrente, intermediária e permanente do ciclo documental, sob a orientação normativa do Arquivo Nacional.	Gestão de documentos	XI (1996)	2003
7 Que sejam implementadas pelo governo federal as recomendações elaboradas pela Comissão Especial de Preservação do Acervo Documental da Câmara V do Plano de Reforma da Administração Pública Federal, com o objetivo: a) de se estabelecer uma política arquivística na administração Pública Federal; b) de reformular as estruturas dos ministérios e órgãos da Administração Pública Federal incluindo as unidades integradas de documentação – Arquivo, Biblioteca, Museu –, mais alto nível hierárquico, de forma a propiciar o mais amplo desenvolvimento de suas funções.	Política arquivística no âmbito da administração pública federal	Não reiterado	2003
8 Que nenhuma forma de destinação documental que implique eliminação possa ser implementada sem a autorização do Arquivo Público competente, em níveis federal, estaduais ou municipais.	Eliminação de documentos públicos	Não reiterado	1991
9 Que a Comissão Executiva do VII Congresso Brasileiro de Arquivologia encaminhe aos constituintes a moção de apoio à manutenção, na votação do 2º turno da Assembleia Nacional Constituinte, dos dispositivos aprovados no 1º turno referente ao acesso à informação.	Acesso à informação	Não reiterado	1988

Obs. 1: Não foi possível definir o ano.

VIII CBA - 1990

Recomendação	Assunto	Pleito reiterado em	Realizado
1 Que a AAB, os cursos de Arquivologia e as instituições arquivísticas promovam ações integradas com vistas à gestão e preservação de documentos eletrônicos ou informáticos.	Gestão de documentos eletrônicos	XII (1998) XIII (2000)	1995
2 Que a AAB, os cursos de Arquivologia e as instituições arquivísticas constituam-se em comissão com a finalidade de propor alterações no currículo mínimo do curso superior de Arquivologia, tendo em vista as demandas da gestão da informação e das novas tecnologias.	Reforma curricular: curso superior	XI (1996) XII (1998)	2001
3 Que seja revisto o currículo mínimo para habilitação de Técnicos de Arquivo de modo a adequá-lo às novas necessidades dos Arquivos.	Reforma curricular: curso profissionalizante	Não reiterado	Obs. 1
4 Que os governos Estaduais e Municipais promovam a implantação das carreiras de Arquivista e Técnico de Arquivo, nos respectivos Planos de Classificação de Cargos.	Plano de carreira dos servidores públicos: arquivista e técnico de arquivo nos estados e municípios	Não reiterado	1979[*]
5 Que as Universidades Brasileiras promovam cursos de formação e aperfeiçoamento na área de Arquivologia, visando atender a premente necessidade de organização, controle e disseminação das informações dos acervos arquivísticos públicos e privados.	Curso Superior de Arquivologia: criação	Não reiterado	1990

[*] Optou-se pela data do decreto do governo do estado de Alagoas, o primeiro a implantar o cargo na esfera estadual.

CONSIDERAÇÕES FINAIS

Recomendação	Assunto	Pleito reiterado em	Realizado
6	Que sejam realizados estudos pela AAB visando à elaboração de um código de ética profissional.	Código de Ética	X (1994)	1999
7	Que a AAB, através de seus Núcleos Regionais, promova encontros técnicos sobre preservação de documentos.	Encontros sobre preservação de acervos arquivísticos	Não reiterado	Obs. 1
8	Que a AAB promova articulações com outras entidades representativas de profissões afins, objetivando ação conjunta em defesa dos acervos, com vista à sua preservação, organização, manutenção e acesso.	Interação entre os profissionais de informação	X (1994)	Obs. 1

Obs. 1: Não foi possível definir o ano.

IX CBA - 1992

Recomendação	Assunto	Pleito reiterado em	Realizado
1	Que o X Congresso Brasileiro de Arquivologia seja realizado em São Paulo, em 1994, considerando que esse estado tem interesse e condições para realização do evento.	X CBA: sede	Não reiterado	1994
2	Que sejam criados grupos de estudos arquivísticos, em nível regional e estadual, para aprofundamento de temas ligados à área arquivística.	Grupos de Estudos Arquivísticos	Não reiterado	Obs. 1
3	Que o X Congresso Brasileiro de Arquivologia seja promovido pela Associação dos Arquivistas Brasileiros, com o apoio do Fórum de Diretores de Arquivos Públicos do Estado, pela Associação Nacional de Arquivos Municipais e outras entidades afins.	X CBA	Não reiterado	1994

Recomendação	Assunto	Pleito reiterado em	Realizado
4 Que sejam criados, além dos Núcleos da Associação dos Arquivistas Brasileiros, sindicatos das categorias de Arquivista e Técnico em Arquivo, em nível estadual.	Sindicato: criação	Não reiterado	2008
5 Que a Associação dos Arquivistas Brasileiros dê continuidade à publicação do periódico *Arquivo & Administração* e estimule a publicação de artigos ligados à Arquivologia em periódicos afins.	Revista *Arquivo & Administração*	Não reiterado	1994
6 Que seja regulamentada, imediatamente, a Lei nº 8.159, pelo governo federal.	Regulamentação da Lei nº 8.159	Não reiterado	Obs. 1
7 Que seja solicitado ao Ministério da Justiça a formação de uma Comissão de Estudo para reexaminar o texto da Lei 5.433, de 8/5/68, e o Decreto 64.398, de 24/4/69, que regula e dispõe sobre a microfilmagem de documentos, considerando que o mesmo encontra-se desatualizado, causando grandes prejuízos à indústria e aos usuários.	Lei de Microfilmagem	Não reiterado	1996
8 Que o Núcleo da AAB responsável pelo X Congresso Brasileiro de Arquivologia inclua nas sessões plenárias temas relacionados a Arquivos Médicos.	Arquivos Médicos no X CBA	Não reiterado	–
9 Que a AAB incorpore em sua estrutura o Grupo de Estudo de Arquivos Universitários, criados durante o I Seminário Nacional de Arquivos Universitários, em Campinas, com o objetivo de viabilizar um maior intercâmbio entre os profissionais das universidades.	Grupo de Estudo de Arquivos Universitários	XI (1996)	1996
10 Que a AAB e todos os seus Núcleos promovam cursos de aperfeiçoamento, especialmente na área de Informatização de Arquivos.	AAB: cursos de capacitação	XII (1998)	Obs. 1

CONSIDERAÇÕES FINAIS

Recomendação	Assunto	Pleito reiterado em	Realizado
11	Que o Encontro Latino-Americano de Estudantes de Arquivologia seja realizado com o intervalo de dois anos.	Encontro Latino-Americano de Estudantes de Arquivologia	Não reiterado	1994
12	Que no Conselho Deliberativo da AAB haja a representação dos estudantes.	AAB: representação estudantil	Não reiterado	1999
13	Que no *Boletim* da AAB haja uma coluna específica para artigos de estudantes de Arquivologia.	AAB: produção científica discente	Não reiterado	1998
14	Que haja a participação dos alunos na reformulação curricular dos cursos de Arquivologia.	Reforma curricular: participação discente	Não reiterado	Obs. 1
15	Que a AAB apoie a candidatura da professora Heloisa Liberalli Bellotto para o cargo de Diretora do Departamento de Assuntos Culturais da OEA.	Apoio à candidatura na OEA	Não reiterado	Obs. 1

Obs. 1: Não foi possível definir o ano.

X CBA - 1994

Recomendação	Assunto	Pleito reiterado em	Realizado
1	Que o XI Congresso Brasileiro de Arquivologia seja realizado, em 1996, na Cidade do Rio de Janeiro.	XI CBA: sede	Não reiterado	1996

Recomendação	Assunto	Pleito reiterado em	Realizado
2 Que a programação do XI Congresso Brasileiro de Arquivologia obedeça à seguinte estrutura: os três primeiros dias deverão ser destinados à realização das sessões plenárias e os dois dias subsequentes aos cursos, seminários e reuniões.	XI CBA: estrutura	Não reiterado	1996
3 Que a Associação dos Arquivistas Brasileiros providencie a elaboração e a implantação de um Código de Ética para os profissionais de arquivo no Brasil, tendo por base estudos realizados pelo Conselho Internacional de Arquivos, através de sua Seção de Associações Profissionais.	Código de Ética	Não reiterado	1999
4 Que os cursos de Arquivologia no Brasil passem a incluir, no conteúdo programático de suas disciplinas, elementos de Ética Profissional.	Disciplina Ética Profissional	Não reiterado	1997
5 Que sejam feitas gestões, junto às autoridades, para a criação de arquivos municipais ao menos em todas as capitais brasileiras.	Arquivos municipais: criação	XII (1998)	Obs. 1
6 Que seja encaminhada moção ao governador do estado de São Paulo, alertando sobre a necessidade urgente de apoiar os municípios do estado na implantação de política de gestão de documentos e na criação de arquivos municipais.	Gestão de documentos e criação de Arquivos Municipais no estado de São Paulo	Não reiterado	Obs. 1
7 Que se elabore e divulgue o cadastro dos arquivos municipais.	Arquivos municipais: cadastro	XII (1998)	–
8 Que se criem arquivos gerais (incluindo documentação histórica) em todas as universidades estaduais brasileiras, gerenciadas por profissionais, a começar pelas que ministram cursos de especialização em arquivos.	Criação de arquivos universitários nas universidades estaduais	Não reiterado	Obs. 1

CONSIDERAÇÕES FINAIS

Recomendação	Assunto	Pleito reiterado em	Realizado
9 Que se promova a cooperação entre arquivistas, bibliotecários e museólogos, através das respectivas associações.	Interação entre os profissionais de informação	Não reiterado	Obs. 1
10 Que o Decreto nº 1.173, de 29/6/94, que dispõe sobre a organização e funcionamento do Conselho Nacional de Arquivos e do Sistema Nacional de Arquivos, seja alterado para permitir a inclusão de um representante das instituições mantenedoras de curso superior de arquivologia.	Conarq: representação dos Cursos de Arquivologia	Não reiterado	1995
11 Que seja realizada, em 1995, a I Reunião de Ensino e Pesquisa em Arquivologia.	I Reunião de Ensino e Pesquisa em Arquivologia	Não reiterado	1995
12 Que sejam feitas gestões junto aos Ministros da Cultura e das Relações Exteriores, bem como aos Embaixadores do Brasil em Portugal e ao de Portugal no Brasil, no sentido de que o projeto de resgate da documentação histórica sobre o Brasil Colônia, existente em Portugal, notadamente no Arquivo Histórico Ultramarino de Lisboa, receba apoio e recursos a fim de que o mesmo seja concluído até o ano 2000, em que se comemorarão os 500 anos de Descobrimento do Brasil.	Projeto Resgate	Não reiterado	Obs. 1
13 Que seja transcrito nos *Anais* do 10º Congresso Brasileiro de Arquivologia o documento dos estudantes sobre a Pesquisa de Opinião apresentada durante o evento, em que se manifestam contrários às alterações propostas pela Associação dos Arquivistas Brasileiros à Lei nº 6. 546, de 4 de julho de 1978, relativamente ao exercício profissional.	X CBA: *Anais*	Não reiterado	1998

Recomendação	Assunto	Pleito reiterado em	Realizado
14 Que o resultado da pesquisa de opinião realizada pela Associação dos Arquivistas Brasileiros (AAB) não seja definitivo ou conclusivo, tendo em vista que os termos da mudança não foram devidamente esclarecidos, e que sejam excluídos da proposta da AAB, no art. 24, o inciso III, do art. 1º da Lei nº 6.546/78 e o art. 27, na sua integra.	Pesquisa de opinião	Não reiterado	1994
15 Que, em face do impasse criado pelas propostas relativas ao exercício profissional, sejam constituídos grupos de trabalho para debater a matéria, tendo presente a impossibilidade e a inadequação deste Congresso para tomar decisões conclusivas sobre o assunto.	Grupo de Trabalho para discutir a Lei nº 6.546/78	Não reiterado	1996

Obs. 1: Não foi possível definir o ano.

XI CBA - 1996

Recomendação	Assunto	Pleito reiterado em	Realizado
1 Que no âmbito do XII Congresso Brasileiro de Arquivologia, em 1998, seja realizado o II Seminário de Ensino e Pesquisa.	II Seminário de Ensino e Pesquisa	Não reiterado	1998
2 Que os professores dos cursos universitários de arquivologia constituam um grupo de trabalho para reflexão e aprofundamento dos debates relativos a um novo projeto pedagógico para a formação de arquivistas.	Reforma curricular: curso superior	XII (1998)	2001
3 Que os eventos da área estimulem a discussão sobre o ensino e a pesquisa em Arquivologia.	Ensino e Pesquisa em Arquivologia	XII (1998)	Obs. 1

CONSIDERAÇÕES FINAIS

Recomendação	Assunto	Pleito reiterado em	Realizado
4 Que os cursos de Arquivologia ampliem o rol de disciplinas da área de Administração, adequando os conteúdos programáticos dessa disciplina às necessidades do exercício profissional dos arquivistas.	Disciplinas de Administração	Não reiterado	Obs. 1
5 Que o Conselho Nacional de Arquivos (Conarq), responsável pela política nacional de arquivos, desenvolva esforços no sentido de incluir a área de arquivos no Grupo de Trabalho de Bibliotecas e Museus, do Comitê Gestor da Internet, ou de propor a criação de um GT específico para arquivos.	Comitê Gestor da Internet	XII (1998)	Obs. 1
6 Que seja constituído um Grupo de Trabalho, articulado pelo Arquivo Nacional e pela AAB, com vistas ao desenvolvimento da Bibliografia Brasileira em Arquivologia.	Bibliografia Brasileira em Arquivologia	XII (1998)	1996
7 Que seja criado, na AAB, um Comitê de Arquivos Universitários para atuar como fórum aglutinador dos interesses dos profissionais que atuam nesse setor.	Grupo de Estudos de Arquivos Universitários	Não reiterado	1996
8 Que a AAB encaminhe à Assembleia Legislativa do estado do Rio de Janeiro, por intermédio do deputado Paulo Mello, o abaixo-assinado dos arquivistas e outros profissionais das áreas de informação e documentação, participantes do XI Congresso Brasileiro de Arquivologia, solicitando a agilização do projeto de lei que cria o cargo de arquivista no plano de carreiras da administração pública estadual.	AAB: abaixo-assinado sobre criação do cargo de arquivista no estado do Rio de Janeiro	Não reiterado	1997
9 Que os arquivos públicos brasileiros implementem políticas de gestão documental com vistas à racionalização e à transparência administrativa, bem como à preservação da memória.	Gestão de Documentos	XII (1998)	Obs. 1

Recomendação	Assunto	Pleito reiterado em	Realizado
10 Que o Arquivo Nacional, a AAB e os coordenadores dos cursos de Arquivologia, no Brasil, se dirijam ao Conselho do Mercosul para que se planeje um programa de arquivos nos moldes do elaborado pelo Conselho da Comunidade Europeia, em 1994.	Formação de arquivistas no Mercosul	XII (1998)	Obs. 1

Obs. 1: Não foi possível definir o ano.

XII CBA - 1998

Recomendação	Assunto	Pleito reiterado em	Realizado
1 Ampliar e/ou implantar programas de pesquisa voltados para a informação arquivística nas universidades que oferecem cursos de graduação e pós-graduação, qualificando ainda mais seu quadro docente.	Pesquisa arquivística	Não reiterado	Obs. 1
2 Integrar os serviços arquivísticos públicos e privados e a universidade no desenvolvimento de pesquisas e atividades de extensão.	Extensão e pesquisa nos arquivos	Não reiterado	Obs. 1
3 Redefinir os cursos de graduação em arquivologia, diante das novas disposições da Lei de Diretrizes e Bases (LDB).	Reforma curricular: curso superior	Não reiterado	2001
4 Elaborar um cadastro de profissionais da área arquivística que atuem no Brasil.	Cadastro de profissionais na área	Não reiterado	1996
5 Estimular a criação de cursos de capacitação para técnicos da área.	Capacitação profissional	Não reiterado	Obs. 1
6 Ampliar o número de publicações de artigos e livros na área.	Literatura arquivística	Não reiterado	Obs. 1

CONSIDERAÇÕES FINAIS

Recomendação	Assunto	Pleito reiterado em	Realizado
7	Premiar, por meio da Associação dos Arquivistas Brasileiros e das universidades, monografias de final de curso elaboradas por alunos do curso de arquivologia, bem como dos profissionais que se destaquem por sua contribuição científica à área.	AAB: Concurso de Monografia	Não reiterado	1998
8	Produzir um Dicionário Brasileiro de Terminologia Arquivística a partir das três versões existentes.	Dicionário Brasileiro de Arquivologia	Não reiterado	2005
9	Elaborar uma Bibliografia Brasileira de Arquivística.	Bibliografia Brasileira em Arquivologia	Não reiterado	1996
10	Criar Grupo de Trabalho em Arquivos Virtuais no Comitê Gestor da Internet Brasil.	Comitê Gestor da Internet	Não reiterado	Obs.1
11	Desenvolver programas de gestão, preservação e acesso a documentos eletrônicos, considerando as especificidades da realidade brasileira.	Gestão de documentos eletrônicos	Não reiterado	2004
12	Ampliar a cooperação brasileira no Mercosul.	Cooperação com o Mercosul	Não reiterado	Obs. 1
13	Fortalecer a Associação dos Arquivistas Brasileiros, ampliando a sua visibilidade junto à sociedade em geral e à comunidade arquivística, refletindo a diversidade profissional dessa comunidade, sendo sua Direção eleita democraticamente por voto direto.	AAB: fortalecimento e visibilidade	Não reiterado	Obs. 1
14	Ampliar a transparência e a capacidade de divulgação do Conselho Nacional de Arquivos com vistas ao seu fortalecimento.	Conarq	Não reiterado	Obs. 1

Recomendação	Assunto	Pleito reiterado em	Realizado
15 Institucionalizar os arquivos públicos municipais.	Arquivos Municipais: criação	Não reiterado	Obs. 1
16 Ampliar os mecanismos políticos e científicos que garantam a preservação do patrimônio documental arquivístico.	Preservação de acervos arquivísticos	Não reiterado	Obs. 1
17 Ampliar a atuação dos arquivos públicos em atividades de gestão de documentos.	Gestão de Documentos	Não reiterado	Obs. 1
18 Estabelecer uma rede de informações arquivísticas, envolvendo o conjunto de arquivos públicos e privados do país, a ser paulatinamente implementada e disponibilizada na Internet.	Rede de informações arquivísticas	Não reiterado	Obs. 1
19 Desenvolver estratégias que ampliem o acesso da sociedade brasileira à informação e às instituições arquivísticas.	Acesso às informações e instituições arquivísticas	Não reiterado	2011
20 Ampliar os debates sobre o caráter político-estratégico da informação arquivística junto ao governo, no âmbito da Reforma do Estado em relação aos candidatos a postos no Executivo e Legislativo.	Caráter político-estratégico da informação arquivística	Não reiterado	Obs. 1
21 Realizar o Encontro Nacional de Arquivos Privados a cada dois anos, separadamente do Congresso de Arquivologia, devido ao crescimento e importância desses arquivos.	Encontro Nacional de Arquivos Privados	Não reiterado	Obs. 1

Obs. 1: Não foi possível definir o ano.

XIII CBA - 2000

Recomendação	Assunto	Pleito reiterado em	Realizado
1	Que seja criado um grupo interdisciplinar para se dedicar ao estudo dos documentos eletrônicos arquivísticos, em âmbito nacional, sob a orientação de representantes da comunidade acadêmica arquivística brasileira.	Grupo de trabalho sobre documento eletrônico	Não reiterado	2004
2	Que os programas universitários brasileiros de arquivologia considerem o papel estratégico da "diplomática contemporânea" para o desenvolvimento da gestão de documentos eletrônicos. Questão prioritária no contexto atual.	Gestão de documentos eletrônicos	Não reiterado	Obs. 1
3	Que a comunidade arquivística brasileira se dedique à leitura e ao debate do Livro Verde do Programa Sociedade da Informação no Brasil, do Ministério de Ciência e Tecnologia que ficará aberto à consulta pública até o final deste ano (2000), com vistas à participação do Livro Branco que servirá de guia para todas as ações do governo brasileiro nessa área.	Programa Sociedade da Informação no Brasil	Não reiterado	2001
4	Que na impossibilidade de a Reunião de Docentes do Mercosul se realizar em Assunção em 2001, seja realizada em Brasília, no mesmo ano, como recomendado na Reunião de Docentes em abril de 2000, no Rio de Janeiro.	Reunião de Docentes dos cursos de arquivologia do Mercosul	Não reiterado	2001
5	Que os docentes dos cursos universitários de arquivologia no Brasil mantenham reuniões periódicas, contando em especial com a participação dos seus coordenadores.	Reunião de Docentes dos cursos de Arquivologia do Brasil	Não reiterado	Obs. 1

Recomendação	Assunto	Pleito reiterado em	Realizado
6	Que sejam criados cargos para arquivistas e técnicos de arquivo nos quadros de pessoal das instituições do Poder Judiciário, através de concurso público.	Poder Judiciário: cargos de arquivista e técnico de arquivo	Não reiterado	Obs. 1
7	Que sejam implementadas políticas para assegurar notadamente a conservação e a preservação do patrimônio documental do Poder Judiciário.	Poder Judiciário: política de preservação do patrimônio documental	Não reiterado	Obs. 1
8	Que os tribunais empreendam esforços para viabilizar a criação de mecanismos que possam oferecer soluções eficazes para o tratamento técnico da sua documentação, através de um Programa de Gestão Documental, abrangendo a elaboração de um Plano de Classificação e de uma Tabela de Temporalidade.	Poder Judiciário: gestão de documentos	Não reiterado	2008
9	Que as autoridades do Poder Judiciário, através das Assessorias Parlamentares ou responsáveis diretos, viabilizem junto ao Congresso Nacional a aprovação do Projeto de Lei nº 2.161/91, que dispõe sobre a eliminação de processos judiciais.	Poder Judiciário: eliminação de processos judiciais	Não reiterado	Obs. 1
10	Que sejam criadas Comissões Permanentes de Avaliação de Documentos em cada instituição do Poder Judiciário.	Poder Judiciário: destinação de documentos	Não reiterado	Obs. 1
11	Que sejam empreendidos estudos para subsidiar a regulamentação do uso, armazenamento e controle da documentação eletrônica do Poder Judiciário.	Poder Judiciário: gestão de documentos eletrônicos	Não reiterado	2006

CONSIDERAÇÕES FINAIS 223

Recomendação	Assunto	Pleito reiterado em	Realizado
12 Que se oficialize ao Presidente da República, ao Ministério da Cultura, ao Ministro da Cultura, aos governadores e prefeitos das capitais a necessidade de uma atenção especial para os arquivos públicos com liberação de verbas e apoio.	Recursos financeiros e humanos para os arquivos públicos	Não reiterado	Obs. 1

Obs. 1: Não foi possível definir o ano.

A partir dos dados apresentados, algumas questões podem ser levantadas, como veremos a seguir. Muitas recomendações eram reiteradas uma ou mais vezes nos congressos subsequentes pelo fato de ainda não terem sido implantadas. Quais as razões que moviam esses fatos? Pouco empenho por parte da comunidade arquivística para obter soluções? Falta de continuidade na busca de solução, uma vez que ações já haviam sido iniciadas e não tiveram continuidade? Pouca divulgação das demandas dos congressos e das ações empreendidas para o alcance da meta? Perguntas para as quais buscamos respostas.

No que se refere aos temas das recomendações, foram priorizados, no curso dos eventos, os seguintes assuntos:

- Sinar: sua criação, ativação e reformulação;
- cursos superiores de Arquivologia: fixação de currículo mínimo, reforma curricular, incentivo à criação de novos cursos;
- conscientização das administrações públicas e privadas sobre a importância dos arquivos;
- avaliação de documentos: definição de políticas para os documentos públicos, comissões de avaliação;

- arquivos médicos: instalação, regulamentação, capacitação dos recursos humanos;
- arquivos municipais: importância, criação;
- literatura sobre arquivologia;
- cadastro de profissionais na área;
- cargos de arquivista e técnico de arquivo no plano dos servidores públicos das três esferas;
- censo dos arquivos brasileiros;
- concursos de monografias na área;
- construção de arquivos dentro das condições adequadas;
- implantação de cursos profissionalizantes;
- elaboração do dicionário de arquivística;
- criação de sindicato;
- ampliação da produção cientifica na área;
- gestão de documentos eletrônicos no Poder Judiciário;
- gestão dos arquivos correntes;
- interação entre os profissionais da informação;
- normalização da terminologia arquivística;
- normalização da transcrição paleográfica;
- microfilmagem de documentos;
- política de preservação do patrimônio documental;
- recursos humanos, materiais e financeiros para os arquivos;
- uso de tecnologia nos arquivos, entre outros.

Do conjunto de recomendações, destacamos inicialmente aquelas referentes a arquivos médicos. Note-se que somente cinco incidiram sobre a temática, sendo que deste total quatro foram apresentadas no I CBA, ocasião em que foram proferidas 28 conferências a respeito do tema. Durante o II (1974), III (1976) e X (1994) CBA realizaram-se conferências

CONSIDERAÇÕES FINAIS

nas plenárias, na sessão de temas especializados e de temas livres, e nenhuma recomendação relativa a arquivos médicos foi aprovada. O mesmo aconteceu no IV (1979), VII (1988), VIII (1990), IX (1992) e XII (1998) congressos, que contaram com seminários de arquivos médicos em sua estrutura.

A temática "arquivos médicos", de inquestionável importância por envolver organização, preservação e recuperação de informações relativas aos prontuários dos pacientes na rede hospitalar, entre outros aspectos, não tem despertado grande interesse na comunidade arquivística na busca de soluções e discussões. Só a partir de 2002, com a criação da Câmara Setorial de Arquivos Médicos, no âmbito do Conarq, a temática emerge e, em 30 de junho de 2005, é aprovada a Resolução nº 22, que dispõe sobre as diretrizes para avaliação de documentos em instituições de saúde.

Outro tema de recomendação relevante diz respeito à formação acadêmica do profissional envolvendo questões relativas ao ensino, pesquisa, extensão e demais discussões pertinentes. Do total de 13 congressos, somente o V (1982) e o VII (1988) não aprovaram recomendações ligadas à referida temática. Recomendações voltadas para tecnologia da informação, arquivo e informática permearam o universo de recomendações dos congressos seguintes: II, III, IV, VI, VIII, XII e XIII.

As recomendações também sinalizaram sobre a conscientização e importância dos arquivos com o objetivo de alertar as administrações públicas e privadas sobre seu papel no desenvolvimento nacional, técnico-científico, social, econômico, cultural etc. Interessante notar que recomendações com esse teor foram aprovadas do I ao IV CBA e posteriormente no VI CBA. Nesse caso, cabe perguntar: estaria a comunidade arquivística satisfeita com a situação, considerando que o objetivo já havia sido alcançado e não necessitando mais clamar por maior conscientização sobre a importância dos arquivos na administração, fosse pública ou privada? No período de 1986 até 2000, quando há um hiato na referida demanda, será que os arquivos conquistaram uma posição de destaque com o devido reconhecimento de sua importância na sociedade que justificasse a não retomada do tema nos congressos que se sucederam?

Passados tantos anos, onde esteve presente a demanda por uma conscientização da importância dos arquivos por parte da administração pública? Observamos na última década a promoção de concursos públicos para o cargo de arquivista, mesmo estando aquém das reais necessidades, além de iniciativas de inclusão de itens relativos à arquivística integrando o conteúdo programático de concursos para o provimento de outros cargos que não o de arquivista. Seriam essas iniciativas o despertar de mudanças na condução de assuntos ligados à arquivística? Fica a pergunta.

Note-se que mesmo tendo sido proferidas várias palestras sobre determinado tema, nem sempre eram aprovadas recomendações a respeito, como, por exemplo, o I CBA, que tem quatro palestras sobre computadores e arquivos e nenhuma recomendação aprovada, e o tema microfilmagem, com seis palestras e apenas uma recomendação voltada para a temática.

Os 13 congressos realizados no período de 1972 a 2000 deixaram um saldo de 195 recomendações aprovadas, perfazendo uma média de 15 por congresso. Desse total, somente 61,5% eram inéditas, como veremos no quadro 3.

Quadro 3. Recomendações inéditas por CBA

CBA	Nº de recomendações	Nº de recomendações inéditas
I	20	20
II	11	8
III	20	12
IV	19	14
V	12	5
VI	23	7
VII	9	6
VIII	8	2
IX	15	13
X	15	10
XI	10	7
XII	21	7
XIII	12	9
Total:	195	120

O CBA que mais aprovou recomendações foi o VI: 23. Convém chamar a atenção para o fato de que, entre esse conjunto, 15 foram reapresentadas, pois já haviam sido aprovadas nos congressos anteriores (I, II, III, IV e V). Em segundo lugar, veio o XII CBA (1998), com 21 recomendações, e a seguir, o I (1972) e o III (1976), com 20 recomendações cada.

Do total de recomendações, 35,8% foram reiteradas em outros congressos, das quais 47,14% se concretizaram. Não foram reiteradas em outros congressos 125 recomendações, ou seja, 64,1%, sendo que desse total se concretizaram 46,4%. No quadro 4, apresentamos, para cada congresso, o total de recomendações e quantas se realizaram, além da quantidade daquelas reiteradas e realizadas e também não reiteradas e realizadas.

Quadro 4. Recomendações realizadas

CBA	Total de recomen-dações	Recomendações		Recomendações		Total de re-comendações realizadas
		Reite-radas	Reali-zadas	Não rei-teradas	Reali-zadas	
I	20	8	5	12	7	12
II	11	7	4	4	2	6
III	20	10	5	10	5	10
IV	19	11	3	8	2	5
V	12	11	5	1	-	5
VI	23	8	4	15	5	9
VII	9	1	1	8	3	4
VIII	8	4	3	4	2	5
IX	15	2	1	13	8	9
X	15	2	-	13	9	9
XI	10	6	2	4	3	5
XII	21	-	-	21	7	7
XIII	12	-	-	12	5	5
Total	195	70	33	125	58	91

Do conjunto de 195 recomendações aprovadas nas plenárias, somente 46,7% se concretizaram, um número regular para uma área que estava se firmando na época. Desse total, 54,9% se concretizou no período máximo de cinco anos após sua aprovação no respectivo congresso.

Podemos ver, no quadro 5, que no período de cinco a 10 anos de realização dos congressos conseguimos concretizar 15,3% de recomendações, percentual pouco expressivo. Na sequência, 13,1% de recomendações se concretizaram no período de dez a quinze anos pós-congresso; 3,2% no período de quinze a vinte anos e 13,1% passados mais de vinte anos de cada congresso. Evidentemente esta última referência se aplica somente até o IX CBA, em 1992.

Quadro 5. Tempo necessário para realização das recomendações

CBA	Número de recomen- dações	Realizadas	0 -5 anos	5-10 anos	10-15 anos	15-20 anos	+ 20 anos
I	20	12	3	2	2	-	5
II	11	6	4	-	-	-	2
III	20	10	3	1	1	1	4
IV	19	5	2	1	1		1
V	12	5	2	1	2	-	-
VI	23	9	5	1	2	1	-
VII	9	4	2	-	2	-	-
VIII	8	5	2	2	1	-	-
IX	15	9	6	2	-	1	-
X	15	9	9	-	-	-	-
XI	10	5	5	-	-	-	-
XII	21	7	4	2	1	-	-
XIII	12	5	3	2	-	-	-
Total	195	91	50	14	12	3	12

No quadro 6 apresentamos o percentual de recomendações concretizadas, por CBA, tomando como referência o número de recomendações aprovadas e o número de recomendações que se realizaram.

Baseados nesse critério, o congresso que realizou, proporcionalmente, o maior número de recomendações foi o VIII (1990) CBA, realizado em Salvador, com 62,5% de aprovação, seguido do I (1972), IX (1992) e X (1994) CBA, com 60% das recomendações realizadas.

Entretanto, se o parâmetro para quantificarmos o percentual de recomendações concretizadas se fixar na quantidade de recomendações realizadas conjugado com o prazo de até cinco anos, pós-realização do

CBA, veremos que o que apresentou melhor desempenho foi o X (1994), na cidade de São Paulo, com 100% das recomendações realizadas no período de até cinco anos de sua aprovação, seguido do IX (1992), na cidade de Santa Maria, que totalizou 66,66% de suas recomendações aprovadas.

A seguir, no quadro 6, apresentamos o percentual de recomendações concretizadas, bem como aquelas concretizadas no prazo de até cinco anos após a realização do CBA.

Quadro 6. Recomendações concretizadas

CBA	Concretizada	Até 5 anos pós-CBA
I	60,0%	25,0%
II	54,54%	66,66%
III	50,0%	30,0%
IV	26,31%	40,0%
V	41,66%	40,0%
VI	39,13%	55,55%
VII	44,44%	50,0%
VIII	62,5%	40,0%
IX	60,0%	66,66%
X	60,0%	100%
XI	50,0%	100%
XII	33,33%	57,14%
XIII	41,66%	60,0%

Procurando explicitar mais esse período de concretização das recomendações dos CBA, elaboramos o quadro 7, no qual estabelecemos a equivalência do período de realização com o ano.

Quadro 7. Recomendações concretizadas por período

CBA	Número de recomendações	Quantidade de recomendações por ano					Realizadas
I	20	Até 1977	Até 1982	Até 1987	Até 1992	A partir de 1993	12
		3	2	2	0	5	
II	11	Até 1979	Até 1984	Até 1989	Até 1994	A partir de 1995	6
		4	0	0	0	2	
III	20	Até 1981	Até 1986	Até 1991	Até 1996	A partir de 1997	10
		3	1	1	1	4	
IV	19	Até 1984	Até 1989	Até 1994	Até 1999	A partir de 2000	5
		2	1	1	0	1	
V	12	Até 1987	Até 1992	Até 1997	Até 2002	A partir de 2003	5
		2	1	2	0	0	
VI	23	Até 1991	Até 1996	Até 2001	Até 2006	A partir de 2007	9
		5	1	2	1	0	
VII	9	Até 1994	Até 1999	Até 2004	Até 2009	A partir de 2010	4
		2	0	2	0	0	
VIII	8	Até 1995	Até 2000	Até 2005	Até 2010	A partir de 2011	5
		2	2	1	0	0	
IX	15	Até 1997	Até 2002	Até 2007	A partir de 2008		9
		6	2	0	1	0	
X	15	Até 1999	Até 2004	Até 2009			9
		9	0	0	0	0	

XI	10	Até 2001	Até 2006	Até 2011	0	0	5
		5	0	0			
XII	21	Até 2003	Até 2008	A partir de 2009			7
		4	2	1	0	0	
XIII	12	Até 2005	Até 2010				5
		3	2	0	0	0	
Total	195	50	14	12	3	12	91

Na década de 1990, a comunidade arquivística lutava para a aprovação da lei de arquivos, o que ocorre em 1991, fato que contribui para o desenvolvimento da arquivologia no Brasil, juntamente com a regulamentação do Conarq, que congrega no conselho representantes dos mais diversos segmentos da comunidade arquivística, trazendo um reforço às demandas do grupo e investindo na revisão e criação de legislação arquivística. Impulsionados por esses fatores, nesse período teremos a ampliação do número de recomendações que se concretizam.

Não podemos esquecer que no final da década de 1990 e na década de 2000 foram criados mais cursos de graduação em Arquivologia no país, totalizando 16 instituições de ensino superior mantenedoras de curso de graduação. Esse período, sinalizado pela manutenção de novos cursos no âmbito da academia, nos leva ao seguinte questionamento: Qual a contribuição efetiva da universidade para a revitalização da área?

Em relação à produção e discussão do conhecimento, sua atuação ainda está aquém das necessidades, pois, se queremos desenvolver a área, é preciso produzir pesquisas cujos resultados contribuam para o fortalecimento desse saber. Não podemos nos esquecer do fato de que atualmente estamos vivenciando um momento de incentivo à qualifica-

CONSIDERAÇÕES FINAIS

ção docente, em contrapartida os resultados devem ser obtidos. E quanto à mobilização e força da academia na mudança dos rumos e obtenção de resultados realmente positivos, como, por exemplo, o movimento para concretização de ações importantes já reivindicadas há muito tempo pelo grupo, cremos, salvo melhor juízo, que ela não vem alcançando seus objetivos como deveria.

Outro fator de relevância e que merece uma reflexão é o papel das associações de arquivistas. Até o final da década de 1990, a AAB era a única associação de arquivistas existente no país. Ela se mobilizou e lutou pelo desenvolvimento da área, sendo a responsável por inúmeros ganhos, como por exemplo aprovação do currículo mínimo do curso de graduação em Arquivologia, regulamentação da profissão, realização dos congressos, edição de material bibliográfico específico da área, entre outras ações. Mas os tempos mudam, cada vez mais é necessário uma maior participação da comunidade na obtenção de resultados positivos, é preciso que ela esteja unida, e se fortalecendo. Havia a necessidade da criação de um maior número de associações de arquivistas, o que ocorreu a partir do ano 2000. Mas, em vez de convergirem as forças em prol do bem comum da classe, houve uma dispersão. As ações se dizimaram, prova disso foi a organização de congressos nacionais de arquivologia. Realização de novos eventos são bem-vindas, mas não se pode dispersar forças. Ações pioneiras e que deram certo deveriam continuar ainda mais fortalecidas com maior participação da comunidade, pois vitórias importantes tendem a se enfraquecer.

No período de 1972 até o ano 2000, quando foram realizados os 13 congressos aqui analisados, o resultado obtido foi importante, o que pode ser constatado na quantidade de ações realizadas a partir das demandas advindas dos congressos. Do universo de recomendações realizadas, 75,8% ocorreram nesse período. Podemos considerar esse fato bastante relevante, demonstrando empenho e participação da comunidade na obtenção do que considera importante para sua área de atuação se estabelecermos essa relação com a quantidade de recomendações concretizadas.

Entretanto, se tomarmos por base o total de recomendações aprovadas, teremos somente 35,3% de realizações nesse período de vinte e oito anos, percentual muito baixo, não configurando, no nosso entendimento, uma efetiva mobilização, participação e força da comunidade arquivística, como podemos analisar no quadro 8.

Quadro 8. Recomendações realizadas no período de 1972–2000

CBA	Número de recomendações	Realizadas	1972-2000
I	20	12	10
II	11	6	5
III	20	10	8
IV	19	5	4
V	12	5	5
VI	23	9	7
VII	9	4	2
VIII	8	5	4
IX	15	9	8
X	15	9	9
XI	10	5	4
XII	21	7	3
XIII	12	5	-
Total	195	91	69

CONSIDERAÇÕES FINAIS

Um significativo legado dos congressos, entre muitos, foi o lançamento do número zero da revista *Arquivo & Administração*, no I CBA, que, além de ser pioneira, se tornou um importante veículo disseminador na área. Mesmo tendo passado por momentos de dificuldade quando teve sua periodicidade regular interrompida, graças ao idealismo, espírito empreendedor e arrojo das diretorias da AAB que se seguiram foi possível a retomada de sua publicação. A ação de retomada da edição lhe garantiu maior visibilidade, contribuindo para que obtivesse "a certificação como periódico de padrão 'Qualis', que classifica os veículos de divulgação de produção científica, técnica e artística dos Programas de Pós-Graduação-Capes" (Cardoso, 2006:3).

Ao longo de quase três décadas (1972-2000), muitas ações foram implementadas e vitórias obtidas, mas, com certeza, ainda há muito a realizar e temos uma longa trajetória a percorrer. É de fundamental importância a promoção de eventos científicos na área, pois fornecem momentos de reflexão e questionamento, proporcionando amadurecimento da comunidade científica para lidar com as novas questões apresentadas, realizar troca de experiências, difusão de resultados etc.

No decorrer da pesquisa e, pontualmente, na análise do papel representado pela comunidade arquivística em prol da defesa da implementação de ações visando à concretização das recomendações, pode-se observar que muitos pleitos foram apresentados como propostas inovadoras, mas que na realidade já haviam sido objeto de discussão em outros congressos, e muitos deles não se realizaram. A pergunta persiste: por quê? Falta de mobilização da comunidade? Mobilização insuficiente? Falta de conhecimento da existência de pleitos anteriores sobre o mesmo tema? Falha na disseminação dos conteúdos? Desconhecimento ocasionado por falta de organização do material? Grande quantidade de recomendações?

É fato que os congressos produziram uma grande quantidade de recomendações, como pudemos constatar ao longo deste trabalho. Além disso, muitas dessas recomendações não foram colocadas em prática de imediato, e muitas vezes nunca se concretizam. Nesse sentido, cabe lembrar as palavras do renomado arquivista e professor Aurélio Tanodi,[70] que afirma:

> Seria melhor aprovar menos resoluções e traçar menos recomendações, mas sim implementá-las, e, depois nos congressos ou jornadas seguintes, antes de aprovar as novas, prestar conta sobre o realizado em relação a última reunião; primeiro, repetir as resoluções possíveis de se realizarem e contemplar os meios para realizar esse procedimento, e, depois, passar para as novas. Se não for feita uma retrospectiva do que foi realizado, quem vai garantir que as novas resoluções não vão ter o mesmo destino das anteriores? Os congressos, nos quais se manifesta claramente a inteligência, a influência e os propósitos dos congressistas, têm uma finalidade concreta: traçar as futuras atividades e estimular seu cumprimento [Tanodi, 1961:268-269].

Verificamos que um percentual significativo de recomendações aprovadas nos congressos tem sido alvo de esquecimento por parte de nossa comunidade científica, que, no lugar de trabalhar em prol da realização das reivindicações anteriores, formula outras propostas, aumentando assim a fileira das não concretizadas. Propostas, reivindicações, moções, muitas delas jazem no limbo, configurando uma

---

[70] A Arquivologia na América Latina está vinculada à figura e à trajetória do professor doutor Aurelio Tanodi, falecido em 14 de julho de 2011, que, entre tantas outras atividades, foi diretor do Centro Interamericano de Desenvolvimento dos Arquivos (1972-1988), criado sob os auspícios da Organização dos Estados Americanos (OEA). Ao Mestre, com carinho, a nossa homenagem.

CONSIDERAÇÕES FINAIS

enorme contradição, uma vez que somos profissionais da informação e como tal acabamos por deixar nossa matéria-prima se perder. Por essa razão, decidi reunir neste livro o material disponível e que me foi possível recolher, buscando criar mais uma ferramenta de trabalho para a busca de soluções para questões arquivísticas, ainda pendentes.

Seria bom que nossa comunidade arquivística atentasse para essa situação, não permitindo que demandas já reivindicadas, evidentemente com as devidas atualizações, caíssem no limbo, tomando para si a tarefa de recuperar para a área aquilo que considera relevante, válido, contribuindo e engrandecendo o nosso pensar e fazer arquivístico.

Com o objetivo de enriquecer e completar os estudos relativos às recomendações dos congressos, apresentamos, nos anexos, as recomendações do XIV (2006), do XV (2008), do XVI (2010) e do XVII (2012) CBA. Mesmo que não tenham sido objeto de pesquisa, podemos tecer duas considerações sobre eles:

1. diminuição substancial do número de recomendações aprovadas, com uma média de sete;

2. a primeira recomendação do XV CBA demonstrou preocupação em rever as recomendações aprovadas no congresso anterior e apresentar os resultados no posterior, ou seja, no XVI.

A partir de um estudo bastante preliminar, e salvo melhor juízo, não obtivemos informações de que os resultados do XV CBA tenham sido elaborados e apresentados no XVI CBA, o que é de se lamentar, pois informações preciosas deixaram de ser analisadas e disseminadas.

À guisa de contribuição, sugerimos que, ao término do congresso, a promotora do CBA, nesse caso a AAB, se envolva, juntamente com a comunidade arquivística profissional e acadêmica, em ações que visem à concretização das recomendações. E que seja elaborado um relatório com os resultados e que este seja apresentado no CBA seguinte. Dessa maneira evitamos o risco de aprovar recomendações já apresentadas, ou outras tantas, sem que as anteriores tenham sido trabalhadas; estaremos garantindo a preservação das informações anteriores, sendo que registros devidamente organizados serão facilmente recuperados, o que propiciará estudos e pesquisas em fontes confiáveis, seguras, e não com base unicamente em recursos de história oral, que sem dúvida são valiosíssimos, mas precisam ser complementados com outras fontes.

Por acreditarmos na importância do produto dos 13 congressos para nossas comunidades de arquivo, tanto acadêmica quanto profissional, procuramos disponibilizar nosso material de pesquisa, já que esse conhecimento poderá ser de grande valia para o desenvolvimento de pesquisas acadêmico-científicas, bem como objeto de reivindicação para a melhoria da área.

Estas são algumas questões que apresento aos leitores para uma análise conjunta, unindo forças, e, longe de apontar falhas, para trabalhar em prol de uma reflexão apurada a fim de detectarmos os pontos frágeis que precisam ser revistos para traçarmos caminhos para um novo cenário da arquivologia, conectado com as necessidades e demandas do terceiro milênio.

Nosso objetivo foi o de esboçar um quadro que possa contribuir para uma análise da arquivologia brasileira nesse período, de preservar os registros da arquivologia no Brasil relativos aos 13 Congressos Brasileiros de Arquivologia, levantar informações e arrolar as respectivas fontes, de tal modo que possa servir de subsídio para outros estudos e pesquisas na área arquivística.

Fruto dessa viagem através do legado dos 13 CBA, esperamos que este livro, dirigido aos interessados e estudiosos da arquivologia, possa contribuir para a composição do cenário arquivístico nacional.

CONSIDERAÇÕES FINAIS

Vivemos numa época em que as chamadas artes divinatórias, oráculos, questões místicas e esotéricas emergem do inconsciente coletivo dos seres humanos, ocupando um espaço de reflexão entre diversos grupos sociais. Servindo-nos do contexto, aproveitamos para fazer uma rápida analogia desse período de 28 anos de congressos com o planeta Saturno, conhecido como o *Senhor do Tempo*. Ele leva de 28 a 30 anos para completar um ciclo no zodíaco, o que chamamos de trânsito planetário, período no qual as energias do planeta são potencializadas.

O planeta Saturno simboliza a paciência, a perseverança, a sabedoria, as aprendizagens lentas e profundas, ou seja, um fruto verde não tem sabor, é preciso que amadureça para ser colhido. E é nesse contexto que inserimos os 13 congressos que marcaram um período importante no desenvolvimento da área no século passado, preparando as bases da arquivologia para sua entrada no novo milênio, no século XXI, na Era de Aquário, mostrando toda sua capacidade de amadurecimento a partir das experiências vivenciadas, adquirindo mais profundidade para se integrar às novas realidades e serem cada vez mais aprimoradas em benefício de todos que acreditam no potencial do trabalho e na importância dos arquivos. Esse é o legado dos congressos. E cabe a nós, arquivistas, unidos, trabalharmos em prol desse crescimento, pois, seguramente, informações processadas adequadamente e disseminadas contribuirão para a transparência dos atos, bem como para o acesso a todos que delas necessitem.

Pretendeu-se com esta pesquisa contribuir para compor parte do quadro da história da arquivologia no Brasil, no qual, sem dúvida, a AAB está inserida.

Você tem que encontrar o que você gosta. E isso é verdade tanto para o seu trabalho quanto para seus companheiros. Seu trabalho vai ocupar uma grande parte da sua vida, e a única maneira de estar verdadeiramente satisfeito é fazendo aquilo que você acredita ser um ótimo trabalho. E a única maneira de fazer um ótimo trabalho é fazendo o que você ama fazer. Se você ainda não encontrou, continue procurando. Não se contente. Assim como com as coisas do coração, você saberá quando encontrar. E, como qualquer ótimo relacionamento, fica melhor e melhor com o passar dos anos. Então continue procurando e você vai encontrar. Não se contente.

Steve Jobs

REFERÊNCIAS

ANAIS DO I CONGRESSO BRASILEIRO DE ARQUIVOLOGIA. Brasília: Departamento de Imprensa Nacional, 1979.

ANAIS DO III CONGRESSO BRASILEIRO DE ARQUIVOLOGIA Brasília: Departamento de Imprensa Nacional, 1979.

ANAIS DO IV CONGRESSO BRASILEIRO DE ARQUIVOLOGIA. Rio de Janeiro: Edições Achiamé Ltda, 1982.

ANAIS DO X CONGRESSO BRASILEIRO DE ARQUIVOLOGIA. São Paulo: Associação dos Arquivistas Brasileiros – Núcleo Regional de São Paulo, 1998. 1 CD-Rom. Windows 95.

ALAGOAS (AL). Lei nº 4.116, de 17 de dezembro de 1979. Cria no Quadro de Cargos Permanentes do Serviço Civil do Poder Executivo as categorias funcionais que menciona.

ARQUIVO & ADMINISTRAÇÃO. Rio de Janeiro: Associação dos Arquivistas Brasileiros, v. 1, n. 0, 1972.

_____. Rio de Janeiro: Associação dos Arquivistas Brasileiros, v. 1, n.1, abr. 1973.

_____. Rio de Janeiro: Associação dos Arquivistas Brasileiros, v. 1, n. 2, set. 1973.

_____. Rio de Janeiro: Associação dos Arquivistas Brasileiros, v. 1, n. 3, dez. 1973.

_____. Rio de Janeiro: Associação dos Arquivistas Brasileiros, v. 2, n. 1, abr. 1974.

_____. Rio de Janeiro: Associação dos Arquivistas Brasileiros, v. 2, n. 2, ago. 1974.

_____. Rio de Janeiro: Associação dos Arquivistas Brasileiros, v. 2, n. 3, dez. 1974.

_____. Rio de Janeiro: Associação dos Arquivistas Brasileiros, v. 3, n. 1, abr. 1975.

_____. Rio de Janeiro: Associação dos Arquivistas Brasileiros, v. 3, n. 2, ago. 1975.

_____. Rio de Janeiro: Associação dos Arquivistas Brasileiros, v. 3, n. 3, dez. 1975.

_____. Rio de Janeiro: Associação dos Arquivistas Brasileiros, v. 4, n. 1, abr. 1976.

_____. Rio de Janeiro: Associação dos Arquivistas Brasileiros, v. 4, n. 2, ago. 1976.

_____. Rio de Janeiro: Associação dos Arquivistas Brasileiros, v. 4, n. 3, dez. 1976.

_____. Rio de Janeiro: Associação dos Arquivistas Brasileiros, v. 5, n. 1, abr. 1977.

_____. Rio de Janeiro: Associação dos Arquivistas Brasileiros, v. 5, n. 2, ago. 1977.

_____. Rio de Janeiro: Associação dos Arquivistas Brasileiros, v. 5, n. 3, dez. 1977.

_____. Rio de Janeiro: Associação dos Arquivistas Brasileiros, v. 6, n. 1, abr. 1978.

_____. Rio de Janeiro: Associação dos Arquivistas Brasileiros, v. 6, n. 2, ago. 1978.

_____. Rio de Janeiro: Associação dos Arquivistas Brasileiros, v. 6, n. 3, dez. 1978.

_____. Rio de Janeiro: Associação dos Arquivistas Brasileiros, v. 7, n. 1, abr. 1979.

REFERÊNCIAS

_____. Rio de Janeiro: Associação dos Arquivistas Brasileiros, v. 7, n. 2, ago. 1979.

_____. Rio de Janeiro: Associação dos Arquivistas Brasileiros, v. 7, n. 3, dez. 1979.

_____. Rio de Janeiro: Associação dos Arquivistas Brasileiros, v. 8, n. 1, abr. 1980.

_____. Rio de Janeiro: Associação dos Arquivistas Brasileiros, v. 8, n. 2, ago. 1980.

_____. Rio de Janeiro: Associação dos Arquivistas Brasileiros, v. 8, n. 3, dez. 1980.

_____. Rio de Janeiro: Associação dos Arquivistas Brasileiros, v. 9, n. 1, abr. 1981.

_____. Rio de Janeiro: Associação dos Arquivistas Brasileiros, v. 9, n. 2, ago. 1981.

_____. Rio de Janeiro: Associação dos Arquivistas Brasileiros, v. 9, n. especial, out. 1981.

_____. Rio de Janeiro: Associação dos Arquivistas Brasileiros, v. 9, n. 3, dez. 1981.

_____. Rio de Janeiro: Associação dos Arquivistas Brasileiros, v. 10-14, n. 1, abr. 1982 a dez. 1986.

_____. Rio de Janeiro: Associação dos Arquivistas Brasileiros, v. 10-14, n. 2, jul./dez. 1986.

_____. Rio de Janeiro: Associação dos Arquivistas Brasileiros, edição especial, jul. 1988.

_____. Rio de Janeiro: Associação dos Arquivistas Brasileiros, v. 15-23, n. 1, jan./dez. 1994.

_____. Rio de Janeiro: Associação dos Arquivistas Brasileiros, v. 1, n. 1, jan./jun. 1998.

_____. Rio de Janeiro: Associação dos Arquivistas Brasileiros, v. 1, n. 2, jul./dez. 1998.

_____. Rio de Janeiro: Associação dos Arquivistas Brasileiros, v. 2, n. 1/2, jan./dez. 1999.

ARQUIVO NACIONAL. *Acervo do Distrito Federal.* Disponível em: <http://www.arquivonacional.gov.br/cgi/cgilua.exe/sys/star.htm>. Acesso em: 20 mar. 2007.

_____. Cadastro Nacional de Arquivos Federais. v. 1, Rio de Janeiro e Brasília. Brasília: Presidência da República, 1990.

_____. *Boletim do Arquivo Nacional.* Rio de Janeiro: Ministério da Justiça, v. 1, n. 1, jul./set. 1984.

_____. *Boletim do Arquivo Nacional.* Rio de Janeiro: Ministério da Justiça, v. 2, n. 2, out/dez. 1984.

ASSOCIAÇÃO DOS ARQUIVISTAS BRASILEIROS. *Arquivologia:* textos e legislação. Rio de Janeiro: Associação dos Arquivistas Brasileiros, 1979.

_____. *Arquivologia II:* textos e legislação. Rio de Janeiro: Associação dos Arquivistas Brasileiros, 1982. p. 15-16.

_____. *Relatório anual de atividades:* exercício de 1997. Associação dos Arquivistas Brasileiros: Rio de Janeiro, 1997. 25p. cópia.

_____. *Relatório de atividades*: exercício de 1998 a março de 1999. Associação dos Arquivistas Brasileiros: Rio de Janeiro, 1999. 19p.

_____. *Relatório de atividades*: exercício de 2000. Associação dos Arquivistas Brasileiros: Rio de Janeiro, 2001. 22p.

ASSOCIAÇÃO DOS ARQUIVISTAS HOLANDESES. *Manual de arranjo e descrição de arquivos.* Trad. Manoel Adolpho Wanderley. 2. ed. Rio de Janeiro: Arquivo Nacional, 1973.

BOLETIM. Rio de Janeiro: Associação dos Arquivistas Brasileiros, v. 1, n. 1, jan./mar. 1991.

_____. Rio de Janeiro: Associação dos Arquivistas Brasileiros, v. 2, n. 1, jan./mar. 1992.

_____. Rio de Janeiro: Associação dos Arquivistas Brasileiros, v. 3, n. 1 abr./ maio/ jun., 1993.

REFERÊNCIAS

_____. Rio de Janeiro: Associação dos Arquivistas Brasileiros, v. 3, n. 2, jul./ ago./set., 1993.

_____. Rio de Janeiro: Associação dos Arquivistas Brasileiros, v. 3, n. 3, out./nov. dez., 1993.

_____. Rio de Janeiro: Associação dos Arquivistas Brasileiros, v. 4, n. 1, jan./fev./mar., 1994.

_____. Rio de Janeiro: Associação dos Arquivistas Brasileiros, v. 4, n. 2, abr./maio /jun., 1994.

_____. Rio de Janeiro: Associação dos Arquivistas Brasileiros, v. 4, n. 3, jul./ ago./set., 1994.

_____. Rio de Janeiro: Associação dos Arquivistas Brasileiros, v. 4, n. 4, out./nov./dez., 1994.

_____. Rio de Janeiro: Associação dos Arquivistas Brasileiros, v. 5, n. 1-4, jan./dez., 1995.

_____. Rio de Janeiro: Associação dos Arquivistas Brasileiros, v. 6, n. 1, jan./fev./mar., 1996.

_____. Rio de Janeiro: Associação dos Arquivistas Brasileiros, v. 6, n. 2, abr./maio/jun., 1996.

_____. Rio de Janeiro: Associação dos Arquivistas Brasileiros, v. 6, n. 3-4, jul./dez., 1996.

_____. Rio de Janeiro: Associação dos Arquivistas Brasileiros, v. 7, n. 1, jan./mar., 1997

_____. Rio de Janeiro: Associação dos Arquivistas Brasileiros, v. 7, n. 2, abr./maio/jun., 1997.

_____. Rio de Janeiro: Associação dos Arquivistas Brasileiros, v. 7, n. 3, jul./ ago./set., 1997.

_____. Rio de Janeiro: Associação dos Arquivistas Brasileiros, v. 7, n. 4, out./dez., 1997.

_____. Rio de Janeiro: Associação dos Arquivistas Brasileiros, v. 8, n. 1, jan./abr., 1998.

_____. Rio de Janeiro: Associação dos Arquivistas Brasileiros, v. 8, n. 2, maio/ago., 1998.

_____. Rio de Janeiro: Associação dos Arquivistas Brasileiros, v. 8, n. 3, set./dez., 1998.

_____. Rio de Janeiro: Associação dos Arquivistas Brasileiros, v. 9, n. 1, jan./abr., 1999.

_____. Rio de Janeiro: Associação dos Arquivistas Brasileiros, v. 9, n. 2, maio/ago., 1999.

_____. Rio de Janeiro: Associação dos Arquivistas Brasileiros, v. 9, n. 3, set./dez., 1999.

_____. Rio de Janeiro: Associação dos Arquivistas Brasileiros, v. 10, n. 1, jan./abr., 2000.

_____. Rio de Janeiro: Associação dos Arquivistas Brasileiros, v. 10, n. 2, maio/ago., 2000.

_____. Rio de Janeiro: Associação dos Arquivistas Brasileiros, v. 10, n. 3, set./dez., 2000.

BOTTINO, Mariza. A história da primeira agremiação estudantil do curso de arquivologia. *Jornal Inspiração Miscelânea,* n. 5, mar. 2001a. Disponível em: <www.inspiracaomiscelanea.tk>. Acesso em: ago. 2011.

_____. Arquivos universitários: repertório bibliográfico preliminar. *Arquivo & Administração.* Rio de Janeiro: Associação dos Arquivistas Brasileiros, v. 1, n. 2, p. 57-79, jul./dez. 1998a.

_____. Formação do arquivista no Brasil. *Arquivo & Administração.* Rio de Janeiro: Associação dos Arquivistas Brasileiros. v. 15-23, jan./dez. 1994.

_____. *Readings on College and University Archives:* An Annotated Bibliography. S.l.: ICA-SUV, 1996a. V.3. Disponível em: <www.library.illinois.edu/ica-suv/biblivol3.php>. Acesso em: 5 set. 2011.

_____. *Relatório anual de atividades:* exercício de 1997. Rio de Janeiro: AAB, 1998b.

REFERÊNCIAS

_____. *Relatório de atividades*: exercício de 1998 a março de 1999. Rio de Janeiro: AAB, 1999.

_____. *Relatório de atividades*: exercício de 1999. Rio de Janeiro: AAB, 2000.

_____. *Relatório de atividades*: exercício de 2000. Rio de Janeiro: AAB, 2001b.

_____. *Relatório do 4º Seminário de Arquivos Universitários*. Acervo AAB: Rio de Janeiro, 1996b.

_____. Um grito de alerta. *Boletim*. Rio de Janeiro: Associação dos Arquivistas Brasileiros, v. 1, n. 1, jan./mar. 1991.

BRASIL. Constituição [1824]. *Constituição Politica do Imperio do Brasil, de 25 de março de 1824*. Disponível em: <http://www.planalto.gov.br/ccivil_03/constituicao/constitui%C3%A7ao24.htm>. Acesso em: mar. 2012.

_____. Decreto nº 15.596, de 2 de agosto de 1922. Cria o Museu Histórico Nacional e aprova o seu regulamento. Disponível em: <http://www6.senado.gov.br/legislacao/ListaNormas.action?numero=15596&tipo_norma=DEC&data=19220802&link=s> Acesso em: jan. 2012.

_____. Decreto nº 79. 329, de 2 de março de 1977. Transfere à Federação das Escolas Federais Isoladas do Estado do Rio de Janeiro (Fefierj), o Curso Permanente de Arquivo, do Arquivo Nacional do Ministério da Justiça, com a denominação de Curso de Arquivologia e dá outras providências. Disponível em: <http://www6.senado.gov.br/legislacao/ListaNormas.action?numero=79329&tipo_norma=DEC&data=19770302&link=s>. Acesso em: mar. 2012.

_____. Decreto nº 82.308, de 25 de setembro de 1978. Institui o Sistema Nacional de Arquivo (Sinar). Revogado pelo Decreto nº 1.173, de 29 de junho de 1994. Disponível em: <http://www.planalto.gov.br/ccivil _03/decreto/1970-1979/D82308.htm>. Acesso em: mar. 2012.

_____. Decreto nº 1.173, de 29 de junho de 1994. Dispõe sobre a competência, organização e funcionamento do Conselho Nacional de Arquivos (Conarq) e do Sistema Nacional de Arquivos (Sinar) e dá outras providências. Revogado pelo Decreto nº 4.073, de 3 de janeiro de 2002. Disponível em: <http://www.planalto.gov.br/ccivil_03/decreto/D1173.htm>. Acesso em: mar. 2012.

_____. Decreto nº 1.799, de 30 de janeiro de 1996. Regulamenta a Lei nº 5.433, de 8 de maio de 1968, que regula a microfilmagem de documentos oficiais, e dá outras providências. Disponível em: <https://www.planalto.gov.br/ccivil_03/decreto/antigos/d1799.htm>. Acesso em: jan. 2012.

_____. Decreto nº 4.073, de 3 de janeiro de 2002. Regulamenta a Lei nº 8.159, de 8 de janeiro de 1991, que dispõe sobre a política nacional de arquivos públicos e privados. Disponível em: <http://www.planalto.gov.br/ccivil_03/decreto/2002/D4073.htm>. Acesso em: mar. 2012.

_____. Lei nº 5.433, de 8 de maio de 1968. Regula a microfilmagem de documentos oficiais e dá outras providências. Disponível em: <https://www.planalto.gov.br/ccivil_03/leis/l5433.htm>. Acesso em: jan. 2012.

_____. Lei nº 5.869, de 11 de janeiro de 1973. Institui o Código de Processo Civil. Disponível em: < http://www.planalto.gov.br/ccivil_03/Leis/L5869.htm>. Acesso em: mar. 2012.

_____. Lei nº 6.246, de 7 de outubro de 1975. Suspende a vigência do art. 1.215 do Código de Processo Civil. Disponível em: <http://www.planalto.gov.br/ccivil_03/Leis/L6246.htm>. Acesso em: mar. 2012.

_____. Lei nº 6.546, de 4 de julho de 1978. Dispõe sobre a regulamentação das profissões de Arquivista e de Técnico de Arquivo, e dá outras providências. Disponível em: <http://www6.senado.gov.br/legislacao/ListaNormas.action?numero=6546&tipo_norma=LEI&data=19780704&link=s>. Acesso em: jan. 2012.

_____. Lei nº 8.159, de 8 de janeiro de 1991. Dispõe sobre a política nacional de arquivos públicos e privados e dá outras providências. Disponível em: <https://www.planalto.gov.br/ccivil_03/leis/l8159.htm>. Acesso em: jan. 2012.

REFERÊNCIAS

_____. Decreto nº 1.461, de 25 de abril de 1995. Altera os arts. 3º e 7º do Decreto nº 1.173, de 29 de junho de 1994, que dispõe sobre a competência, organização e funcionamento do Conselho Nacional de Arquivos (Conarq) e do Sistema Nacional de Arquivos (Sinar). Revogado pelo Decreto nº 4.073, de 3 de janeiro de 2002. Disponível em: <https://www.planalto.gov.br/ccivil_03/decreto/d1461.htm>. Acesso em: mar. 2012.

_____. Decreto nº 4.915, de 12 de dezembro de 2003. Dispõe sobre o Sistema de Gestão de Documentos de Arquivo – Siga, da administração pública federal, e dá outras providências. Disponível em: <https://www.planalto.gov.br/ccivil_03/decreto/2003/D4915.htm>. Acesso em: mar. 2012.

_____. Decreto nº 82.590, de 6 de novembro de 1978. Regulamenta a Lei nº 6.546, de 4 de julho de 1978, que dispõe sobre a regulamentação das profissões de Arquivista e de técnico de Arquivo. Disponível em: <https://www.planalto.gov.br/ccivil_03/decreto/1970-1979/d82590.htm>. Acesso em: mar. 2012.

_____. Lei nº 9.507, de 12 de novembro de 1997. Regula o direito de acesso a informações e disciplina o rito processual do *habeas data*. Disponível em: <https://www.planalto.gov.br/ccivil_03/leis/l9507.htm>. Acesso em: mar. 2012.

_____. Lei nº 9.394, de 20 de dezembro de 1996. Estabelece as diretrizes e bases da educação nacional. Disponível em: <https://www.planalto.gov.br/ccivil_03/Leis/L9394.htm>. Acesso em: mar. 2012.

_____. Lei nº 11.111, de 5 de maio de 2005. Regulamenta a parte final do disposto no inciso XXXIII do caput do art. 5º da Constituição Federal e dá outras providências. Revogada pela Lei nº 12.527, de 2011. Disponível em: <https://www.planalto.gov.br/ccivil_03/_Ato2004-2006/2005/Lei/L11111.htm>. Acesso em: jan. 2012.

_____. Lei nº 11.419, de 19 de dezembro de 2006. Dispõe sobre a informatização do processo judicial; altera a Lei nº 5.869, de 11 de janeiro de

1973 – Código de Processo Civil. Disponível em: <https://www.planalto. gov.br/ccivil_03/_ato2004-2006/2006/lei/l11419.htm>. Acesso em: mar. 2012.

_____. Lei nº 12.527, de 18 de novembro de 2011. Regula o acesso a informações previsto no inciso XXXIII do art. 5º, no inciso II do § 3º do art. 37 e no § 2º do art. 216 da Constituição Federal; altera a Lei nº 8.112, de 11 de dezembro de 1990; revoga a Lei nº 11.111, de 5 de maio de 2005, e dispositivos da Lei nº 8.159, de 8 de janeiro de 1991; e dá outras providências. Disponível em: <https://www.planalto.gov.br/ccivil_03/_ato2011-2014/2011/lei/l12527.htm>. Acesso em: mar. 2012.

CADERNO DE RESUMOS DO X CONGRESSO BRASILEIRO DE ARQUIVOLOGIA. São Paulo: Associação dos Arquivistas Brasileiros – Núcleo Regional de São Paulo, 1994. 28p.

CADERNO DE RESUMOS DO XIII CONGRESSO BRASILEIRO DE ARQUIVOLOGIA. Salvador: AAB, 2000. 49p.

CÂMARA DE ENSINO SUPERIOR. Parecer C.E.Su. nº 212/72, de 7 de março de 1972. Aprova a criação da Escola Superior de Arquivo. *Arquivologia: textos e legislação*. Rio de Janeiro: Associação dos Arquivistas Brasileiros, 1979. p. 6-9.

CARDOSO, Paulino Lemos de S. Editorial. *Arquivo & Administração*, Rio de Janeiro: AAB, v. 5, n. 1, jan./jun. 2006.

CASTRO, Astrea de Moraes e. *Arquivo no Brasil e na Europa*. Rio de Janeiro: Arquivo Nacional, 1973.

CONSELHO FEDERAL DE EDUCAÇÃO (DF). Parecer nº 249/72, de 8 de março de 1972. Aprova Arquivística como habilitação profissional no Ensino de 2º Grau. In: *Arquivologia: textos e legislação*. Rio de Janeiro: Associação dos Arquivistas Brasileiros, 1979b. p. 10-14.

_____. Resolução nº 28, de 13 de maio de 1974. Fixa os mínimos de conteúdo e duração do Curso de Arquivologia. In: *Arquivologia*: textos e legis-

REFERÊNCIAS

lação. Rio de Janeiro: Associação dos Arquivistas Brasileiros, 1979a. p. 15-16.

_____. Resolução CFM nº 1.331/89, de 21 de setembro de 1989. Disponível em: <http://www.aab.org.br/index.php?option=com_content&view =article&id=123%3Aresolucoes&catid=30%3Asobre-a-aag&Itemid=68 #cons_fed_med>. Acesso em: mar. 2011.

CONSELHO FEDERAL DE MEDICINA (DF). Resolução CFM nº 1.639/2002, de 21 de setembro de 1989 de Aprova as "Normas Técnicas para o Uso de Sistemas Informatizados para a Guarda e Manuseio do Prontuário Médico", dispõe sobre tempo de guarda dos prontuários, estabelece critérios para certificação dos sistemas de informação e dá outras providências. Revogada pela Resolução CFM nº 1.821 de 11 de julho de 2007. Disponível em: <http://www.conarq.arquivonacional.gov.br/cgi/ cgilua.exe/sys/start.htm?infoid=156&sid=55>. Acesso em: jan. 2011.

CONSELHO DA JUSTIÇA FEDERAL. Resolução nº 23, de 19 de setembro de 2008. Estabelece a Consolidação Normativa do Programa de Gestão Documental da Justiça Federal de 1º e 2º graus. Disponível em: <http://daleth2.cjf.jus.br/download/res023-2008.pdf>. Acesso em: jan. 2011.

CONSELHO NACIONAL DE ARQUIVOS. Resolução nº 1, de 18 de outubro de 1995. Dispõe sobre a necessidade da adoção de planos e/ou códigos de classificação de documentos nos arquivos correntes, que considerem a natureza dos assuntos resultantes de suas atividades e funções. Disponível em: <http://www.aab.org.br/index.php?option =com_content&view=article&id=125%3Aresolucoes-do-conarq&catid= 30%3Asobre-a-aag&Itemid=68#res_4 >. Acesso em: mar. 2011.

_____. Resolução nº 4, de 28 de março de 1996. Dispõe sobre o Código de Classificação de Documentos de Arquivo para a Administração Pública: Atividades-meio, a ser adotado como um modelo para os arquivos correntes dos órgãos e entidades integrantes do Sistema Nacional de

Arquivos (Sinar), e aprova os prazos de guarda e a destinação de documentos estabelecidos na Tabela Básica de Temporalidade e Destinação de Documentos de Arquivo Relativos às Atividades-Meio da Administração Pública. Disponível em: <http://www.aab.org.br/index.php?option=com_content&view=article&id=125%3Aresolucoes-do-conarq&catid=30%3Asobre-a-aag&Itemid=68#res_4>. Acesso em: mar. 2011.

_____. Resolução nº 12, de 7 de dezembro de 1999. Dispõe sobre os procedimentos relativos à declaração de interesse público e social de arquivos privados de pessoas físicas ou jurídicas que contenham documentos relevantes para a história, a cultura e o desenvolvimento nacional. Disponível em: <http://www.aab.org.br/index.php?option=com_content&view=article&id=125%3Aresolucoes-do-conarq&catid=30%3Asobre-a-aag&Itemid=68#res_4>. Acesso em: mar. 2011.

_____. Resolução nº 13, de 9 de fevereiro de 2001. Dispõe sobre a implantação de uma política municipal de arquivos, sobre a construção de arquivos e de websites de instituições arquivísticas. Disponível em: <http://www.conarq.arquivonacional.gov.br/cgi/cgilua.exe/sys/start.htm?from_info_index=11&infoid=64&sid=46>. Acesso em: jan. 2011.

_____. Resolução nº 14, de 24 de outubro de 2001. Aprova a versão revisada e ampliada da Resolução nº 4, de 28 de março de 1996, que dispõe sobre o Código de Classificação de Documentos de Arquivo para a Administração Pública: Atividades-Meio, a ser adotado como modelo para os arquivos correntes dos órgãos e entidades integrantes do Sistema Nacional de Arquivos (Sinar), e os prazos de guarda e a destinação de documentos estabelecidos na Tabela Básica de Temporalidade e Destinação de Documentos de Arquivo Relativos as Atividades-Meio da Administração Pública. Disponível em: <http://www.conarq.arquivonacional.gov.br/cgi/cgilua.exe/sys/start.htm? from_info_index=11&infoid=65&sid=46>. Acesso em: jan. 2011.

_____. Resolução nº 17, de 25 de julho de 2003. Dispõe sobre os procedimentos relativos à declaração de interesse público e social de arquivos privados de pessoas físicas ou jurídicas que contenham documentos relevantes para a história, a cultura e o desenvolvimento nacional. Disponível em: <http://www.conarq.arquivonacional.gov.br/cgi/cgilua.exe/sys/start.htm?from_info_index=11&infoid=68&sid=46>. Acesso em: jan. 2011.

_____. Resolução nº 20, de 16 de julho de 2004. Dispõe sobre a inserção dos documentos digitais em programas de gestão arquivística de documentos dos órgãos e entidades integrantes do Sistema Nacional de Arquivos. Disponível em: <http://www.conarq.arquivonacional.gov.br/cgi/cgilua.exe/sys/start.htm?from_info_index=11&infoid=71&sid=46>. Acesso em: jan. 2011.

_____. Resolução nº 22, de 30 de junho de 2005. Dispõe sobre as diretrizes para a avaliação de documentos em instituições de saúde. Disponível em: <http://www.conarq.arquivonacional.gov.br/cgi/cgilua.exe/sys/start.htm?from_info_index=21&infoid=73&sid=46>. Acesso em: jan. 2011.

_____. Resolução nº 25, de 27 de abril de 2007. Dispõe sobre a adoção do Modelo de Requisitos para Sistemas Informatizados de Gestão Arquivística de Documentos — e-ARQ Brasil pelos órgãos e entidades integrantes do Sistema Nacional de Arquivos (Sinar). Disponível em: <http://www.conarq.arquivonacional.gov.br/cgi/cgilua.exe/sys/start.htm?from_info_index=21&infoid=206&sid=46>. Acesso em: jan. 2011.

_____. Resolução nº 26, de 6 de maio de 2008. Estabelece diretrizes básicas de gestão de documentos a serem adotadas nos arquivos do Poder Judiciário. Disponível em: <http://www.conarq.arquivonacional.gov.br/cgi/cgilua.exe/sys/start.htm?from_info_index=21&infoid=232&sid=46>. Acesso em: jan. 2011.

_____. Resolução nº 30, de 23 de dezembro de 2009. Altera a Resolução nº 26 de 6 de maio de 2008, que estabelece diretrizes básicas de gestão de documentos a serem adotadas nos arquivos do Poder Judiciário. Disponível em: <http://www.conarq.arquivonacional.gov.br/cgi/cgilua.exe/sys/start.htm?from_info_index=21&infoid=466&sid=46>. Acesso em: jan. 2011.

COSTA E SOUZA, Lourdes; PAES, Marilena Leite. I Congresso Brasileiro de Arquivologia. *Arquivo & Administração.* Rio de Janeiro: Associação dos Arquivistas Brasileiros, v. 1, n. 1, abr. 1973.

COUTURE, Carol; DUCHARME, Jacques; ROUSSEAU, Jean-Yves. L'archivistique a-t-elle trouvé son identité? *Argus,* Montreal, v. 17, n. 2, 1988.

DE BRANCHE, Henri Boullier. *Relatório sobre o Arquivo Nacional do Brasil.* 2.ed. Rio de Janeiro: Arquivo Nacional, 1975.

ESPÍRITO SANTO. Lei nº 3.439, de 3 de dezembro de 1981. *Arquivologia II:* textos e legislação. Rio de Janeiro: Associação dos Arquivistas Brasileiros, 1982. p. 19.

_____ . Decreto nº 2.270E, de 24 de novembro de 1981. Institui o Sistema Estadual de Arquivos e Comunicações Administrativas (Siac). *Arquivologia II:* textos e legislação. Rio de Janeiro: Associação dos Arquivistas Brasileiros, 1982. p. 35-38.

ESPOSEL, Jose Pedro. A propósito do Sistema Nacional de Arquivos. *Arquivo & Administração.* Rio de Janeiro: Associação dos Arquivistas Brasileiros, v. 5, n. 1, abr. 1977.

FERREIRA, Myrtes da Silva. Cursos do Arquivo Nacional. *Arquivo & Administração.* Rio de Janeiro: Associação dos Arquivistas Brasileiros, v. 1, n. 1, abr. 1973.

FÓRUM NACIONAL DE DIRETORES DE ARQUIVOS PÚBLICOS ESTADUAIS, 1992, Santa Maria. *Moções e recomendações.* Acervo da AAB: Rio de Janeiro, 1992. xerox. 1p.

INFORMATIVO. Rio de Janeiro: Associação dos Arquivistas Brasileiros, dez. 1990.

MALCHER, Lia Temporal. Relatório anual da AAB: exercício 1993. *Boletim.* Rio de Janeiro: Associação dos Arquivistas Brasileiros, v. 4, n. 1, jul./ ago./set. 1994.

_____. Relatório anual: exercício 1996. *Boletim.* Rio de Janeiro: Associação dos Arquivistas Brasileiros, v. 7, n. 1, jan./mar. 1997.

MENSÁRIO DO ARQUIVO NACIONAL. Rio de Janeiro: Arquivo Nacional, v. 6, n. 8, 1975.

_____. Rio de Janeiro: Arquivo Nacional, v. 7, n. 11, 1976.

_____. Rio de Janeiro: Arquivo Nacional, v. 11, n. 9, 1980.

_____. *Informe final do Colóquio sobre a profissão dos arquivistas latino-americanos.* Rio de Janeiro: Arquivo Nacional, v. 11, n. 9, 1980. p. 40-42.

_____. Rio de Janeiro: Arquivo Nacional, v. 12, n. 5, 1981.

_____. *Colóquio sobre a formação de arquivistas na América Latina.* Rio de Janeiro: Arquivo Nacional, v. 12, n. 5, 1981.

_____. Rio de Janeiro: Arquivo Nacional, v. 12, n. 9, 1981.

MESA-REDONDA NACIONAL DE ARQUIVOS. *Caderno de textos.* Rio de Janeiro: Conselho Nacional de Arquivos, 1999.

_____. *Documento final.* Rio de Janeiro: Conselho Nacional de Arquivos, 1999.

MOÇÕES. In: CONGRESSO BRASILEIRO DE ARQUIVOLOGIA, 1. Rio de Janeiro, 1972. *Anais...* Brasília: Departamento de Imprensa Nacional, 1979. p. 563.

MOÇÕES DO ENCONTRO DE ESTUDANTES DE ARQUIVOLOGIA. Rio de Janeiro: AAB, 1982. 2p.

MOÇÕES DO VII CONGRESSO BRASILEIRO DE ARQUIVOLOGIA. Rio de Janeiro: AAB, 1988. 1p.

MOÇÕES DO XVI CONGRESSO BRASILEIRO DE ARQUIVOLOGIA – 2010. *Boletim.* Rio de Janeiro: AAB, v. 19, n. 1, jan./dez. 2010. Disponível em:

<http://www.aab.org.br/images/stories/boletim_2010.pdf>. Acesso em: 3 mar. 2012.

MOÇÕES DO XVII CONGRESSO BRASILEIRO DE ARQUIVOLOGIA – 2012. Disponível em: <http://www.aab.org.br/index.php?option=com_content&view=article&id=386%3Amocoes&catid=40%3Adestaques>. Acesso em: ago. 2012.

MOÇÕES E RECOMENDAÇÕES. In: CONGRESSO BRASILEIRO DE ARQUIVOLOGIA, 3. Rio de Janeiro, 1976. *Anais...* Brasília: Departamento de Imprensa Nacional, 1979. p. 891-893.

MOÇÕES E RECOMENDAÇÕES DO IX CONGRESSO BRASILEIRO DE ARQUIVOLOGIA. Rio de Janeiro: Associação dos Arquivistas Brasileiros – Núcleo Regional do Rio Grande do Sul, 1992. 2 p.

MOÇÕES E RECOMENDAÇÕES DO X CONGRESSO BRASILEIRO DE ARQUIVOLOGIA. *Boletim,* Rio de Janeiro, AAB, v. 4, n. 4, out./dez. 1994.

MOÇÕES E RECOMENDAÇÕES DO XI CONGRESSO BRASILEIRO DE ARQUIVOLOGIA. *Boletim,* Rio de Janeiro, AAB, v. 6, n. 3-4, jul./dez. 1996.

MORAES, Marly Castilho de. *Astrologia:* planetas/influências. 2010. (Apostila). p.22.

PAES, Marilena Leite. A formação dos profissionais de arquivo. *Arquivo & Administração.* Rio de Janeiro: AAB, v. 9, n. 2, 1981.

PARÁ (PA). Decreto nº 10.685, de 3 de julho de 1978. Cria o Sistema de Informações Administrativas (Sinad). *Arquivologia:* textos e legislação. Rio de Janeiro: Associação dos Arquivistas Brasileiros, 1979. p. 44-47.

PROGRAMA OFICIAL, RESUMO DOS TRABALHOS, REGIMENTO E REGULAMENTOS. In: CONGRESSO BRASILEIRO DE ARQUIVOLOGIA, 3. Rio de Janeiro, 1976. *Anais...* Rio de Janeiro: FGV, 1976. 65p.

PROGRAMA OFICIAL. In: CONGRESSO BRASILEIRO DE ARQUIVOLOGIA, 4. Rio de Janeiro, 1979. *Anais...*Rio de Janeiro: FGV, 1979. 115p.

PROGRAMA OFICIAL, RESUMO DOS TRABALHOS. In: CONGRESSO BRA-SILEIRO DE ARQUIVOLOGIA, 5. Rio de Janeiro, 1982. *Anais...* São Paulo: Cenadem, 1982. 151p.

PROGRAMA OFICIAL. In: CONGRESSO BRASILEIRO DE ARQUIVOLOGIA, 6. Rio de Janeiro, 1986. *Anais...* São Paulo: Cenadem, 1986. 70p.

PROGRAMA OFICIAL DO VII CONGRESSO BRASILEIRO DE ARQUIVOLOGIA. Brasília: Associação dos Arquivistas Brasileiros, 1988. 60p.

PROGRAMA OFICIAL DO VIII CONGRESSO BRASILEIRO DE ARQUIVOLO-GIA. Salvador: Associação dos Arquivistas Brasileiros – Núcleo Regional da Bahia, 1990. 24p.

PROGRAMA OFICIAL, RESUMO DOS TRABALHOS. In: CONGRESSO BRASI-LEIRO DE ARQUIVOLOGIA, 9. Santa Maria, 1992. *Anais...* Santa Maria: Associação dos Arquivistas Brasileiros – Núcleo Regional do Rio Grande do Sul, 1992. 80p.

PROGRAMA OFICIAL DO X CONGRESSO BRASILEIRO DE ARQUIVOLOGIA. São Paulo: Associação dos Arquivistas Brasileiros – Núcleo Regional de São Paulo, 1994. 27p.

PROGRAMA OFICIAL DO XI CONGRESSO BRASILEIRO DE ARQUIVOLOGIA. Rio de Janeiro: Associação dos Arquivistas Brasileiros, 1996. 24p.

PROGRAMA OFICIAL DO XII CONGRESSO BRASILEIRO DE ARQUIVOLOGIA. Paraíba: Associação dos Arquivistas Brasileiros – Núcleo Regional da Paraíba, 1998. 8p.

PROGRAMA OFICIAL DO XIII CONGRESSO BRASILEIRO DE ARQUIVOLO-GIA. Salvador: AAB, 2000. 22p.

RECOMENDAÇÕES. In: CONGRESSO BRASILEIRO DE ARQUIVOLOGIA, 1. Rio de Janeiro, 1972. *Anais...* Brasília: Departamento de Imprensa Nacional, 1979. p. 561-562.

RECOMENDAÇÕES DO FÓRUM NACIONAL DE DIRIGENTES DE ARQUIVOS MUNICIPAIS. *Boletim*, Rio de Janeiro: AAB, v. 6, n. 3-4, jul./dez. 1996.

RECOMENDAÇÕES DO II CONGRESSO BRASILEIRO DE ARQUIVOLOGIA. In: ASSOCIAÇÃO DOS ARQUIVISTAS BRASILEIROS. *Arquivologia II:* textos e legislação. Rio de Janeiro: Associação dos Arquivistas Brasileiros, 1982. p. 41-42.

RECOMENDAÇÕES DO V CONGRESSO BRASILEIRO DE ARQUIVOLOGIA. Rio de Janeiro: AAB, 1982. 2p.

RECOMENDAÇÕES DO VI CONGRESSO BRASILEIRO DE ARQUIVOLOGIA. Rio de Janeiro: AAB, 1986. 4p.

RECOMENDAÇÕES DO VII CONGRESSO BRASILEIRO DE ARQUIVOLOGIA. Rio de Janeiro: AAB, 1988. 2p.

RECOMENDAÇÕES DO XII CONGRESSO BRASILEIRO DE ARQUIVOLOGIA. *Boletim*, Rio de Janeiro, AAB, v. 8, n. 3, set./dez. 1998.

RECOMENDAÇÕES DO XIV CONGRESSO BRASILEIRO DE ARQUIVOLOGIA – 2006. *Boletim*, AAB, v. 15, n. 1, jan./jun. 2006. Disponível em: <pt.scrib.com/doc/60064339/Arquivologia-Nos-Tempos-de–Hoje>. Acesso em: 3 mar. 2012.

RECOMENDAÇÕES DO XV CONGRESSO BRASILEIRO DE ARQUIVOLOGIA – 2008. *Boletim*, AAB, v. 17, n. 1, jan./dez. Disponível em: <http://www.aab.org.br/images/stories/boletim2008.pdf>. Acesso em: 3 mar. 2012.

RECOMENDAÇÕES E MOÇÃO DO XIII CONGRESSO BRASILEIRO DE ARQUI-VOLOGIA. *Boletim*, Rio de Janeiro, AAB, v. 10, n. 3, set./dez. 2000.

RESUMO DOS TRABALHOS. In: CONGRESSO BRASILEIRO DE ARQUIVOLO-GIA, 7. Brasília, 1988. *Anais...* Brasília: AAB, 1988. 96p.

REUNIÃO DE COORDENADORES DOS NÚCLEOS REGIONAIS DO PLANO NA-CIONAL DE MICROFILMAGEM DE PERIÓDICOS BRASILEIROS, 1., 1982, Rio Janeiro. *Moções*. Acervo da AAB: Rio de Janeiro, xerox. 3p.

RIO DE JANEIRO. Decreto nº 2.496, de 11 de fevereiro de 1980. Altera os anexos que menciona a Lei nº 95, de 14 de março de 1979, e dá outras providências. *Arquivologia II:* textos e legislação. Rio de Janeiro: Asso-ciação dos Arquivistas Brasileiros, 1982. p. 17-18.

RIO GRANDE DO NORTE. Decreto nº 7.394, de 18 de maio de 1978. Institui o Sistema Estadual de Arquivo. *Arquivologia*: textos e legislação. Rio de Janeiro: Associação dos Arquivistas Brasileiros, 1979. p. 40-43.

RODRIGUES, José Honório. Nota liminar. In: SCHELLENBERG, T. R. *Manual de arquivos*. Rio de Janeiro: Arquivo Nacional, 1959.

SCHELLENBERG, T. R. *Manual de arquivos*. Rio de Janeiro: Arquivo Nacional, 1959.

SEMINÁRIO DE FONTES DE HISTÓRIA DO BRASIL, 1., 1976, Rio de Janeiro. Moções. *Anais...* Rio de Janeiro: Edições Achiamé Ltda, 1982, p. 895-896.

SEMINÁRIO DE FONTES PRIMÁRIAS DE HISTÓRIA DO BRASIL, 2., 1979, Rio de Janeiro. Moções. *Anais...* Rio de Janeiro: Achiamé, 1982. p. 521.

SEMINÁRIO DE FONTES PRIMÁRIAS PARA A HISTÓRIA DO BRASIL, 3., 1982. *Moções.* Acervo da AAB: Rio de Janeiro, 1982. xerox. 2p.

SEMINÁRIO O ARQUIVO MÉDICO NO CONTEXTO HOSPITALAR, 1979, Rio de Janeiro. Recomendações. *Anais...* Rio de Janeiro: Achiamé, 1982. p. 523.

SEMINÁRIO BRASILEIRO DE PRESERVAÇÃO E RESTAURAÇÃO DE DOCUMENTOS, 2., 1979, Rio de Janeiro. Recomendações. Rio de Janeiro: Achiamé, 1982. p. 525.

SEMINÁRIO DE CONSERVAÇÃO DE DOCUMENTOS, 1982, Rio de Janeiro. *Moções.* Rio de Janeiro: Acervo da AAB, 1982. xerox. 2p.

SEMINÁRIO SOBRE SISTEMAS E TECNOLOGIA DE MICROFILMAGEM, 1982, Rio de Janeiro. *Moções.* Acervo da AAB: Rio de Janeiro, 1982. xerox. 2p.

SERGIPE. Decreto nº 4.507, de 19 de novembro de 1979. Regulamenta a Lei nº 2.202, de 20 de dezembro de 1978, que instituiu o Sistema Estadual de Arquivo, e dá outras providências. *Arquivologia II*: textos e legislação. Rio de Janeiro: Associação dos Arquivistas Brasileiros, 1982. p. 24-34.

SILVA, Sérgio Conde de Albite; BOTTINO, Mariza. Conhecimento científico e formação humanística na graduação em arquivologia: uma (re)visão curricular. In: SILVA, Sérgio Conde de Albite. *Repensando a arquivística contemporânea*. Rio de Janeiro: Fundação Casa de Rui Barbosa, 2004.

SOBRIÑO PORTO, Vicente. Currículo mínimo do curso superior de arquivo. *Arquivo & Administração*. Rio de Janeiro: Associação dos Arquivistas Brasileiros, v. 2, n. 1, abr. 1974.

TANODI, Aurélio. *Manual de archivologia hispanoamericana:* teorias y principios. Córdoba: Universidad Nacional de Córdoba, 1961.

TAKAHASHI, Tadao (org.). *Sociedade da informação no Brasil:* livro verde: Brasília: Ministério da Ciência e Tecnologia, 2000.

UNIVERSIDADE FEDERAL DO ESTADO DO RIO DE JANERIO. *Relatório de atividades: 1998*. Rio de Janeiro: Unirio, 1999.

UNIVERSIDADE FEDERAL DO ESTADO DO RIO DE JANERIO. *Relatório de atividades: 1999*. Rio de Janeiro: Unirio, 2000.

VIEIRA, Regina Alves. Editorial. *Arquivo & Administração*. Rio de Janeiro: Associação dos Arquivistas Brasileiros, v. 8, n. 1, p. 1, abr. 1980.

ANEXOS

ANEXO A
RECOMENDAÇÕES DO XIV CONGRESSO BRASILEIRO DE
ARQUIVOLOGIA - **2006**

1. Que seja aprovada a proposta de nova Tabela de Áreas do conhecimento CNPq/Capes/Finep, na qual a Arquivologia é considerada área de conhecimento, com suas respectivas subáreas;
2. Que o Congresso Brasileiro de Arquivologia volte a ser realizado de dois em dois anos;
3. Que o formato organizacional e científico adotado no XIV Congresso Brasileiro de Arquivologia seja mantido em suas próximas edições;
4. Que sejam ampliados os esforços para assegurar a maior participação de alunos dos cursos de Arquivologia nas futuras edições do Congresso Brasileiro de Arquivologia;
5. Que seja analisada a proposta encaminhada pela professora Clara Kurt, presidente da Associação Estadual dos Arquivistas do Rio Grande do Sul, de que o XV Congresso Brasileiro de Arquivologia e o III Congresso Nacional de Arquivologia sejam realizados no mesmo período e mesmo local;
6. Que seja realizado com o apoio da Associação dos Arquivistas Brasileiros o II Congresso Internacional de Arquivos de Arquitetura, na cidade do Rio de Janeiro, em 2007;
7. Que seja realizada em 2006 a II Mesa-Redonda Nacional de Arquivos, no âmbito do Conarq/NA para aprofundar o debate sobre a política nacional de arquivos;

8. Que o XV Congresso Brasileiro de Arquivologia seja realizado na cidade de Goiânia conforme proposta apresentada publicamente por representantes das universidades Católica e Federal do estado de Goiás [*Boletim*, jan./jun. 2006. Disponível em: <pt.scrib.com/doc/60064339/Arquivologia-Nos-Tempos-de–Hoje>. Acesso em: 3 mar. 2012].

ANEXO B
RECOMENDAÇÕES DO XV CONGRESSO BRASILEIRO DE ARQUIVOLOGIA - **2008**

1. Que no XVI Congresso Brasileiro de Arquivologia e subsequentes sejam verificadas as recomendações do congresso imediatamente anterior.
2. Que seja elaborado um documento sobre a política nacional de arquivos, expressando-a como uma política de Estado e apresentando elementos convergentes do que deve compor uma tal política.
3. Que seja estudada a possibilidade de criação de programas de pós-graduação em arquivologia.
4. Que sejam promovidos esforços para que as agências de fomento à pesquisa reconheçam a Arquivologia como uma área de conhecimento autônoma.
5. Que sejam incentivadas as bolsas de iniciação científica nos cursos de graduação em Arquivologia.
6. Que o Código Brasileiro de Ocupação, no item referente ao arquivista, seja revisto.
7. Que seja criado um espaço no Congresso Brasileiro de Arquivologia para se discutirem questões referentes aos arquivos de organizações privadas.
8. Que seja discutida no XVI Congresso Brasileiro de Arquivologia a questão da formação em técnico de arquivo e tecnólogo.

9. Que seja criada uma agenda de trabalho conjunta entre as instituições arquivísticas e os cursos de graduação em Arquivologia e programas de pós graduação. [*Boletim*, jan./dez. 2008. Disponível em: <http://www.aab.org.br/images/stories/boletim2008.pdf>. Acesso em: 3 mar. 2012].

ANEXO C
MOÇÕES DO XVI CONGRESSO BRASILEIRO DE
ARQUIVOLOGIA - **2010**

1. Que a AAB destine espaço permanente em suas reuniões científicas para que sejam discutidos os avanços no campo da arquitetura de arquivos, com o objetivo de socializar experiências e divulgar resultados; e que a AAB conduza o encaminhamento da elaboração de uma norma técnica que regulamente as construções de edificações destinadas à guarda e exposição de acervos arquivísticos no Brasil.
2. Que o Conarq seja sensibilizado quanto à importância da eleição de seus membros por meio de processo de eleição interna das categorias e/ou instituições, ou seja, que os representantes dos arquivos municipais, estaduais e universidades com curso de arquivologia possam ser escolhidos por seus pares.
3. Que o Conarq disponibilize no seu site uma carta com recomendações ao PCL nº 41/10 e o site da AAB abrigue uma consulta pública para acolher as opiniões da comunidade.
4. Que o Poder Judiciário e o Senado Federal sejam sensibilizados para que não ocorra a aprovação do texto completo do novo Código de Processo Civil, uma vez que o seu art. 967 autoriza a eliminação completa dos autos findos há mais de cinco anos. O texto é incoerente com a obrigação do Estado de preservar documentos históricos, viola regras arquivísticas básicas e promove a destruição de fontes importantes para a memória do país.

5. Que a Reunião de Pesquisadores de Tipologia Documental passe a fazer parte da programação permanente do Congresso Brasileiro de Arquivologia.

6. Que o Congresso Brasileiro de Arquivologia recomende ao Ministério da Cultura a criação de órgão colegiado setorial de arquivo no Conselho Nacional de Política Cultural.

7. Que o XVII Congresso Brasileiro de Arquivologia dedique uma mesa-redonda para o debate específico sobre a lei de regulamentação da profissão e formação do arquivista no Brasil. [*Boletim*, jan./dez. 2010. Disponível em: <http://www.aab.org.br/images/stories/boletim_2010.pdf>. Acesso em: 3 mar. 2012].

ANEXO D
MOÇÕES DO XVII CONGRESSO BRASILEIRO DE ARQUIVOLOGIA - **2012**

A plenária do XVII Congresso Brasileiro de Arquivologia, reunida em 22 de junho de 2012 no auditório do 2º andar da Firjan no Centro do Rio de Janeiro, aprovou que:

1. O XVIII Congresso Brasileiro de Arquivologia seja realizado pelo Arquivo Público Mineiro e a Universidade Federal de Minas Gerais, na cidade de Belo Horizonte, no primeiro semestre de 2015. A alteração da data deveu-se à realização da Copa do Mundo e das Olimpíadas no Brasil, nos anos de 2014 e 2016, respectivamente.

2. Em consonância com as propostas e moções da I Conferência Nacional de Arquivos, e:

- considerando que a gestão documental é condição necessária para a efetiva implementação da Lei nº 12.527/11 (Lei de Acesso à Informação);

- considerando que as instituições arquivísticas públicas devem ser entendidas como essenciais para a eficiência e transparência do Estado;

- considerando que os arquivistas são necessários ao processo de elaboração e definição de políticas públicas arquivísticas relacionadas à modernização e à transparência administrativa, ao acesso a documentos e informações, à cultura e ao patrimônio documental;

O Congresso apoia e buscará incentivar e sensibilizar o Poder Público:

- na realização de concursos públicos periódicos pelas prefeituras e governos de estado para renovação continuada dos quadros funcionais dos arquivos municipais e estaduais;
- que os arquivos municipais e estaduais sejam posicionados em nível estratégico da administração municipal, de modo a garantir recursos humanos, materiais e tecnológicos necessários para o desenvolvimento das políticas de gestão e preservação dos documentos.

3. O Conselho Nacional de Arquivos considere a experiência do Programa Livro Aberto, do Ministério da Cultura, destinado à instalação e modernização de Bibliotecas Públicas Municipais, com vistas à definição de proposta semelhante para os arquivos municipais, incluindo, se for o caso, uma atuação conjunta de programas do Governo Federal para os arquivos e bibliotecas municipais.

4. Sejam implementados, em curto prazo, critérios democráticos para a escolha do cargo de Diretor-Geral do Arquivo Nacional e para o processo de gestão, tais como: mandato com tempo definido; limite de uma recondução ao cargo; chamada pública de interessados a ocupantes do cargo; eleição interna no sistema de lista tríplice; e criação de colegiado interno de natureza consultiva e deliberativa, com participação de representantes de servidores. Sugere-se ainda que esses critérios sirvam de modelo para as demais instituições arquivísticas públicas.

5. A plenária do I Conarq apoia a aprovação do projeto de lei que institui o plano de carreiras para os servidores do Arquivo Nacional, que sirva de modelo para as demais instituições arquivísticas públicas [Disponível em: <http://www.aab.org.br/index.php?option=com_content&view=article&id=386%3Amocoes&catid=40%3Adestaques>. Acesso em: ago. 2012].

APÊNDICES

APÊNDICE A
PRESIDENTES DA AAB

Presidentes	Gestão
José Pedro Esposel	1971-1973
José Pedro Esposel	1975-1975
Helena Corrêa Machado	1975-1977
Marilena Leite Paes	1977-1979
Regina Alves Vieira	1979-1981
Lia Temporal Malcher	1981-1983
Lia Temporal Malcher	1983-1985
Jaime Antunes	1985-1987
Jaime Antunes	1987-1989
Jaime Antunes	1989-1991
Jaime Antunes	1991-1993
Lia Temporal Malcher	1993-1995
Lia Temporal Malcher	1995-1997
Mariza Bottino	1997-1999
Mariza Bottino	1999-2001

APÊNDICE B
CIDADE DE REALIZAÇÃO DOS CONGRESSOS

Região	Cidade	CBA	Total	Percentual por região
Sudeste	Rio de Janeiro	1º, 3º, 4º, 5º, 6º, 11º	6	46,2%
	São Paulo	2º, 10º	2	15,4%
Nordeste	Salvador	8º, 13º	2	15,4%
	João Pessoa	12º	1	7,7%
Centro-Oeste	Brasília	7º	1	7,7%
Sul	Santa Maria	9º	1	7,7%

APÊNDICE C
DIPLOMÁTICA: UMA NOVA ABORDAGEM DE ENSINO[*]

A comunicação tem por objetivo trazer para discussão entre os participantes do III Encontro de Paleografia e Diplomática um novo enfoque desta ciência tão antiga que é a Diplomática e, ao mesmo tempo, tão atual, cujo saber pode contribuir para a melhoria do processamento da informação. O trabalho está dividido em duas partes. A primeira tece algumas considerações sobre a ciência enfatizando a ideia de não se dissociarem de seu estudo os documentos contemporâneos. A segunda apresenta uma proposta de mapa conceitual da disciplina diplomática como uma estratégia pedagógica a ser explorada no ensino da matéria.

Considerações sobre diplomática

A fundamentação teórica e metodológica da Diplomática tem sua origem no século XVII a partir dos estudos feitos pelo beneditino francês D. Mabillon, conferindo-lhe um caráter científico. As fontes diplomáticas surgem da combinação do uso da escrita como norma jurídica e da necessidade de se estabelecer uma série de relações sociais, políticas e econômicas que se

---

[*] Comunicação apresentada no III Encontro de Paleografia e Diplomática em 1996.

pretende perpetuar. Para uma compreensão mais adequada de seu conceito é preciso ter-se a noção exata do que é documento, seu objeto de estudo. A diplomática enfoca o documento em si mesmo, no seu aspecto formal mais do que em seu conteúdo, enquanto outras ciências buscam nele a comprovação de suas construções teóricas.

A literatura especializada nesse tema apresenta várias definições sobre o que vem a ser documento diplomático. Para Theodor von Sickel o documento diplomático é o registro escrito, de natureza jurídica, redigido de acordo com as características de uma região, período, instituição ou pessoa (Sickel apud Pratesi, 1987). Segundo Cesare Paoli, da Escola de Paleografia e Diplomática de Florença, o documento diplomático é entendido como o "testemunho escrito de um fato de natureza jurídica redigido com a observância de determinadas formas as quais são destinadas a dar-lhe fé e força de prova" (Paoli, 1987:18).

Com base na restrição dos elementos estruturais do documento, emergem desse conceito alguns dados, quais sejam: restrição de fixação ao meio, quando só são considerados documentos diplomáticos aqueles cujo meio utilizado foi a escrita; restrição à natureza do conteúdo, em que a crítica diplomática se aterá aos documentos de natureza jurídica e a formas da redação que devem corresponder a normas precisas, ainda que variáveis, em relação ao período cronológico, lugar e conteúdo. Ao longo dos séculos, impôs-se também uma delimitação cronológica aos documentos diplomáticos, sendo considerados, em princípio, aqueles da Idade Média.

Diplomatistas contemporâneos, numa visão mais abrangente, não se submetem a essa fronteira e ampliam o âmbito de ação da diplomática aos documentos administrativos até nossos dias, como afirma Georges Tessier (1952) ao dizer que, "durante muito tempo restrita aos atos da Idade Média, a Diplomática não conhece, na verdade, nenhum limite no

APÊNDICE C

tempo ou no espaço. São-lhe pertinentes, assim, os atos contemporâneos, leis, decretos, decisões e atos notariais". Coadunando com essa mesma filosofia, Heredia Herrera (1988:36-37) define diplomática como a "ciência que estuda o documento, sua estrutura, suas cláusulas, para estabelecer as diversas tipologias e sua gênese dentro das instituições com a finalidade de analisar sua autenticidade". Para Carucci (1987), diplomática é a disciplina que estuda a unidade arquivística elementar, ou seja, o documento em si, de forma singular, analisando seus aspectos formais e estabelecendo a natureza jurídica do ato.

A análise ou crítica diplomática se baseia na forma dos documentos, os quais, dentro de cada tipologia, possuem características peculiares e semelhantes entre si, possibilitando uma sistematização científica. Apesar da infinidade de atos jurídicos, uma vez que eles são expressões singulares da vontade individual, os mesmos apresentam uma tipicidade comum, com estruturas semelhantes dentro de cada categoria. A diplomática verticaliza seu estudo na forma do documento corroborada pela afirmativa de que sua finalidade é a explicação da forma dos atos escritos (Tessier, apud Pratesi, 1987:15).

A multiplicidade de formas e a fragmentação da informação contemporânea dificultam a aquisição do conhecimento provocando um impacto no processo de identificação, avaliação e seleção de fontes a serem preservadas, como observa Luciana Duranti (1989-1992). Um fato que veio acelerar esse processo foi o surgimento de novas tecnologias da informação acabando com a fronteira espaço-tempo em matéria de comunicação e informação.

Quando nos defrontamos com os documentos em suporte convencional e aqueles em suporte eletrônico, vemos que estes contribuem para fragilizar as noções de original, de cópia, de autenticidade, pressupostos questionados pela diplomática, levando-nos a repensar as características internas e externas dos documentos. Com isso em vista, cabe perguntar que papel deve assumir diante dessa gama de novos documentos e em suportes não convencionais, uma vez que os diferentes aspectos por ela estudados também dizem respeito à documentação contemporânea. A análise e a crítica diplomática conferem ao documento valor de prova e evidência. Não seria o universo de documentos mais abrangente, extrapolando aqueles antigos e medievais, incluindo-se neste contexto os novos suportes oriundos da informatização?

Em recente conferência sobre arquivos virtuais apresentada no XIII Congresso Internacional de Arquivos, David Bearman (1996) assinala que, nos próximos anos, a maior parte dos documentos originados em nossa sociedade serão produzidos e disseminados eletronicamente e, como consequência, grande parte dos documentos serão eletrônicos.

Não importa se isso ocorrerá daqui a uma ou mais décadas. O fato é que já estamos vivendo essa situação, e torna-se importante e iminente a discussão sobre a análise diplomática desse material para não vermos nossas fontes, sobretudo históricas, se perderem ao longo do tempo. Três séculos se passaram desde os princípios diplomáticos estabelecidos por Mabillon. Temos um desafio pela frente. Com a rapidez com que as coisas acontecem, não podemos aguardar três séculos mais para agirmos.

Uma proposta de mapa conceitual

A segunda parte do nosso trabalho pretende apresentar uma proposta de mapa conceitual como um recurso didático a ser utilizado pelo professor no ensino da diplomática. Antes de mapearmos os conceitos-chave inerentes à disciplina e a serem explorados, partiremos da ideia do que vem a ser mapa conceitual.

De acordo com Moreira (1980), os mapas conceituais podem ser entendidos como diagramas representados de forma hierárquica que buscam refletir a relação entre os conceitos, seja de um campo de conhecimento ou disciplina, ou parte dele. Ou seja, é uma forma de representação dos conceitos-chave do conhecimento da ciência, disciplina como um todo ou parcial, utilizados e hierarquizados levando à compreensão e ao entendimento de toda estrutura conceitual. O mapeamento desses conceitos vai depender de como o autor compreende, interpreta e hierarquiza os conceitos, daí as possíveis diferenças na elaboração dos mapas de uma mesma disciplina. Por essa razão sempre teremos "um mapa conceitual" e não "o mapa conceitual" sendo visto como uma das possíveis representações da estrutura conceitual (Moreira, 1980).

A utilização do mapa conceitual, a ser discutido como mais um instrumento didático, faz com que o ensino da disciplina adquira uma dimensão mais dinâmica, pois poderá ser construído pelo professor juntamente com os alunos. Ele possibilita uma visão mais abrangente e integrada da matéria, levando a se estabelecerem as subordinações dos conceitos, dos mais amplos aos mais específicos, facilitando, assim, o processo de ensino-aprendizagem.

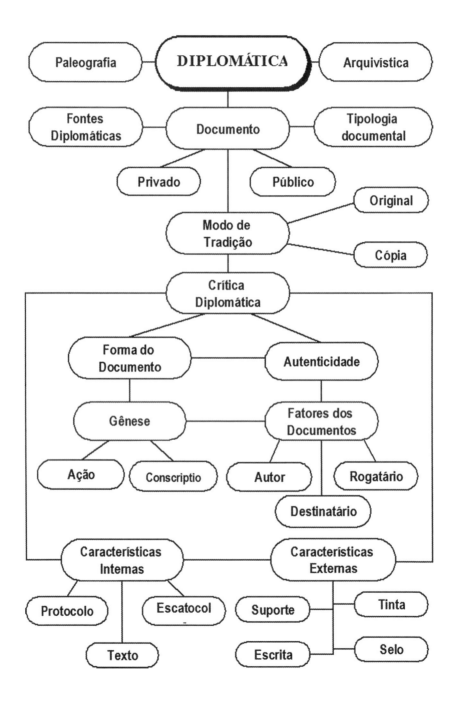

APÊNDICE C

O modelo proposto apresenta uma estrutura bidimensional, enfatizando as relações conceituais tanto em nível vertical quanto horizontal, dando maior amplitude dos conceitos que compõem a matéria. Por exemplo, no mesmo nível hierárquico do conceito de diplomática foram inseridos os de paleografia e arquivística, pois ambas as matérias apresentam uma interface com a diplomática. Naturalmente, esta é uma forma, entre tantas outras, de representação, mas o importante a ser observado é o nível de clareza e transparência da apresentação a fim de evitar possíveis erros de compreensão.

Conclusão

Nossa comunicação buscou mostrar uma nova abordagem no ensino da diplomática a partir de dois aspectos que consideramos importantes. O primeiro, uma tentativa de desmistificação da diplomática como uma ciência única e exclusivamente do passado. Entendemos que, sem abandonar a perspectiva histórica, os documentos de qualquer sociedade e de qualquer época são, em potencial, objetos de estudo da diplomática. Daí compartilharmos da ideia de uma diplomática contemporânea. Infelizmente a literatura carece de estudos de caráter diplomático sobre a documentação contemporânea, que é muito pouco contemplada, apesar de algumas iniciativas isoladas de tentar estabelecer, ao menos teoricamente, essa ponte.

O segundo aspecto apresenta um mapa conceitual como uma nova ferramenta a ser utilizada pelo professor, o qual acreditamos poder propiciar ao aluno a oportunidade de compreender de maneira mais completa os conteúdos apresentados.

Essas questões, seguramente, se apresentam como um desafio. Mas, quem sabe, juntos poderemos construir um mapa conceitual com nossas ideias, sujeitas a questionamentos e soluções para o problema.

Referências

BEARMAN, David. Archivos virtuales. In: CONGRESO INTERNACIONAL DE ARCHIVOS, 13, Pequim, 1996. *Anais...* Munique: Saur, 1996.

CARUCCI, Paola. *Il documento contemporaneo*: diplomatica e criteri di edizione. Roma: La Nuova Italia Scientifica, 1987.

DURANTI, Luciana. Diplomatic: New Uses for an Old Science. *Archivaria*, Quebec, v. 28-33, 1989/1992.

HEREDIA HERRERA, Antonia. *Archivística*: teoría y práctica. Sevilla: Diputación Provincial de Sevilla, 1988.

MOREIRA, Marco A. Mapas conceituais como instrumentos para promover a diferenciação conceitual progressiva e a reconciliação integrativa. *Ciência e Cultura*, n. 4, v. 32, p. 474-479, 1980.

PAOLI, Cesare. *Diplomatica*. Florença: Casa Editrice Le Lettere, 1987.

PRATESI, A. *Genese e forme del documento medievale*. Roma: Jouvence, 1987.

TESSIER, Georges. *La Diplomatique*. Paris: PUF, 1952.

APÊNDICE D
RELATÓRIO DO IV SEMINÁRIO DE ARQUIVOS UNIVERSITÁRIOS*

TEMA: Estratégias na implantação de arquivos universitários: aspectos teóricos e práticos.

OBJETIVO: Conhecer e difundir as estratégias utilizadas na implantação dos arquivos das universidades brasileiras trocando experiências visando procurar solucionar problemas inerentes à matéria.

PROMOÇÃO: Associação dos Arquivistas Brasileiros/AAB

APOIO: Unirio/Arquivo Central

COORDENAÇÃO: Mariza Bottino

DIA/HORÁRIO: 21 de outubro de 1996, de 9h às 12h

LOCAL: Sala E do Centro de Convenções do Hotel Glória (RJ)

Nº DE PARTICIPANTES: 57

INSTITUIÇÕES PARTICIPANTES: Universidade Federal do Estado do Rio de Janeiro; Universidade Federal Fluminense; Universidade Federal do Espírito Santo; Universidade Federal de Minas Gerais; Universidade Federal de Juiz de Fora; Universidade Federal da Paraíba; Universidade Federal da Bahia; Universidade Federal de Viçosa; Universidade Federal de Goiás; Universidade Federal de Uberlândia; Universidade Federal de

---

* O evento ocorreu no âmbito do XI CBA, tendo sido o Relatório encaminhado à presidência da AAB.

Santa Maria; Pontifícia Universidade Católica de São Paulo; Universidade Estadual de Campinas; Universidade Estadual de São Paulo; Universidade de São Paulo; Cefet/RJ; Universidade Federal do Rio de Janeiro; MEC/ Brasília; Arquivo Público do Paraná; Arquivo Público da Bahia; INSS/RJ; Aracruz Celulose; Companhia Vale do Rio Doce; e Universidad Feminina Del Sagrado Corazón (Lima, Peru).

Com o tema "Estratégias na implantação dos arquivos universitários: aspectos teórico e práticos", foram proferidas cinco conferências, a saber: A implantação do sistema de arquivos da Universidade de São Paulo/Sausp, por Heloisa Bellotto; A implantação do sistema de arquivos da Unesp, por Solange de Souza; Implantação do sistema de arquivos da UFF, por Rosemary Gomes Paulo; A implantação de um sistema de arquivos: um desafio para o arquivo central da Unicamp, por Neire do Rossio Martins; e A administração de arquivos universitários brasileiros, por Vilma Santos, da UFMG. As conferências foram de alto nível informativo, seguidas de debates coordenados por Jacy Machado Barletta (Unesp), em que os participantes demonstraram alto grau de interesse. Em face da incontestável importância do assunto no contexto nacional e do crescente interesse dos profissionais que atuam no setor, os integrantes do IV Seminário de Arquivos Universitários recomendaram que fosse criado o Comitê de Arquivos Universitários na AAB, atuando como um fórum aglutinador dos interesses comuns. Após a discussão, o grupo propôs um novo encontro para março de 1997, a ser realizado na Universidade Federal Fluminense.

Concluímos apresentando nossos agradecimentos à Comissão Organizadora do XI Congresso Brasileiro de Arquivologia pela promoção do IV Seminário de Arquivos Universitários.

Rio de Janeiro, 21 de outubro de 1996

APÊNDICE E
ARQUIVO: PASSADO, PRESENTE E FUTURO[*]

Foi com grande alegria que recebi o convite para participar do I Congreso Iberoamericano sobre Arquivos Universitários, e não só pela importância científica do evento arquivístico, que contempla uma categoria de arquivos em plena expansão, que são os arquivos universitários, mas também pela oportunidade de rever muitos amigos pelos quais tenho grande carinho, em especial Ivan Guerrero, que ao longo dos anos tem se mostrado um autêntico "guerreiro" na defesa e pela causa dos arquivos universitários. Aproveitamos também para estender nossas felicitações a toda comissão organizadora e, sobretudo, à Universidad de la Frontera, na pessoa de seu Magnífico Reitor, pela sensibilidade e preocupação demonstrada para com os arquivos universitários e com a gestão da informação diante dos *desafios do século XXI.*

A evolução histórica dos arquivos é o nosso ponto de partida, pois o conhecimento das raízes da nossa profissão e missão nos ajuda a compreender e a situar nossas atividades ao longo do tempo. A esse respeito, Posner assinala que, ao conhecer as origens da profissão, o arquivista será capaz de entender a sua evolução e, a partir daí, de se preparar para o futuro.

---

[*] Trabalho apresentado no I Congreso Iberoamericano sobre Arquivos Universitários de 26 a 28 de junho de 2002, na cidade de Temuco, Chile.

O surgimento dos arquivos, desde a mais remota antiguidade, ocorre quando os homens começam a registrar os atos e informações, visando à sua utilização, necessários à sua vida social, política e econômica. Ao longo dos tempos, os documentos desempenharam várias funções: administrativa, servindo para o exercício do poder; registro da memória, para transmitir às gerações os conhecimentos e sua utilização futura e, enquanto instrumento de prova, atendendo às demandas pessoais e institucionais para o reconhecimento dos direitos.

Mergulhando no passado longínquo da Antiguidade Clássica, chegamos à cidade de Atenas por volta do século IV a.C. Lá, cada magistrado possuía seu próprio arquivo, que se localizava no *archeion* (significa sede da magistratura, palácio do governo). Na antiga Roma os arquivos eram conservados, desde o final do século IV, no *erário*, junto ao tesouro. Já os imperadores conservavam os documentos necessários à administração em local de fácil acesso.

Na antiga civilização greco-romana, bem como naquela do antigo Oriente, a gestão do poder estava intimamente ligada à gestão de documentos, já que estes eram produzidos e conservados para atender à administração.

Nos tempos atuais, da mesma forma que outrora, os arquivos continuam atuando como suporte na administração, seja ela governamental ou privada, na tomada de decisões, na formulação de diretrizes, constituindo-se em um recurso estratégico na implementação das ações.

Enfim, a importância dada à informação administrativa e à sua função no exercício do poder continua se fazendo presente ao longo do tempo.

Em relação à atuação do documento, enquanto instrumento de prova e garantia dos direitos, podemos citar, como exemplo na história da civilização, a Grécia antiga, onde os documentos conservados no *archeion* eram considerados autênticos e serviam de prova em caso de litígio.

APÊNDICE E

Acrescente-se a essa realidade uma medida pioneira e inovadora para a época, considerada a primeira manifestação do caráter público dos arquivos e sendo retomada séculos mais tarde pela Revolução Francesa, que foi a abertura do arquivo e o livre acesso a todo cidadão que dele quisesse fazer uso e copiar os documentos.

Na Idade Média os soberanos, senhores feudais, leigos e o clero organizaram seus arquivos pessoais, conservando os diplomas fundamentais de seus domínios, privilégios e investidura, entre outros, aos quais recorriam a fim de provar seus direitos. Atualmente existem várias categorias de documentos que possuem valor probatório e legal fazendo com que os arquivos continuem a se constituir em um importante instrumento de defesa e garantia dos direitos dos indivíduos, das instituições e das sociedades, contribuindo assim para a democracia e a justiça.

Podemos apreender que os arquivos das administrações vão testemunhar a experiência e a memória coletiva e, segundo Schellenberg, essas fontes são uma maneira de transmitir a herança cultural do passado bem como a prova de sua evolução e servirão, assim, às gerações futuras.

No período compreendido entre a queda do Império Romano até o século XII, as administrações, juntamente com os arquivos, eram itinerantes. Período em que assistimos à decadência progressiva do ato escrito e também a perdas irreparáveis de documentos da época, criando uma lacuna na história dos arquivos e consequentemente das instituições.

Com a implantação de novas práticas jurídicas, a partir do século XII desenvolve-se outra concepção de arquivos, que se estenderá por toda a Europa até o século XVI, o *Tesouro das Cartas*. Cada soberano, senhor, leigo ou clero organiza seus arquivos diretamente vinculados à sua chancelaria. Aos poucos, a importância da guarda e conservação dos documentos vai sendo reconhecida e os *estados* vão prestando atenção à questão. Nesse contexto, assistimos ao aumento da produção documental bem como do poder da autoridade central, impulsionando a criação de depósitos de arquivos junto às cortes.

O século XVI é excepcionalmente importante para a história dos arquivos. O nascimento dos *Arquivos de Estado* antecipam a era moderna, o que provocará uma verdadeira transformação do papel do arquivo na sociedade.

No período compreendido entre o Renascimento e a Revolução Francesa segue a trajetória de valorização e crescimento da importância política dos arquivos. Tem início a formação de um corpo doutrinário, que vem sedimentar a importância dos arquivos e dos estudos arquivísticos. A publicação de tratados com ensinamentos práticos de como classificar e elaborar inventários é exemplo dessa nova realidade. O florescimento arquivístico se alicerça no século XVII com o "surgimento da Diplomática, da crítica metódica dos documentos com Mabillon [...] que dá à arquivística a base científica que permite sua expansão", como observa Bautier (1961:1.132).

A concentração dos *Arquivos de Estado* em grandes depósitos vai caracterizar o século XVIII. A própria Revolução Francesa será um marco para a história moderna e contemporânea dos arquivos ao promover a "primeira centralização moderna dos arquivos", segundo Bautier, estabelecendo "o quadro de uma administração de arquivos públicos de âmbito nacional" (Posner, 1964) em oposição à descentralização dos arquivos que caracterizava a época que antecedeu.

A legislação arquivística originária desse contexto revolucionário contribuiu para afirmar o papel e a responsabilidade do Estado na preservação da herança documental do passado. Nesse sentido, no bojo das leis promulgadas, merecem destaque duas contribuições fundamentais que irão influenciar futuras iniciativas em outros países: a criação de um órgão nacional independente gestor dos arquivos, como podemos

APÊNDICE E

constatar no que está prescrito no art. 3º da Lei 7 Messidor, ano II da Revolução: "Todos os depósitos públicos... estão sob a inspeção do comitê de arquivos", e, aquela que trata da liberação, aos cidadãos, do acesso aos arquivos: "Todo cidadão poderá solicitar nos depósitos, nos dias e horários fixados, a consulta aos documentos..." (art. 37, Lei 7 Messidor, ano II da Revolução).

Assistimos, nesse momento, à abertura dos arquivos ao público em geral. É a democratização do acesso em oposição ao caráter secreto e acesso restrito àqueles que detinham o poder. E, como observam Silva et al. (1999), o arquivo do Estado, antes objeto dos órgãos do poder central, começa a ser entendido como arquivo da Nação. E é esse novo olhar que orientará os rumos dos arquivos no decorrer dos séculos XIX e XX.

A influência do Romantismo, glorificando o passado, os monumentos literários e documentais, somando-se à exacerbação das paixões nacionalistas com o desenvolvimento de uma identidade nacional, marca o século XIX, o que vai produzir na Europa um movimento em favor dos estudos históricos que serão conduzidos com o espírito científico da época e, por conseguinte, se voltarão para as fontes diplomáticas concentradas em grandes depósitos arquivísticos acessíveis ao público.

Como consequência desse movimento intelectual e do aumento da demanda e pesquisa aos documentos, florescem na Europa, na primeira metade do século, cursos de formação de arquivistas com estreita ligação à paleografia e à diplomática. Os arquivos passam a se constituir foco de pesquisas históricas. É a concepção e a vocação cultural do arquivo que emerge. Progressivamente, uma metodologia de trabalho e um corpo doutrinário começam a se esboçar. O arquivista francês Natalis de Wailly formula o princípio do *respeito aos fundos*, divulgado na França em 1841, através de circular do Ministério do Interior, que se transforma no paradigma da arquivística moderna.

O século XIX sedimentou uma concepção de arquivo que perdurou, principalmente, nos países europeus, até a primeira metade do século XX. Para Bautier, os arquivos passam a ser entendidos "como centros de conservação de fundos de arquivo de valor permanente à serviço da pesquisa histórica" (Bautier, 1972:1). É a época da valorização dos depósitos de guarda de documentos, a que Terry Cook e Malheiro da Silva denominam *custodial*. É a supervalorização do documento antigo, ideia do *documento-monumento*, do *documento-memória*. Os arquivos se transformaram em verdadeiros laboratórios do saber histórico e a arquivística assume uma posição de disciplina auxiliar da história. Com essa vocação eminentemente histórica, a relação com a administração passava ao largo. A afirmação da arquivística como disciplina autônoma se dá no final do século XIX com a publicação, em 1898, do *Manual de arranjo e descrição de arquivos*, de autoria dos holandeses Samuel Muller, Johan Feith e Robert Fruin, sob os auspícios da Associação dos Arquivistas Holandeses, aliás, a primeira associação profissional de arquivistas a se organizar.

A sociedade contemporânea caracteriza-se por contínuas mudanças de natureza diversa, marcada, sobretudo, pela revolução tecnológica. Talvez a maior evidência esteja na velocidade com que são efetuadas as mudanças e a gama de informações advindas dessas transformações. Em oposição à vocação histórica dos arquivos foram sendo criados serviços de arquivo com acentuada vocação administrativa, como nota Bautier.

Avanços tecnológicos, multiplicação dos ramos das atividades públicas e privadas e o progresso político, econômico e social geram um aumento qualitativo e quantitativo de documentos. Após a II Guerra Mundial ocorre uma explosão documental impulsionada pelos fatores anteriormente mencionados, mudando o foco das preocupações para o controle, armazenamento, processamento, recuperação de informações e documentos.

APÊNDICE E

A década de 1950 vai ser o palco da ideia do ciclo vital dos documentos com a *teoria das três idades*, que buscava solucionar os problemas decorrentes da superprodução de documentos, constituindo-se no embasamento teórico da nova concepção e política arquivística que é a *gestão de documentos*.

Por volta de 1970, inicia-se um novo ciclo na história dos arquivos, impondo vários desafios a nós, arquivistas, na busca de soluções para questões emergenciais que afligiam os profissionais de arquivo, provocando mudanças de comportamento, novas necessidades e demandas, nos incitando a uma reflexão constante e a um envolvimento aprofundado nas pesquisas, o que irá conferir uma feição mais científica à Arquivística. Um desses desafios diz respeito aos novos suportes de arquivo e, em especial, aos documentos já produzidos em formato eletrônico.

Na tentativa de falarmos do passado, presente e futuro dos arquivos, das novas dimensões do fazer arquivístico diante dos novos paradigmas impostos pela *sociedade da informação* no limiar do século XXI, não poderíamos deixar de mencionar, rapidamente, os tipos de suporte utilizados ao longo dos séculos. Eles são importantes objetos de estudo, pois dependendo de seu grau de durabilidade ou fragilidade poderemos ter ou não garantido o acesso às informações.

Os principais tipos de suporte utilizados ao longo da história para registrar as informações foram, entre outros, o papiro, o pergaminho, as tábuas enceradas, as placas de argila e o papel. Cabe mencionar que a expansão dos arquivos deveu-se à utilização na Europa, a partir do século XI, do papel, levado pelas mãos dos conquistadores mouros. Época em que começam a surgir as universidades, o papel começa a conviver lado a lado com o pergaminho. No entanto, esse novo suporte relativamente mais disponível e econômico, mas também impregnado de incertezas quanto a sua durabilidade, incidiu diretamente na produção de novos documentos. Nesta emergente *sociedade do papel*, outro fator de relevância foi o advento da imprensa.

Vale lembrar que a transição na utilização do papel em substituição ao pergaminho não ocorreu sem traumas, a ponto de algumas chancelarias, como a pontifícia, por exemplo, não utilizá-lo até o século XVII para elaborar documentos solenes. Aliás, sem cairmos no lugar-comum, afirmando que a história se repete, diante de tantas incertezas, a mesma atitude refratária também ocorre hoje em dia quando o tema é documento eletrônico, digitalização, enfim questões inerentes ao uso dos recursos tecnológicos. Quantos arquivistas já não sofreram forte impacto diante da ideia da *sociedade sem papel*? Dos *arquivos virtuais* onde não existiriam depósitos físicos de arquivos? Uma certeza nós temos: estas mudanças, diferentemente daquelas que ocorreram, conforme já mencionado, não mais demorarão séculos para se concretizar.

Há mais ou menos uns trinta anos e a partir das mudanças tecnológicas ocorridas, os chamados *novos documentos*, também identificados como *suportes não convencionais*, foram objeto de estudos. O interesse nas questões e implicações relativas a esses suportes fazia-se presente nas discussões existentes na comunidade arquivística a ponto de o tema do XI Congresso Internacional de Arquivos, promovido pelo Conselho Internacional de Arquivos (CIA) e realizado em agosto de 1988, na cidade de Paris, ter sido "Os novos arquivos". Os temas abordados nas plenárias versaram sobre recolhimento, seleção, organização, descrição, conservação, problemas jurídicos relativos ao acesso, a questão da autoria e da privacidade, entre outros, dos novos documentos.

Esse novo olhar da arquivística deve instigar o arquivista a repensar suas *certezas* científicas e sua *prática,* incitando-o a uma reflexão teórica sobre o seu fazer, sobre seu papel na sociedade, sobre a própria teoria arquivística e as perspectivas futuras. Essa realidade imposta pelas tecnologias emergentes deve impulsionar e ampliar o desenvolvimento de pesquisas, sobretudo de caráter interdisciplinar, contribuindo para afirmar o aspecto científico da arquivística. Aí reside nossa caixa de Pandora, onde estão nossas esperanças de transformação para seguir rumo ao futuro.

Vamos nos permitir abrir um parêntese no tema abordado, pois não poderíamos deixar de mencionar o importante papel a ser desempenhado pelas universidades responsáveis pela formação profissional de arquivistas. O ensino deve estar voltado para essas outras perspectivas, implicando a reformulação dos currículos, promovendo a indissociabilidade do ensino, da pesquisa e da extensão, preparando os futuros arquivistas de forma mais adequada para bem tratar a informação arquivística e atender às novas demandas.

Retomando a questão dos novos suportes arquivísticos, em conferência apresentada por ocasião da primeira sessão plenária do XI Congresso Internacional de Arquivos, Paule René-Bazin identificou as características comuns existentes entre os novos suportes, entre as quais destacamos: necessidade de uma interface tecnológica para o acesso, a fragilidade, a possibilidade de se terem cópias idênticas sem limite de quantidade. Inseridos nesse conjunto estão os documentos informáticos que são peculiares, pois transcendem o limite espaço-temporal. Sobre o assunto, Christine Nougaret amplia as características acrescentando a obsolescência das tecnologias empregadas, o caráter volátil e efêmero da informação, o caráter multiforme, a desmaterialização e a ubiquidade da informação. Devemos admitir que essas características da informação em suporte eletrônico contribuem para fragilizar as noções de original, cópia autêntica, de valor probatório, questões estas objeto de reflexão da diplomática.

Por volta dos anos 1980 assistimos ao renascimento e à revitalização da secular disciplina diplomática, do século XVII, a cujas bases se está recorrendo para dirimir dúvidas e questões impostas pelos documentos contemporâneos, em especial os eletrônicos, ressurgindo em sua nova vertente que é a diplomática contemporânea.

Cada vez mais desafios originários desse novo cenário informacional se apresentam para nós, arquivistas, levando-nos a repensar também questões relativas a segurança dos dados, identificação de autoria, produção do documento, bem como aqueles que dizem respeito a fundo, ordem original, usuários múltiplos, entre outros.

Podemos constatar que a *sociedade da informação* avança, principalmente, em direção à informação eletrônica. Nesse contexto, o arquivista desempenha uma função muito importante que é a de assegurar a autenticidade, a acessibilidade e a confiabilidade dos documentos eletrônicos. Com o advento do documento eletrônico e a ampliação das tecnologias da informação, o futuro dos arquivos surge com outro desenho, que é o dos *arquivos virtuais.* A comunicação eletrônica gera uma mudança de enfoque no que tange ao armazenamento. A palavra de ordem é o compartilhamento das informações sem limites geográficos. A reunião dos documentos em um depósito físico determinado não mais importa, é secundário tanto para o arquivista quanto para o usuário. O que importa é que a informação esteja tratada e identificada como orgânica, disponibilizada para se ter acesso agora, seja possível de qualquer lugar. São os arquivos sem muros, os arquivos sem fronteiras, os chamados arquivos virtuais com ênfase na utilização e acesso à informação.

No presente emerge a mudança de paradigmas da arquivística. Hoje o foco principal está voltado para o usuário, visando garantir a satisfação de suas necessidades e demandas. A preocupação com o documento físico e sua organização cede lugar à informação. Saber onde o documento está perde importância frente ao acesso que se poderá ter de qualquer lugar. O espaço informacional passa a ser virtual. A arquivística desloca-se, inicialmente, do modelo conceitual de custódia e conservação de documentos, que vai do século XVII até a segunda metade do século XX, para um saber mais especializado, onde a custódia vem complementada por preocupações de ordem técnica. O primeiro período é denominado por Malheiro da Silva *fase sincrética e custodial* e o segundo *fase técnica e custodial*. O arquivista se distancia da ideia de visualizar o documento como objeto de conservação, estabelecendo uma nova dinâmica entre funções e todos os documentos conectados entre si.

Evidentemente que estes são questionamentos que permeiam os debates no seio da comunidade científica e constituem tema da literatura especializada.

São objetos de reflexão de toda a categoria profissional de arquivistas? Verdade absoluta? Certamente que não, porém, o pensamento arquivístico da atualidade deve estar voltado para essas questões. Cabe ressaltar que, nesse admirável mundo novo proporcionado pela tecnologia, ela sempre deverá ser vista como um meio, uma ferramenta fundamental que vem em auxílio do arquivista para que ele possa otimizar seu trabalho.

Diante desses novos desafios, como devem se posicionar os arquivos universitários? Do mesmo modo que as outras categorias de arquivos, não podem caminhar na contramão da história. Aliás, os arquivos universitários constituem uma categoria de arquivo que tem crescido em importância entre a comunidade arquivística, tanto que em 1992 o Conselho Internacional de Arquivos criou a Seção de Arquivos de Universidades e de Instituições de Pesquisa (ICA/SUV), voltada para a discussão de temas que lhes são pertinentes.

O arquivista que atua na universidade deve estar atento a todas as transformações e possibilidades de melhoria de seu fazer e de seu pensar, sobretudo aquelas que dizem respeito à adoção de recursos da tecnologia a fim de promover a transferência e o uso da informação aos usuários com rapidez, eficiência, qualidade e segurança. Essa é a nossa missão e o nosso grande desafio enquanto arquivistas do século XXI.

Para finalizar, nos remeteremos ao título do trabalho, "Arquivo: passado, presente e futuro", dizendo que, se queremos transformar o presente e definir novos rumos para a arquivística em direção ao futuro, não podemos negligenciar o passado, pois ele nos traz preciosos ensinamentos que são frutos da experiência de nossos antecessores e que certamente nos mostrarão que caminhos trilhar.

Referências

BAUTIER, Robert Henri. *La función de los archivos*. Actes de la Table Ronde. Paris: Conseil International des Archives, 1972. p. 1-16.

BAUTIER, Robert Henri. Les Archives. In: SAMARAN, Charles. *L'Histoire et se méthodes*. Encyclopédie de la Pléiade. Paris: Gallimard, 1961s. p. 1120-1166.

CONGRÈS INTERNATIONAL DES ARCHIVES, 11, Paris, 1988. *Anais...* Paris: Saur, 1989. 284 p.

CONGRÈS INTERNATIONAL DES ARCHIVES, 13, Pequim, 1996. *Anais...* Munique: Saur, 1997. 381p.

COOK, Terry. Archives in the Post-custodial World: Interaction of Archival Theory and Practice Since the Publication of the Dutch Manual in 1898. In: CONGRÈS INTERNATIONAL DES ARCHIVES, 13, Pequim, 1996. *Anais...* Munique: Saur, 1997. p. 191-214.

IVES, Alan. *Proposed Section of University and College Archives*: Working Paper. Victoria, Austrália: International Council on Archives, 1992. 34p.

JAMESON, S. H. (org.). *Administração de arquivos e documentação*. Rio de Janeiro: FGV, 1964. 318p.

POSNER, Ernest. Alguns aspectos do desenvolvimento arquivístico a partir da Revolução Francesa. In: JAMESON, S. H. (org.). *Administração de arquivos e documentação*. Rio de Janeiro: FGV, 1964. p. 59-72.

ROUSSEAU, Jean-Yves: COUTURE, Carol. *Os fundamentos da disciplina arquivística*. Lisboa: Nova Enciclopédia, 1998. 356p.

SCHELLENBERG, T. R. *Arquivos modernos*: princípios e técnicas. Rio de Janeiro: FGV, 2002. 388p.

SILVA, Armando Malheiro da et al. *Arquivística*: teoria e prática de uma ciência da informação. Porto: Afrontamento, 1999.

APÊNDICE F
A HISTÓRIA DA PRIMEIRA AGREMIAÇÃO ESTUDANTIL DO CURSO DE ARQUIVOLOGIA[*]

Este artigo se propõe recuperar e apresentar uma parte da história do Curso Permanente de Arquivos (CPA), do Arquivo Nacional, do qual participei como aluna. No momento em que falamos de tempo virtual, volto-me ao passado, não como Proust, servindo-se de uma *madeleine*, mas sim de dados e informações preservados em minha memória e em meu arquivo pessoal.

O ponto de partida para a reconstrução dessa história é o início da movimentação estudantil em prol da arquivologia brasileira, materializada tanto na disseminação, em um veículo de comunicação interna, das ideias então em voga, quanto nos esforços para promover uma consciência agremiativa entre seus estudantes. Estamos, assim, nos idos de 1977, no Curso Permanente de Arquivos (CPA) do Arquivo Nacional, que viria a originar o atual Curso de Arquivologia da Unirio.

Por iniciativa dos alunos do CPA, em 17 de junho de 1977 começa a circular o informativo *Correio do Arquivologista*, conclamando os estudantes a "se estruturarem sob uma sólida consciência universitária", de acordo com o editorial do número zero, onde constava como objetivo:

[*] Texto escrito em 2006.

Incentivar a formação gradativa de uma classe profissional coesa, engajada na luta cotidiana pela dignidade da profissão, requisito básico para que o arquivista possa exercer seu trabalho em função da preservação da memória pátria e, consequentemente, da identidade cultural do povo brasileiro. [...] "O Correio do Arquivologista" será depositário da opinião de todos os estudantes. Contamos, pois, com a colaboração efetiva de todos (*Correio do Arquivologista*, v. 1, n. 0, 1977).

No objetivo acima exposto, é interessante destacar a terminologia empregada para se referir ao profissional, ora *arquivista* ora *arquivologista*. Por quê? Lembramos que estamos no ano de 1977, com um projeto da regulamentação da profissão em andamento e uma discussão acirrada no âmbito da categoria, inclusive com a participação estudantil, onde uns defendiam o termo *arquivologista* para designar o profissional de nível superior e *arquivista* para aquele com formação técnica em nível de 2º grau, justificando-se a opção no fato de que a palavra arquivista já estava impregnada de estereótipos negativos veiculados ao profissional e à profissão, enquanto a adoção de um novo termo, ou seja, arquivologista, viria contribuir para a melhoria da imagem do "novo" profissional com formação acadêmica e com uma profissão legitimada por uma legislação específica.

Outros, assim como eu, defendiam a manutenção da palavra arquivista para denominar o profissional graduado por ser esta uma terminologia já consagrada ao longo dos tempos para se referir ao profissional que atua no âmbito dos arquivos. Na verdade, caberia, como ainda cabe, a nós profissionais, e àqueles ainda em formação, trabalhar em prol da dignificação da profissão e do profissional, demonstrando ter conhecimento oriundo de uma formação acadêmica com qualidade, desenvolvendo uma performance profissional competente provida de dignidade e ética. Efetivamente, esses componentes, entre outros, contribuirão para dar maior visibilidade a nossa função na sociedade da informação.

Esse momento histórico, objeto de nosso relato, foi bastante rico em discussões em torno da disputa entre os termos arquivista *versus* arquivologista para denominar o profissional da área, o que pode ser constatado na produção científica da época, em que uns se referiam ao profissional como arquivista e outros como arquivologista. Era uma discussão de cunho terminológico, porém, perpassando pela questão, se assim podemos dizer, de tentativa de melhoria da imagem da profissão e do profissional através do marketing de uma nova marca. No entanto, a questão foi legalmente dirimida com a promulgação da Lei nº 6.546, de 4 de julho de 1978, que dispõe sobre a regulamentação das profissões de arquivista e de técnico de arquivo, e dá outras providências.

Visando ao fortalecimento da profissão, com a participação e a união de ambas as categorias, a profissional e a estudantil, em torno do mesmo ideal, assistimos ao surgimento, ainda que incipiente, da organização dos estudantes em uma categoria de classe. A ideia de criação de uma agremiação estudantil já vinha sendo amadurecida entre os alunos do CPA. De acordo com as palavras da primeira diretoria empossada, e que integram o editorial do jornal *Correio do Arquivologista* (v. 1, n. 2, 1977), temos:

> A consciência agremiativa sedimentou-se a partir da necessidade de desenvolvimento do espírito cooperativo entre os alunos. Daí ter-se instituído um núcleo de agrupamento para coordenar pesquisas científicas no campo da arquivística e incentivar o aprimoramento de conhecimentos não formais que estarão complementando os estudos acadêmicos, proporcionando assim aos futuros profissionais condições de se reciclarem efetivamente a partir da formação teórica.

No dia 12 de setembro de 1977 foi fundado o Grêmio Acadêmico Alcides Bezerra (Gaab). O sonho se tornara realidade, surgira a primeira agremiação brasileira de estudantes de Arquivologia. O nome escolhido foi uma homenagem a Alcides Bezerra, diretor do Arquivo Nacional em 1922, defensor e grande incentivador da criação de cursos de arquivo. Alcides Bezerra entendia que a otimização e a racionalização do trabalho no Arquivo Nacional dependia da qualificação de seus servidores. Instalada a Assembleia Geral Ordinária do Gaab, votaram 45 alunos, e, com 33 votos, a chapa vencedora para o primeiro mandato à frente do Grêmio ficou assim constituída:

Presidente: Waldemar Bernardes Filho
Vice-presidente: Antonio Carlos M. dos Santos
Secretária: Heliane Fernandes Villar
2ª Secretária: Ivonete Pereira Tavares
Tesoureiro: Joaquim Lemos da Silva
2º Tesoureiro: Isac Tavares Dias

Conselho Deliberativo
Áurea Maria de Freitas Carvalho
Helio Gonçalves
Luís Moreira Gonçalves

Conselho Fiscal
Celene Nonato B. da Silva
Edna Chagas da Silva
Sandra Regina O. de Azevedo

Várias atividades, inclusive viagens, foram concretizadas por essa diretoria. Outras diretorias se sucederam ao longo do tempo, desenvolvendo ações e construindo a história, do ponto de vista dos alunos organizados do Curso Permanente de Arquivo.

O CPA funcionava, então, nas instalações do Arquivo Nacional, com mandato universitário da UFRJ desde 1972. Através do Decreto nº 79.329, de 2 de março de 1977, o CPA foi transferido para a Federação das Escolas Federais Isoladas do Estado do Rio de Janeiro (Fefierj) e, posteriormente, para a Unirio. A partir dos anos 1980, a história e o desenvolvimento do grêmio, então chamado de diretório, apresenta lacunas. E mesmo tentando acompanhar a atuação do movimento estudantil do Curso de Arquivologia, por considerá-lo importante para o desenvolvimento do curso e do corpo discente, meu olhar já não era mais apenas de um membro integrante, mas de docente.

Entendemos que no processo de fortalecimento de uma entidade de classe, no caso, a dos arquivistas brasileiros, a história do movimento estudantil se soma à do movimento associativo e profissional, ambos como pilares fundamentais para o desenvolvimento da área. Ou seja, da mesma forma que as associações profissionais ou de classe, os diretórios, centros e grêmios acadêmicos, ao promover encontros, seminários, reuniões etc., para discutir sobre a sua formação e futura atuação profissional, assumem um papel central na construção da arquivologia nacional.

E é exatamente por isso que pensamos ser preciso localizar, identificar, reunir, organizar e disseminar os registros existentes sobre a participação discente no desenvolvimento da arquivologia, sobretudo no momento em que já existem 11 cursos de graduação em funcionamento no Brasil. Para isso, urge que se recupere a história dos centros e diretórios acadêmicos e suas realizações, bem como a documentação produzida em encontros e conferências, entre outros eventos. Esses registros devem ser considerados produto do pensar coletivo da categoria ante a profissão e a formação universitária. O resgate da memória estudantil poderá fazer emergir e evidenciar a participação do aluno na evolução da arquivologia brasileira como também orientar novos encaminhamentos em prol de seu desenvolvimento.

Certamente que este artigo não esgota o tema. Muito mais informação há de existir e poderá ser recuperada, não apenas em fontes escritas e preservadas nos arquivos institucionais e pessoais, mas sobretudo a partir de possíveis informações a serem obtidas junto aos alunos que à época estudavam no Curso Permanente de Arquivos. Atores daquele cenário, podem estes contribuir com a sua história oral e pessoal, para uma parte significativa e simbólica dos primórdios da arquivologia brasileira.

Fica aqui a sugestão para que os diretórios e centros acadêmicos dos Cursos de Arquivologia no Brasil, numa construção conjunta e participativa, busquem recuperar e preservar sua memória. Dessa forma, a história da arquivologia brasileira, sobretudo em seu aspecto acadêmico e científico, considerada a partir do surgimento dos cursos universitários e respectivos centros acadêmicos, será engrandecida e enriquecida.

Mãos à obra!

Referências

CORREIO DO ARQUIVOLOGISTA. Órgão Informativo do Gaab. Rio de Janeiro, v. 1, n. 0, jun. 1977.

_____. Órgão Informativo do Gaab. Rio de Janeiro, v. 1, n. 1, ago. 1977.

_____. Órgão Informativo do Gaab. Rio de Janeiro, v. 1, n. 2, set. 1977.

_____. Órgão Informativo do Gaab. Rio de Janeiro, v. 1, n. 4, nov. 1977.

_____. Órgão Informativo do Gaab. Rio de Janeiro, v. 2, n. 5, fev. 1977.

_____. Órgão Informativo do Gaab. Rio de Janeiro, v. 2, n. 6, maio 1978.

Esta obra foi produzida nas
oficinas da Imos Gráfica e Editora na
cidade do Rio de Janeiro